广州海关年鉴
2022

《广州海关年鉴（2022）》编纂委员会——编著

中国海关出版社有限公司
·北京·

图书在版编目（CIP）数据

广州海关年鉴.2022/《广州海关年鉴（2022）》编纂委员会编著.—北京：中国海关出版社有限公司，2023.3

（中国海关史料丛书）

ISBN 978-7-5175-0659-1

Ⅰ.①广⋯ Ⅱ.①广⋯ Ⅲ.①海关—广州—2022—年鉴 Ⅳ.①F752.55-54

中国国家版本馆 CIP 数据核字（2023）第 039762 号

广州海关年鉴（2022）

GUANGZHOU HAIGUAN NIANJIAN（2022）

作　　者：《广州海关年鉴（2022）》编纂委员会	
责任编辑：孙　旸　刘　婧	
出版发行：中国海关出版社有限公司	
社　　址：北京市朝阳区东四环南路甲 1 号	邮政编码：100023
编 辑 部：01065194242-7535（电话）	
发 行 部：01065194221/4238/4246/5127（电话）	
社办书店：01065195616（电话）	
https：//weidian.com/? userid＝319526934（网址）	
印　　刷：北京盛通印刷股份有限公司	经　　销：新华书店
开　　本：889mm×1194mm　1/16	
印　　张：19.75	字　　数：350 千字
版　　次：2023 年 3 月第 1 版	
印　　次：2023 年 3 月第 1 次印刷	
书　　号：ISBN 978-7-5175-0659-1	
定　　价：200.00 元	

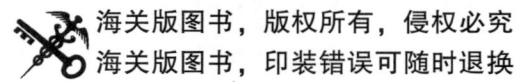

《广州海关年鉴（2022）》编纂委员会

主 任 委 员　　　丁吉豹　李　全

副主任委员　　　唐龙军　许广安　孟传金　谭　武　何继军
　　　　　　　　刘小威　陈　针　赵晓光　林　高　杨国海

编纂委员会委员　（以姓氏笔画为序）
　　　　　　　　王丽霞　车程辉　巴一武　白　洁　刘科峰
　　　　　　　　许　珈　许彦华　杨　剑　李　莹　李晓红
　　　　　　　　李　崧　吴　炜　吴喜洲　张志坚　张显光
　　　　　　　　周　旭　周昭龙　周　恒　唐庆林　梅毅之
　　　　　　　　管昆明

《广州海关年鉴（2022）》编辑部

总　　　　编　　孟传金

执 行 主 编　　李　崧

编辑部成员　　（以姓氏笔画为序）

王　畅　邓　烨　卢　苇　朱华亲　关　峰
安　然　张启甲　罗智俊　娄振峰　黄晓妹
谢　逸

撰　　　　稿　　（以姓氏笔画为序）

万志红　王汪宇　王钰峰　王钰婷　邓兆常
邓　青　邓杰林　邓雅墨　左　逊　卢佩欣
田传熙　白　磊　吕小浩　刘文辉　刘　玮
刘思聪　刘　菲　刘　鹏　江丹丹　江晓燕
许　慧　杨真真　李吟雪　李超越　李惠敏
肖　曦　佘长春　余惠萍　张　帆　张宝强
陈　恺　陈璧灯　邵顺芹　林　昕　罗　婧
屈春艳　胡　涛　胡　鑫　秦　雯　夏鹏飞
徐可可　郭丹霞　郭建华　郭颖怡　黄莉环
黄　强　梁　洸　蒋永鑫　程　洁　曾华隆
谢绮璐　蓝　敏　廖鉴康　谭　萍　熊伟杰

编辑说明

一、《广州海关年鉴（2022）》是由海关总署（简称"总署"）关史办指导，由《广州海关年鉴（2022）》编纂委员会负责编撰的一部全面、翔实记录广州海关发展状况的年度性志书，是一部具有基础性、史料性的工具书。

二、本年鉴收录了 2021 年度广州海关关区工作基本情况，以及口岸监管、税收征管、查缉走私、统计分析、企业管理、检验检疫等领域相关情况和主要数据。同时，还收录了隶属海关及办事处相关情况和主要数据，以及部分专记、大事记、广州海关重要文件规定等。

三、本年鉴记述时限虽是 2021 年 1 月 1 日—12 月 31 日，但部分内容略有上溯或下延。

四、本年鉴所记述的中华人民共和国广州海关及其内设机构、隶属海关等，记述时均采用当时称谓。

五、本年鉴资料主要源于各职能部门、隶属海关及办事处提供的资料和数据，部分来自相关部门提供的年度工作总结。

六、由于编者水平有限，书中难免有疏漏，欢迎读者批评指正。

目 录

海关专题图片 …………………… 1

第一篇 概 述

概 述 …………………………… 3

第二篇 专 记

广州海关以政治建设为统领，深入推进党史
学习教育 ……………………………… 7
广州海关推动打击跨境电商进口走私"断链
刨根"专项整治行动取得实效 ……… 12
广州海关大力支持广东企业外贸发展 …… 15
广州海关深化改革创新服务粤港澳大湾区
建设 …………………………………… 18
广州海关2021年抗击新冠肺炎疫情
纪实 …………………………………… 21

第三篇 政治建设

党建工作 ……………………………… 27
    概况 ……………………………… 27

    履行"两个维护" ……………… 27
    党史学习教育 …………………… 28
    基层党组织建设 ………………… 28
    "强基提质工程" ………………… 28
    先进典型引领 …………………… 29
    党建助力口岸疫情防控 ………… 29
    "我为群众办实事" ……………… 29
    党员干部管理监督 ……………… 29
    抵御风险 ………………………… 29
队伍管理 ……………………………… 31
    概况 ……………………………… 31
    疫情防控人力保障 ……………… 31
    领导班子建设 …………………… 31
    队伍专业化 ……………………… 32
    事业单位发展 …………………… 32
    制度规范建设 …………………… 32
    干部管理监督 …………………… 32
    正向激励体系 …………………… 33
    机构设置变更 …………………… 33
    政治训练"示范课堂" ………… 34
    培训"特色课堂" ……………… 34
    疫情防控培训机制 ……………… 35
    资质考核和岗位练兵 …………… 35
    教育培训体系建设 ……………… 35
    开辟党史学习教育阵地 ………… 35
    讲好穗关红色故事 ……………… 36
    擦亮博物馆品牌 ………………… 36

离退休人员政治领导 …………… 36
离退休人员党组织学习 ………… 37
离退休人员党组织规范化建设 … 37
推广"智慧银海"平台 ………… 37
用心服务老同志 ………………… 38
老年大学 ………………………… 38
发挥老同志余热 ………………… 38

纪检监察 …………………………… 40
概况 ……………………………… 40
疫情防控监督 …………………… 40
专项监督 ………………………… 40
专项整治 ………………………… 41
监督责任延伸 …………………… 41
制度建设 ………………………… 41
执纪审查 ………………………… 41
警示教育 ………………………… 41
深化党建引领 …………………… 42
人才综合培养 …………………… 42
规范化建设 ……………………… 42

第四篇　业务建设

口岸监管 …………………………… 45
概况 ……………………………… 45
疫情防控 ………………………… 45
进口再生金属监管 ……………… 46
安全风险防范 …………………… 46
口岸核生化反恐 ………………… 46
监管工作制度化建设 …………… 47
职能监督与业务监控 …………… 47
监管作业场所（场地）管理
　规范 …………………………… 47
监管装备管理 …………………… 47
市场采购规范 …………………… 47
监管装备智能化应用 …………… 48
智能审图 ………………………… 48
口岸物流智能化建设 …………… 48
"进口直提""出口直装"试点 … 48
湾区物流一体化发展 …………… 49
中欧班列 ………………………… 49
"安智贸"国际合作 …………… 49
服务广交会 ……………………… 49
打击"水客"走私 ……………… 49
进出境旅客行李物品监管 ……… 50
查缉快邮渠道濒危物种及其制品
　走私 …………………………… 50
打击跨境赌博、电信网络诈骗
　犯罪 …………………………… 50
"两类通关"改革 ……………… 50
大湾区邮政业发展 ……………… 50
"断链刨根"专项整治 ………… 50
业务改革 ………………………… 51
跨境电商综试区建设 …………… 51
口岸营商 ………………………… 51

税收征管 …………………………… 52
概况 ……………………………… 52
税收征管政策调研 ……………… 52
税收征管改革 …………………… 53
原产地优惠贸易安排与税收优惠
　政策落实 ……………………… 53

税收风险防控体系建设 ………… 53
税收风险协同防控 ……………… 54
RCEP 原产地规则及相关重点项目
　建设 …………………………… 54
推进"源头治理、行业规范" … 54
归类基础工作参与及《协调制度》
　修订翻译 ……………………… 54

查缉走私 …………………………… 56
概况 ……………………………… 56
查缉货运走私 …………………… 56
打击虚开骗税违法犯罪 ………… 56
查缉行邮走私 …………………… 56
查缉沿边沿海走私 ……………… 57
刑事案件处理 …………………… 58
行政案件处理 …………………… 58
反走私宣传 ……………………… 58

统计分析和政策研究 ……………… 59
概况 ……………………………… 59
"十四五"海关发展规划工作 …… 59
服务地方经济发展专题研究 …… 59
署级、关级课题研究 …………… 59
宏观经贸分析监测 ……………… 59
政研工作 ………………………… 60
关区业务分析 …………………… 60
统计数据质量综合管控 ………… 60
数据发布 ………………………… 60
统计调查调研 …………………… 60
统计服务 ………………………… 60
企业自助打印报关单档案试点 … 60
业务数据安全管理 ……………… 61
统计督察 ………………………… 61

企业管理和稽查 …………………… 62
概况 ……………………………… 62
"放管服"改革 ………………… 62
促进企业发展 …………………… 63
稽查工作改革 …………………… 63
核查领域改革 …………………… 64
属地查检业务改革 ……………… 65
审核监督改革 …………………… 65

保税监管和自贸试验区 …………… 66
概况 ……………………………… 66
综合保税区 ……………………… 66
自贸试验区 ……………………… 66
跨境电商转型 …………………… 67
保税租赁产业 …………………… 67
产业结构优化 …………………… 67
企业集团加工贸易 ……………… 68
加工贸易监管改革 ……………… 68
保税油品仓库 …………………… 68

卫生检疫 …………………………… 69
概况 ……………………………… 69
新冠肺炎疫情防控 ……………… 69
传染病防控 ……………………… 70
疫情监测和风险预警 …………… 70
病媒生物监测 …………………… 70
国际旅行医学健康服务 ………… 70
卫生监督和食品安全 …………… 70
实验室建设 ……………………… 71
应急能力储备 …………………… 71
口岸全流程智能化建设 ………… 71
航空配餐监管 …………………… 71
特殊物品监管 …………………… 71

便捷通关 …………………………… 71

动植物检疫 ……………………………… 73
　　概况 ………………………………… 73
　　种用动物检疫监管 ………………… 73
　　穗港赛马检疫监管 ………………… 73
　　供港澳活猪检疫监管 ……………… 74
　　食用水生动物检疫监管 …………… 74
　　进境动物隔离检疫场检疫监管 …… 74
　　进出境种苗花卉检疫监管 ………… 74
　　水果、原木及竹木草制品检疫
　　　监管 ……………………………… 74
　　进境粮食监管与服务 ……………… 74
　　严防口岸外来物种入侵 …………… 75
　　番茄褐色皱纹果病毒列入有害生物
　　　名录 ……………………………… 75
　　疫情信息风险评估和预警 ………… 75
　　进出境动植物检疫处理监督
　　　管理 ……………………………… 75
　　参与海关动植检治理体系建设 …… 76

食品检验检疫 …………………………… 77
　　概况 ………………………………… 77
　　服务粤港澳大湾区 ………………… 77
　　食品安全宣传贯彻 ………………… 77
　　食品安全监管 ……………………… 78
　　特色产品监管 ……………………… 78
　　便利化监管 ………………………… 78
　　进口冷链食品监管 ………………… 78

商品检验 ………………………………… 79
　　概况 ………………………………… 79
　　商品检验监管 ……………………… 79
　　进出口危险化学品检验监管 ……… 79

　　再生金属原料检验监管 …………… 80
　　进口机动车辆检验监管 …………… 80
　　进口医疗器械和机电产品检验
　　　监管 ……………………………… 80
　　防疫物资检验监管和打击假冒
　　　伪劣商品 ………………………… 80
　　服务"一带一路"建设 …………… 80
　　服务粤港澳大湾区建设 …………… 80
　　风险预警监管 ……………………… 81
　　通关便利化 ………………………… 81
　　进出口法检商品重量鉴定 ………… 81

法治建设 ………………………………… 82
　　概况 ………………………………… 82
　　落实重大决策 ……………………… 82
　　制度建设 …………………………… 82
　　执法规范化建设 …………………… 83
　　复议应诉机制 ……………………… 83
　　普法宣传教育 ……………………… 83
　　基层法治建设 ……………………… 83
　　打击侵权 …………………………… 84
　　知识产权海关保护 ………………… 84
　　自主知识产权企业培塑 …………… 84

风险管理 ………………………………… 86
　　概况 ………………………………… 86
　　党建工作 …………………………… 86
　　队伍管理 …………………………… 87
　　政治安全 …………………………… 87
　　疫情风险防控 ……………………… 87
　　固体废物风险防控 ………………… 87
　　濒危及外来物种风险防控 ………… 88
　　"水客"走私治理 ………………… 88

"断链刨根"专项整治行动 …… 88
业务改革 …… 88
风险防控效能 …… 88
科研和信息 …… 89

第五篇　政务及后勤管理

政务管理 …… 93
概况 …… 93
督查督办 …… 93
应急值班 …… 93
政务公开与12360热线 …… 93
信访工作 …… 94
政务信息 …… 94
新闻宣传 …… 95
档案工作 …… 95
对外合作 …… 95
政务信息化保障 …… 96
人大、政协工作 …… 96

督察内审 …… 97
概况 …… 97
重大决策部署落实 …… 97
审计监督 …… 97
内控体系 …… 97
执法评估体系 …… 98
配合国家审计和总署督察审计 …… 98

科技应用 …… 99
概况 …… 99
署级项目建设 …… 99

署级项目应用 …… 99
"智慧海关"关级项目建设 …… 99
信息化工程改造 …… 100
实验室管理和建设 …… 100
实验室安全监督管理及质量
　控制 …… 100
网络安全保障 …… 100
标准制定 …… 101
科技项目管理 …… 101
科技项目奖励 …… 101

财务管理 …… 102
概况 …… 102
增收节支 …… 102
涉案财物处置 …… 102
疫情防控资金和物资保障 …… 103
预算保障机制 …… 103
海关事业单位所属企业脱钩 …… 103
资产装备管理 …… 103
基建工作 …… 104

第六篇　各隶属海关及办事处

佛山海关 …… 107
概况 …… 107
党建工作 …… 107
队伍管理 …… 108
纪检监察 …… 108
口岸监管 …… 109
税收征管 …… 109

查缉走私 …………………… 110	海关稽查 …………………… 124
统计分析及政策研究 ………… 110	查缉走私 …………………… 124
企业管理和稽查 ……………… 110	税收征管 …………………… 124
保税监管和自贸区 …………… 111	业务改革 …………………… 124
卫生检疫 …………………… 111	服务外贸 …………………… 125
动植物检疫 ………………… 111	支持地方发展 ……………… 125
食品检验检疫 ……………… 112	优化营商环境 ……………… 126
商品检验 …………………… 112	**佛山海关驻南海办事处** …………… 127
法治建设 …………………… 113	概况 ………………………… 127
风险管理 …………………… 113	党建工作 …………………… 127
政务管理 …………………… 113	队伍管理 …………………… 127
督查内审 …………………… 114	纪检监察 …………………… 128
科技应用 …………………… 114	口岸监管 …………………… 128
财务管理 …………………… 115	税收征管 …………………… 128
佛山海关驻禅城办事处 …………… 116	查缉走私 …………………… 129
概况 ………………………… 116	保税监管 …………………… 129
党建工作 …………………… 116	统计分析及政策研究 ………… 129
党风廉政建设 ……………… 117	企业管理与稽查 …………… 129
队伍建设 …………………… 117	风险管理 …………………… 130
行政管理 …………………… 118	督查内审 …………………… 130
口岸监管 …………………… 118	卫生检疫 …………………… 130
打击走私 …………………… 119	动植物检疫 ………………… 130
税收征管与稽核 …………… 119	食品检验检疫 ……………… 130
服务外贸 …………………… 119	商品检验 …………………… 131
促进地方发展 ……………… 120	政务管理 …………………… 131
佛山海关驻顺德办事处 …………… 121	财务管理 …………………… 131
概况 ………………………… 121	**佛山海关驻三水办事处** …………… 132
党建工作 …………………… 121	概况 ………………………… 132
队伍管理 …………………… 122	政治机关建设 ……………… 132
纪检监察 …………………… 122	党史学习教育 ……………… 132
口岸监管 …………………… 123	专项整治 …………………… 132

政务及后勤保障 …………… 133
口岸监管与优化营商环境 ……… 133
税收征管 …………… 133
查缉走私 …………… 133
企业管理和稽查 …………… 134
检验检疫和疫情防控 …………… 134

佛山海关驻高明办事处 …………… 136
概况 …………… 136
党建工作 …………… 136
党史学习教育 …………… 136
廉政建设 …………… 137
专项整治 …………… 137
关心关爱干部 …………… 137
口岸疫情防控 …………… 137
安全防护监督与内部防控 ……… 137
外贸发展 …………… 138
口岸营商环境 …………… 138
业务改革 …………… 138
进出口监管 …………… 139
大湾区"菜篮子"工程 ………… 139
重点项目建设 …………… 139

广州白云机场海关 …………… 141
概况 …………… 141
党建工作 …………… 141
思想建设 …………… 142
组织建设 …………… 142
干部能力建设 …………… 142
督察审计 …………… 143
疫情防控 …………… 143
内部管理 …………… 143
正面监管 …………… 144

打击走私 …………… 144
安全生产 …………… 144
促进贸易 …………… 144
科技应用 …………… 145
重点项目 …………… 145
综合保障 …………… 145

广州邮局海关 …………… 146
概况 …………… 146
政治建设 …………… 146
党史学习教育 …………… 147
专项整治 …………… 147
队伍建设 …………… 147
打击寄递渠道走私 …………… 147
业务改革 …………… 148
"三智"项目建设 …………… 148
安全生产 …………… 148
政务运行 …………… 148
调查研究 …………… 149
法治建设 …………… 149
财力保障 …………… 149

海珠海关 …………… 150
概况 …………… 150
践行"两个维护" …………… 150
基层党建 …………… 150
选人用人和群团工作 …………… 150
党风廉政建设 …………… 151
"现场监管与外勤执法权力寻租"
　专项整治 …………… 151
办公场所临迁及琶洲港澳客运
　口岸建设 …………… 151
生物医药特色业务 …………… 151

口岸疫情防控与监管	151	检验检疫	162
税收征管	152	内部疫情防控	162
后续监管	152	政务管理	163
打击走私	152	法治建设	163
助力外贸发展	152	内控管理	163
优化口岸营商环境	153		

广州会展中心海关 …… 154

概况	154	广州车站海关	164
党史学习教育	154	概况	164
信息新闻宣传	155	基层党建	164
权力运行管控	155	支援抗疫	165
疫情防控	155	联学联训	165
助力广交会发展	155	专项整治	165
"新业态+会展"模式	156	疫情防控	165
服务企业	156	促外贸稳增长	166
严密监管	157	口岸营商环境	166
争取政策支持	157	国门安全	166
		综合保障	166

天河海关 …… 158

概况	158	番禺海关	168
政治建设	158	概况	168
党史学习教育	158	党史学习教育	168
"强基提质工程"	159	专项整治监督	168
队伍建设	159	基层党建	169
党风廉政建设	159	队伍建设	169
税收征管	160	口岸监管	169
稽查核查	160	税收征管	170
企业管理	160	检验检疫	170
加工贸易和保税物流	161	口岸营商环境	171
稳外贸促增长	161	促外贸稳增长	172
政务服务窗口建设	161	综合保障	172
非贸监管	162	南沙海关	173
		概况	173
		疫情防控	174

口岸国门安全 …… 174	综合治税 …… 185
打击走私 …… 174	**肇庆海关** …… 186
创新示范区建设 …… 175	概况 …… 186
综合保税区建设 …… 175	基层党建 …… 186
自贸试验区建设 …… 175	思想建设 …… 187
通关物流网络与"智慧海关"	廉政建设 …… 187
建设 …… 175	党史学习教育 …… 187
口岸营商 …… 176	岗位资质管理 …… 187
服务企业 …… 176	内控管理 …… 187
越秀海关 …… 178	群团工作 …… 188
概况 …… 178	行政综合 …… 188
党史学习教育 …… 178	风险管理 …… 188
专项整治 …… 178	业务改革 …… 188
政务服务 …… 179	综合治税 …… 188
属地申报 …… 179	重点商品监管 …… 189
支持外贸 …… 179	服务外贸发展 …… 189
属地外勤 …… 179	检疫防控 …… 189
专项稽查 …… 180	打击走私 …… 189
疫情防控和安全生产 …… 180	稽核查作业 …… 190
制度建设 …… 180	**韶关海关** …… 191
综合协调 …… 180	概况 …… 191
荔湾海关 …… 182	政治机关建设 …… 191
概况 …… 182	队伍建设 …… 192
政治建设 …… 182	从严治党 …… 192
党风廉政建设 …… 182	党史学习教育 …… 192
疫情防控 …… 183	疫情防控 …… 192
市场采购 …… 183	促外贸稳增长与税收征管 …… 192
属地查检 …… 183	优化口岸营商环境 …… 193
企业管理 …… 184	业务改革 …… 193
稽核查工作 …… 184	企业信用管理 …… 193
缉私工作 …… 185	惠农特色产业 …… 193

国门安全 …………………… 194
打击走私 …………………… 194

清远海关 …………………………… 195
概况 ………………………… 195
政治建设 …………………… 195
人才培养 …………………… 195
专项整治 …………………… 195
口岸监管 …………………… 196
税收征管 …………………… 196
打击走私 …………………… 196
促外贸增长 ………………… 196
企业管理和稽查 …………… 197
加工贸易监管 ……………… 197
卫生检疫 …………………… 197
动植物检疫 ………………… 197
食品检验检疫 ……………… 198
商品检验 …………………… 198
法治建设 …………………… 198
风险管理 …………………… 198
政务管理 …………………… 198

花都海关 …………………………… 200
概况 ………………………… 200
政治建设 …………………… 200
基层党建 …………………… 200
文明单位创建 ……………… 201
疫情防控 …………………… 201
综合治税 …………………… 201
监管效能 …………………… 201
国门安全 …………………… 201
便捷通关 …………………… 202
减税降费 …………………… 202

助推企业发展 ……………… 202
开拓外贸增长点 …………… 203

大铲海关 …………………………… 204
概况 ………………………… 204
政治建设 …………………… 204
党史学习教育 ……………… 205
队伍能力建设 ……………… 205
准军事化建设 ……………… 205
廉政建设 …………………… 205
疫情防控 …………………… 206
打击走私 …………………… 206
智慧监管 …………………… 206
增收节支 …………………… 206
基础设施建设 ……………… 206
安全生产 …………………… 207

从化海关 …………………………… 208
概况 ………………………… 208
党建工作 …………………… 208
队伍管理 …………………… 209
纪检监察 …………………… 209
大湾区马产业发展 ………… 209
口岸营商环境 ……………… 209
辖区农产业 ………………… 209
国门安全 …………………… 210
综合治税和属地业务 ……… 210
法治建设 …………………… 210
政务管理 …………………… 211
督查内审 …………………… 211

云浮海关 …………………………… 212
概况 ………………………… 212
党史学习教育 ……………… 212

党风廉政建设 …………… 212	税收征管 …………… 221
队伍建设 …………… 213	查缉走私 …………… 222
联学联训 …………… 213	统计分析及政策研究 …………… 222
口岸监管 …………… 213	企业管理和稽查 …………… 222
税收征管 …………… 214	检验检疫 …………… 222
检验检疫 …………… 214	风险管理 …………… 223
查缉走私 …………… 214	促外贸稳增长 …………… 223
疫情防控 …………… 214	综合业务改革 …………… 223

罗定海关 …………… 216
    概况 …………… 216
    政务管理 …………… 223
    政治建设 …………… 216
    督察内审 …………… 223
    党史学习教育 …………… 216
    财务管理 …………… 224
    强基提质与干部培养 …………… 216
    专项整治和巡察整改 …………… 217
    监管服务 …………… 217

第七篇　大事记

    农产品安全出口监管体系 …………… 217
    查缉走私 …………… 218
    国门生物安全监测与危险化学品
        监管 …………… 218

广州海关2021年大事记 …………… 227

    "放管服" 改革 …………… 218

附　录

    加工贸易和保税物流 …………… 218
    疫情防控 …………… 219

2021年广州海关重要文件规定、领导班子、
    荣誉表及数据统计表 …………… 263

河源海关 …………… 220
    概况 …………… 220
    政治建设 …………… 220

"中国海关史料丛书" 编委会

    党史学习教育 …………… 220
    队伍管理 …………… 221

"中国海关史料丛书" 编委会 …………… 279

    纪检监察 …………… 221
    口岸监管 …………… 221

海关专题图片

领导活动

◀ 2021年5月17日,广州海关开展第四次党委理论学习中心组学习

2021年12月9日,丁吉豹关长到大铲海关调研 ▶

业务建设

▶ 2021年1月2日,佛山海关驻禅城办事处关员现场监督侵权商品销毁作业

◀ 2021年1月4日,越秀海关走进企业开展医疗器材监管政策宣传

◀ 2021年1月13日，广州海关参加总署"蓝天行动"，查获固体废物粗甘油

2021年1月17日，广州海关开展打击野生动物走私"护卫2020"专项行动，查获走私蛤蚧干 ▶

◀ 2021年2月4日，会展海关为新年首个大型对外文化展提供驻会监管服务

2021年3月9日,大铲海关关员对小型船舶进行监管 ▶

◀2021年3月10日,综合业务处、会展海关走进第56届中国(广州)美博会展馆,宣讲知识产权海关保护政策

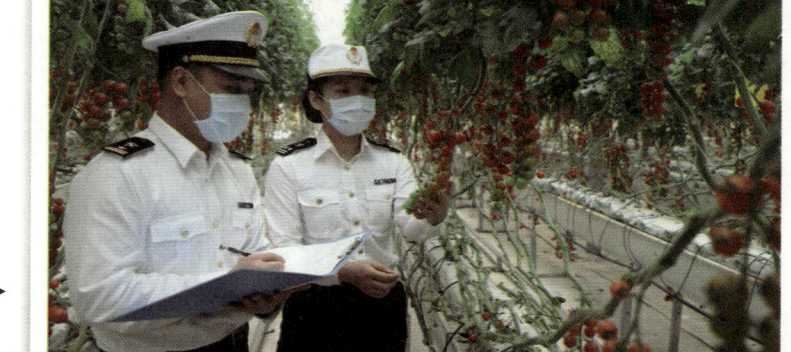

2021年3月11日,河源海关查验关员对供粤港澳大湾区无土栽培有机蔬菜进行抽样送检 ▶

◀ 2021年3月15日,肇庆海关向社区居民普及国际消费者权益日海关法规知识

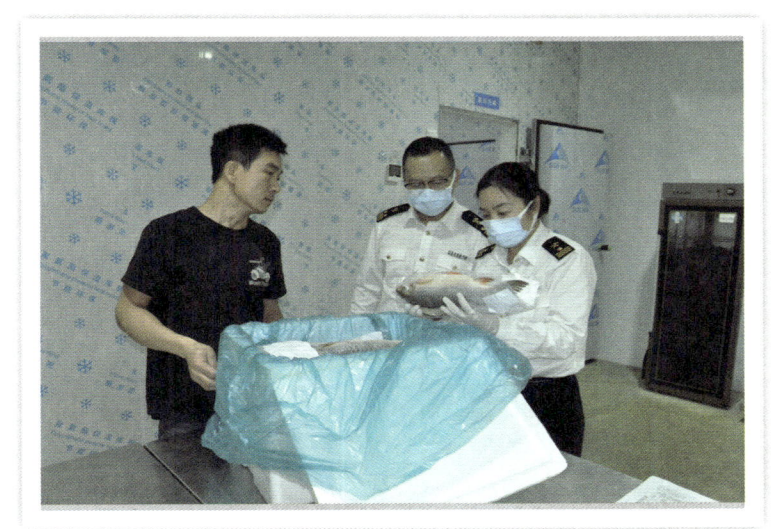

2021年3月15日,佛山海关驻三水办事处开展进企业活动,针对加拿大对冻苏丹鱼的进口检疫要求分析研判风险 ▶

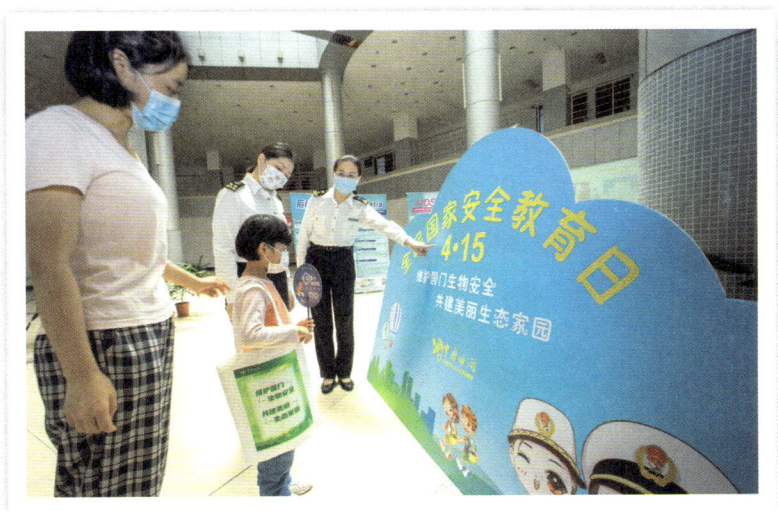

◀ 2021年4月14日,越秀海关开展国门生物安全进社区活动

2021年4月15日,会展海关邀请党的十九大代表、海关总署税收征管局(广州)副局长甘露走进第129届广交会直播间 ▶

◀ 2021年4月15日,南沙海关关员在对白云机场南沙自贸片区空运中心首票货物进行监管

2021年4月23日,广州海关召开知识产权海关保护专题新闻发布会 ▶

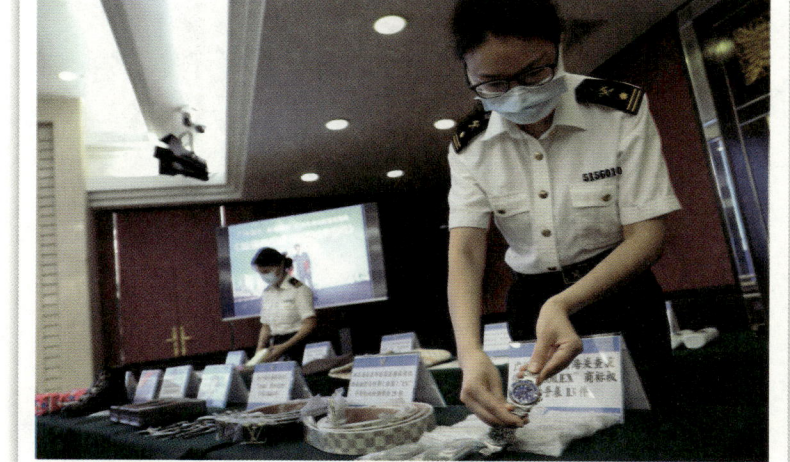

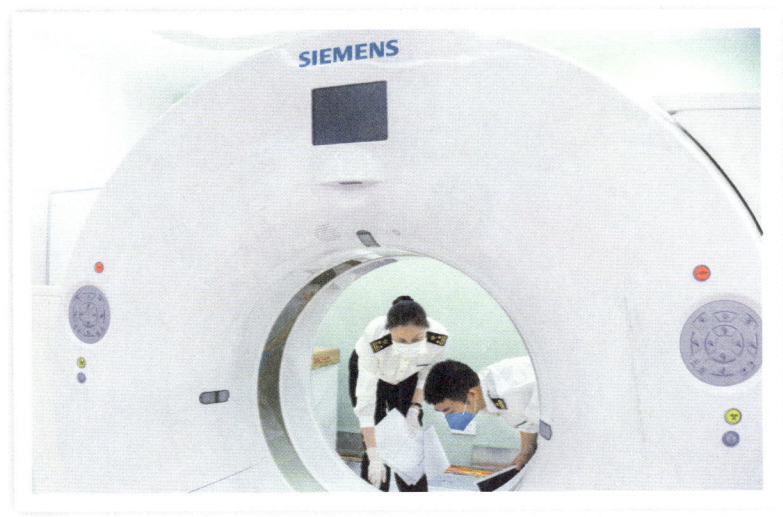

◀ 2021年4月29日,越秀海关派员对大型进口医疗设备进行外验

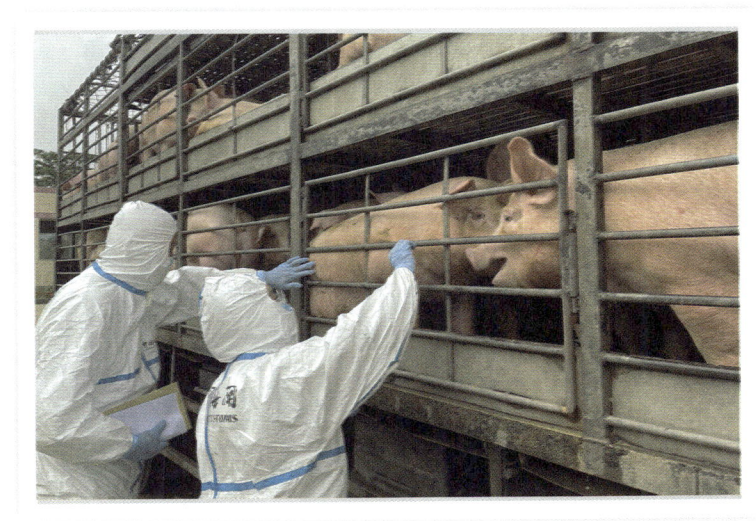

2021年5月1日,罗定海关关员对供港澳活猪实施监装 ▶

◀ 2021年5月14日,广州海关12360志愿服务团队在国际宠博会现场解答群众咨询问题

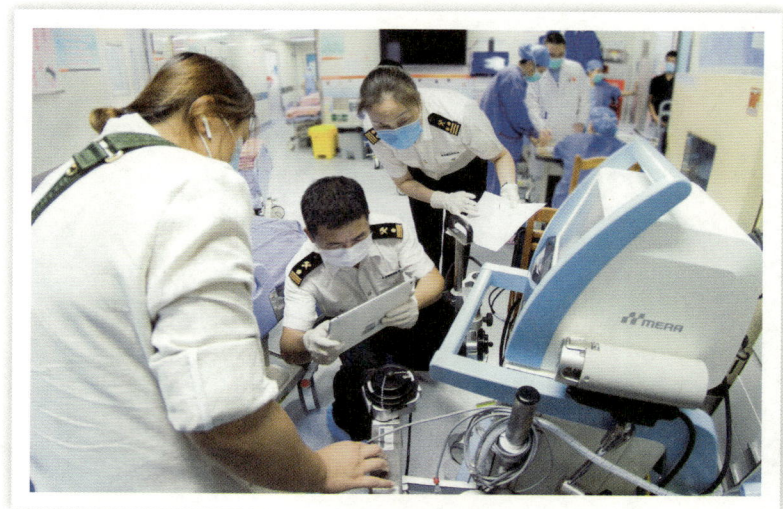

2021年5月19日,越秀海关查验体外膜肺氧合设备

2021年5月25日,广州海关向广州市林业和园林局移交一批近年来查获的濒危野生动植物及其制品

2021年5月25日,广州海关组织开展2021年度"科技活动周"系列活动

◀ 2021年6月2日,南沙海关关员在对出口蔬菜基地进行监管

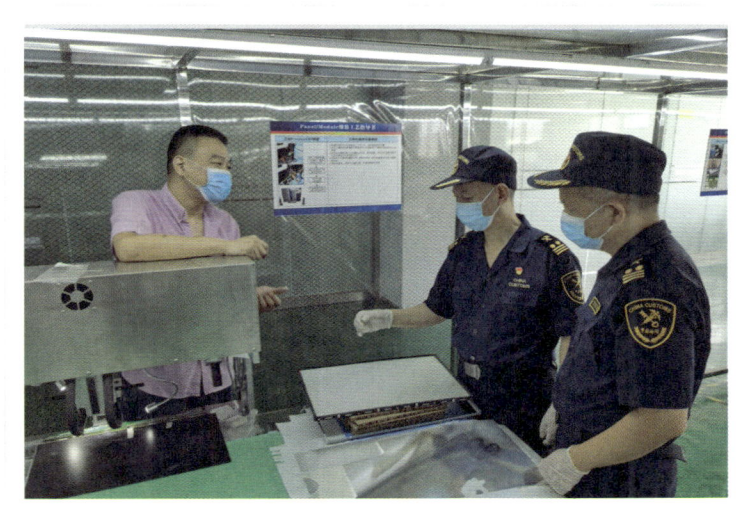

2021年6月8日,南沙海关关员在保税维修企业进行监管 ▶

◀ 2021年6月10日,清远海关关员在出口食品备案种植场开展核查作业

2021年6月17日,南沙海关关员在南沙综保区对跨境电商仓库进行监管

2021年6月18日,广州海关在"国际禁毒日"来临前夕实施走私毒品无害化销毁处理

2021年7月13日,荔湾海关关员深入企业帮助提高食品安全生产

◀ 2021年7月15日，佛山海关驻顺德办事处关员对火炬松原木进行松材线虫检测工作

2021年8月3日，南沙海关关员对一批国产出口汽车进行监管 ▶

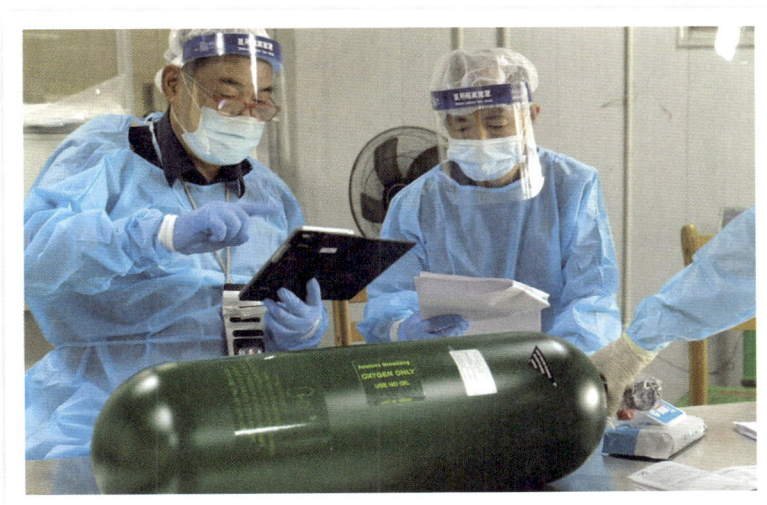

◀ 2021年8月20日，白云机场海关关员在空港货站对一批自东盟进口的飞机用氧气瓶进行查验

2021年8月23日,南沙海关关员在加工贸易企业进行监管

◀2021年9月3日,南沙海关关员在南沙港二期集装箱码头对"湘粤非"货物装卸进行监管

2021年10月1日,白云机场海关关员在综合保税区飞机维修仓库监管企业飞机维修业务

◀ 2021年10月15日,清远海关关员在清远水利枢纽设施农业基地进行监管

2021年10月16日,广州海关关员在广交会举办期间向某卫浴生产企业宣讲海关政策规定 ▶

◀ 2021年10月20日,广州海关推出"一站式"服务,保障第130届广交会顺利举办

2021年10月26日，广州海关国门生物安全进展会活动现场，海关监管工作犬进行查缉技能展示

◀2021年10月27日，缉私局、南沙海关在广州南沙港口岸大厦广场开展普法宣传活动

2021年11月11日，佛山海关关员在视频监控中心检查现场"双11"货物通关

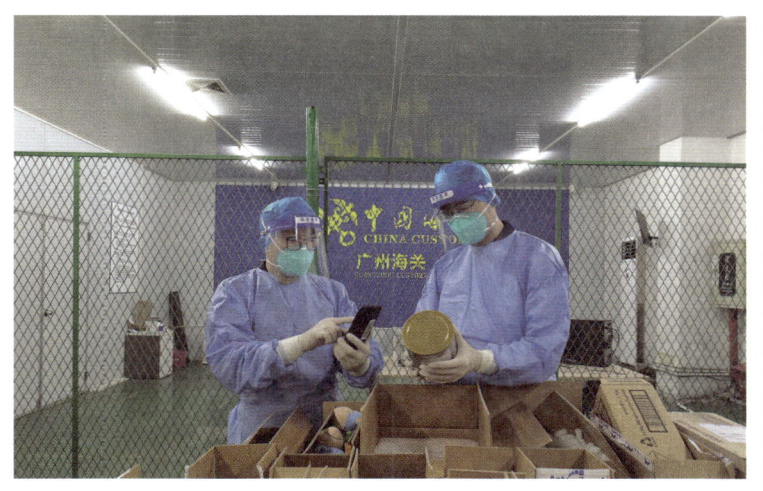

◀ 2021年11月11日,广州海关关员服务保障"双11"跨境商品快速通关

2021年11月18日,南沙海关关员在对保税文化艺术品进行监管 ▶

◀ 2021年11月19日,广州海关服务保障第19届广州国际汽车展览会顺利开展

队伍建设

2021年7月1日,佛山海关驻禅城办事处组织开展"重温誓词忆初心、红歌嘹亮颂党恩"七一主题党日活动

◀2021年7月28日,广州海关在粤海关博物馆开展"小小红色讲解员"暑期社会实践志愿服务活动

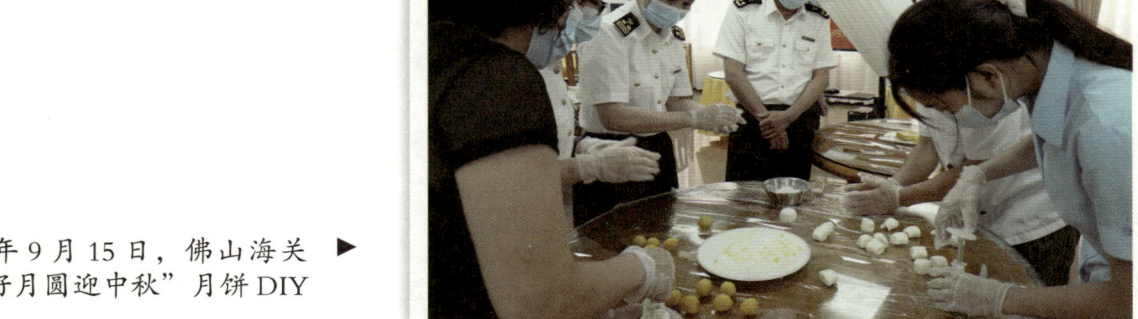

2021年9月15日,佛山海关开展"花好月圆迎中秋"月饼DIY活动

第一篇

概述

概 述

广州海关前身为1685年清政府设置的粤海关。1950年1月31日，粤海关改称"中华人民共和国广州海关"。广州海关位于广东省广州市，地处粤港澳大湾区核心地带。关区范围包括广州（黄埔区、增城区除外）、佛山、肇庆、韶关、清远、云浮、河源和深圳市大铲岛，关区面积约占广东省行政区域面积的50%。关区内有广东自贸试验区南沙片区、全国三大枢纽机场之一的广州白云国际机场、中国邮政三大国际互换局中业务量最大的广东航空邮件处理中心，以及全国唯一一个设在无居民海岛上的国家行政机构、水上缉私战场大铲海关。广州海关业务门类齐全，涵盖陆路、海运、内河小型船舶、空港、中欧班列、自贸试验区（含综合保税区）、邮递物品（含跨境电商、快件）及市场采购贸易方式监管、商品检验、卫生检疫、动植物检验检疫等。

2021年，广州海关设内设机构22个。其中，副厅级1个：缉私局；正处级21个：办公室（党委办公室）、法规处、综合业务处、自贸区和特殊区域发展处、关税处、卫生检疫处、动植物检疫处、进出口食品安全处、商品检验处、口岸监管处、行邮监管处、统计分析处、企业管理和稽查处、财务处、科技处、督察内审处、人事处（党委组织部）、教育处、机关党委（思想政治工作办公室、党委宣传部、党委巡察工作办公室）、监察室（党委纪检组）、离退休干部办公室。广州海关下设22个隶属海关单位。其中，副厅级隶属海关单位3个：广州白云机场海关、佛山海关、总署税收征管局（广州）；正处级隶属海关单位19个：广州车站海关、广州邮局海关、广州会展中心海关、天河海关、越秀海关、海珠海关、荔湾海关、番禺海关、南沙海关、花都海关、从化海关、肇庆海关、韶关海关、清远海关、大铲海关、云浮海关、罗定海关、河源海关、广州海关风险防控分局。

2021年，广州海关所属事业单位17个，并代管中国电子口岸数据中心广州分中心和总署广州教育培训中心。具体为：直属事业单位4个，即广州海关后勤管理中心、广州海关信息中心、广州海关技术中心、广州国际旅行卫生保健中心（广州海关口岸门诊部）；隶属海关单位所属事业单位12个，即广州白云机场海关综合技术服务中心、佛山海关后勤管理中心、佛山海关综合技术中心（佛山国际旅行卫生保健中心、佛山海关口岸门诊部）、天河海关综合技术服务中心、番禺海关综合技术服务中心、花都海关综合技术服务中心、从化海关综合技术服务中心、肇庆海关后勤管理中心、肇庆海关综合技术中心（肇庆国际旅行卫生保健中心、肇庆海关口岸门诊部）、韶关海关综合技术服务中心、清远海关综合技术服务中心、河源海关综合技术服务中心；待注销事业单位1个，即中国质量认证中心广州海关评审中心。

2021年，广州海关在职人员共7,864人，其中行政编制人员5,020人、事业编制人员751人、非占编人员2,093人。

2021年，广州海关以习近平新时代中国特色社会主义思想为指导，统筹推进口岸疫情防控和促外贸稳增长，强化监管，优化服务。关区税收入库620.25亿元，同比增长8%；总署税收征管局（广州）分管商品实征税款9,756.5亿元，同比增长31.1%，占全国海关税收的46.3%。深入开展党史学习教育，完成1,109个"我为群众办实事"项目，4个项目入围全国海关"'我为群众办实事'百佳项目"，连续11年获评广州市"政务服务标兵单位"，全年获得省部级以上荣誉11项。

第二篇 专记

广州海关以政治建设为统领，深入推进党史学习教育

2021年2月20日，习近平总书记出席党史学习教育动员大会并发表重要讲话。3月15日，总署召开全国海关党史学习教育动员会，要求各直属海关单位党委扛起政治责任，掀起学习贯彻习近平总书记重要讲话精神的高潮。广州海关迅速行动起来，紧紧围绕"学党史、悟思想、办实事、开新局"的目标要求，努力做到"学史明理、学史增信、学史崇德、学史力行"，激励广大党员干部传承红色基因、坚定理想信念、强化政治担当、心怀"国之大者"、忠诚履职尽责，不断把学习成效转化为指导实践、推动工作的强大动力，更好地推动海关改革发展，服务构建新发展格局。

一、坚持深学笃行，理论武装有深度

加强思想引领，创新学习方式方法，发挥党委理论学习中心组龙头带动作用，打造学习型党组织的"排头兵"和推动改革发展的"领头雁"，实现关区党员学习全覆盖。

（一）迅速行动有序推进，突出政治机关建设的高度。

3月8日，召开党委会审议广州海关党史学习教育工作方案。3月15日，全国海关党史学习教育动员会后，陆续印发做好党史学习教育相关工作的通知、庆祝中国共产党成立100周年活动计划、共青团组织党史学习教育系列活动、做好"我为群众办实事"实践活动的通知等文件，在全关范围内掀起党史学习教育的热潮。6月29日，举行庆祝中国共产党成立100周年暨"七一"主题党日活动，对"两优一先"支部和人员进行表彰，为老党员代表颁发"光荣在党50年"纪念章，激励全关各级党组织和广大党员不忘初心、牢记使命、接续奋斗。关党委委员按照时间节点参加所联系支部的主题党日活动，带头讲党课，并积极开展基层调研活动，及时发现和推动整改"两个维护"落实过程中存在的偏差，形成"学习、传达、督促、落实"闭环链条。

（二）优化学习机制，强化理论武装的深度。

每月1次的党委理论学习中心组学习将"专题学习""实践学习""开门学习"有机融合，结合"四史"，围绕"学习党的百年历史，提高'政治三力'""持续创新办实事，团结奋进开新局""树牢安全发展理念 守护国门安全底线""以初心感悟百年党史奋进伟力，用行动续写穗关发展崭新篇章"等主题开展学习。2021年，共开展党委理论学习中心组专题学习12次，关党委到农讲所、中共三大会址等开门学习，到南沙自贸片区、机场口岸疫情防控一线等调研，并深入地方政府、基层一线和企业现场调研148次，在实践中和实地研讨中提升学习效果。

（三）加强巡回指导，保持党史理论学习的力度。

4月7日，召开广州海关党史学习教育巡回指导工作会议，全面启动关区党史学习教育巡回指导工作，印发《巡回指导工作指引》，4个巡回指导组对全关53个部门单位党史学习教育进行督导全覆盖。全年把握工作重点，做好阶段性工作指导，4个巡回指导组审核材料704次、电话沟通625次、实地检查54次、视频指导9次、个别访谈75人次。5月24日，全国海关党史学习教育总署第五巡回指导组到越秀、会展海关开展巡回指导工作，对广州海关党史学习教育相关工作给予肯定。

（四）党员学习全覆盖，保持党史理论学习的热度。

组织4期处级领导干部集中轮训示范班、基层党支部书记能力提升培训班等各类党史学习教育专题读书班、专题宣讲会、专题培训班，邀请省委宣讲团成员、省委党校等权威名师讲授专题讲座21次，通过联学联训，开展大范围理论研讨，推动广州海关党史学习教育走深走实。积极推动青年理论学习提升工程，组织开展青年党校第七期青年理论学习班，推进"星火"青年理论提升学堂，成立86个"青年理论学习小组"，覆盖40岁以下青年干部，该项目被纳入总署基层党建"书记项目"试点，同时入选2021年度广东基层党建创新优秀案例。

二、传承红色基因，党史宣讲有特色

打造广州海关"初心堂"党建阵地，用好用活关区红色资源，开展"红色足迹"党史知识定向赛等主题突出、特色鲜明、形式多样的红色讲坛活动，将党史学习教育不断推向深入。

（一）打造"初心堂"党建阵地，依托红色教育基地，"学党史、固初心"常态化。

推进党建阵地的共建共用共享，年内统筹整合原有的党员之家、党建工作室等宣传阵地资源，设置宣誓区、党史寻根区、纪律教育区、宣传区等功能区域，成为党员干部常态化党性教育固定场所。依托粤海关博物馆爱国主义教育基地"初心堂",举办广州海关庆祝中国共产党成立100周年专题展;依托大铲海关党性锤炼基地的"初心堂",4月开展大铲海关与红其拉甫海关"山海同心 共铸关魂"党建共建活动,取得良好反响。原总署党委委员、驻署纪检组组长陶治国同志到广州海关调研时充分肯定了"初心堂"的建设成效。

(二)挖掘广州海关红色资源,讲好广州海关红色故事。

深化海关红色历史研究,整理粤海关博物馆现存史料,挖掘4位中华人民共和国成立前粤海关主要典型人物、2个红色组织相关7个红色事件等红色史料。促进红色资源研究成果转化,加大现场教学和党性教学力度,开设"粤海关红色历史概述"特色课程,推动穗关精神发扬与传承。系统总结党领导下广州海关事业发展的经验和启示,在粤海关博物馆举办"百年初心 逐梦远航——广州海关庆祝中国共产党成立100周年专题展",于6月29日对外开展。广州海关1人被评为"广东省百名优秀党史宣讲员"。

(三)拓展关区红色资源,"学史·铸魂"海关红色讲坛有声有色。

梳理关区83处地标性红色资源,发动全关各部门重走"红色路线",举办"循红色足迹 追羊城记忆"线上党史知识定向赛。用好"两优一先"先进典型人物事迹宣讲和"新老党员对话"等正面典型课堂,举办"永远跟党走 青春献国门"演讲比赛等"学史·铸魂"海关红色讲坛活动205场次。向上级部门推报精品党课和红色案例20个,组织"党旗在基层一线高高飘扬"主题文化作品征集大赛,面向关区干部职工征集书画、摄影作品316幅,展现身边党员立足岗位无私奉献的平凡故事,以榜样精神凝聚奋进力量。

三、践行为民情怀,实践活动有成效

紧紧围绕"三大工程",不断完善广州海关"办实事"机制,依托12360热线等多渠道收集企业、行业、协会的高频新发咨询诉求,掌握企业、群众和基层一线的真实需求,围绕最为关注、期盼的问题,高效推动两级党委1,109项"我为群众办实事"重点民生项目清单逐一销号,切实落实"人民海关为人民"理念。7—11月,总署开展"'我为群众办实事'百佳项目"争创活动,广州海关建立民生重点任务清单动态管理机制和"百佳项目"研判机制,针对"难点"完善动态管理,推行"一月一报告、一月一公示",带动企业和群众"急难愁盼"的问题事事有着落、件件有回音;针对"亮点"探索"基层部门月申报—业务对口部门审核把关—总关职能部门综合研判评定"的"百佳项目"综合研判机制,营造关区办实事创先争优整体氛围,"龙腾行动"打造一流营商环境护航企业创新发展(总署综合司、广州海关)、持续深化"三进"服务项目

便民利企、助力传统制造企业抢抓转型升级新机遇、助力岭南特色水果走俏国际市场4个项目入围全国海关"百佳项目"，另有1个项目入选地方（佛山市）"我为群众办实事"百佳重点民生展示项目。

（一）实施国门安全工程，正面监管更有力。

严格落实疫情防控工作要求，坚持"人物同防"，织密织牢立体防控网络，顺利完成生物岛P3实验室升级改造；落实总体国家安全观，聚焦重要事件节点和重点渠道管控；聚焦企业知识产权领域国际竞争需要以及维权"痛点""堵点"，组织开展知识产权保护专项行动"龙腾行动"，扣留侵权嫌疑货物631万件，为企业创新发展注入强力"定心剂"。

（二）实施便民利企工程，服务地方更高效。

持续优化口岸营商环境，推进首批国家营商环境试点改革，助力广州市在财政部、发改委组织的营商环境评估中分别位列第1、第2；主动对接广东省"跨境电商示范省"目标，通过创新退货"合包"等方式推进机场空港、南沙海港跨境电商国际枢纽港和广州、佛山跨境电商综试区建设，助力机场空港成为全国首个超千亿元跨境电商空港枢纽，省内跨境电商综试区名列全国前茅；立足通关便利化、新业态发展和疫情防控等要求，全力护航第130届广交会，为疫情发生以来恢复的全球首次最大规模线下展会打造高水平对外开放平台；服务粤港澳大湾区，南沙港2021年净增外贸航线20条，"一港通""组合港""内外贸同船运输"有序推进；激活岭南水果产业高质量发展动力，突破技术瓶颈，国家地理标志保护产品"庞寨荔枝"等首次走出国门；发挥政策服务的专业性和精准性，持续打造海关进企业、海关进社区、海关进校园"三进"服务品牌，累计开展服务项目823项，"线下+线上"覆盖进出口企业、社区、学校共6.1万余个。

（三）实施暖心聚力工程，用心用情更到位。

持续深化为疫情防控一线党员干部职工办实事活动，优化安全防护措施，保护一线党员干部职工身体健康，推进一线、预备、应急三个梯队常态化、实战化，开展立体式疫情防控业务培训，通过"穗关e课堂"累计培训超1.5万人次；把疫情防控作为考验和识别干部的重要战场，强化褒奖激励力度，累计实施专项奖励51人次、通报表扬954人次，对疫情防控期间表现突出的26人予以优先晋升、优先聘任；建立疫情防控一线人员问题困难收集周报制度，用心用情做好服务保障，为疫情防控一线人员提供心理讲座和"一对一"心理咨询等，提升心理疏导和危机干预能力。每季度开展干部队伍思想动态调研，目前已针对职务职级晋升、执法一线科长建设等广泛听取意见建议，推动解决一批与广大干部职工切实利益相关的问题。创新开展广州海关第九届"情定穗关"集体婚礼线上直播活动，组织"党旗在基层一线高高飘扬"主题文化作品征集大赛，打造"职工书屋"精神驿站，统筹开展各项慰问活动等，提升干部职工获得感。

党史学习教育没有完成时。按照中共中央办公厅关于推动党史学习教育常态化长效化的意见，广州海关不断巩固拓展党史学习教育成果，持续深入学习贯彻习近平新时代中国特色社会主义思想和党的十九届六中全会精神，把常态化长效化学习党史的过程作为增强政治意识、强化党性锻炼，不断提高政治判断力、政治领悟力、政治执行力的过程，大力弘扬伟大建党精神，增强"四个意识"、坚定"四个自信"、做到"两个维护"，以高昂的姿态迎接党的二十大召开。

广州海关推动打击跨境电商进口走私"断链刨根"专项整治行动取得实效

一、制定方案推动专项整治行动

广州海关贯彻落实总署关于"打击跨境电商进口走私'断链刨根'专项整治行动方案"和总署口岸监管司关于该专项整治行动有关文件的要求，以净化跨境电商通关环境、防范跨境电商走私漂移、形成正面监管长效机制为目标，自2021年5月28日至11月30日开展打击跨境电商进口走私"断链刨根"专项整治行动。建立专项整治工作机制，成立以一把手为组长、分管关领导为副组长、各部门为成员单位的专项行动领导小组，专项行动领导小组办公室设在行邮监管处，统筹整体工作推进；制发《广州海关打击跨境电商进口走私"断链刨根"专项整治行动方案》，建立周报、旬（月）报制度，编发工作简报10期；总结专项整治工作中的经验、作法，梳理跨境电商零售进口问题清单和责任清单，牵头撰拟《跨境电商进口走私典型案例汇编及处置机制》。专项行动期间，广州海关累计立案1,746宗，案值达30.51亿元；专项稽查行动涉及高风险企业25家，涉及货值10.37亿元；全覆盖验核1,949家备案企业，对12家涉案企业开展约谈，将5家企业列为失信企业或下调信用等级；对30家仓储企业开展盘库核查全覆盖，查发问题23起，提升专项整治行动的震慑力。

二、加强跨境电商正面监管

一是打好线上巡查组合拳，在斩断虚假电商平台根源上下功夫。建章立制抓规范，建立跨境电商平台企业月核查、季评估工作机制，对存在异常的跨境电商平台加强处置，强化跨境电商平台企业主体责任。专项行动期间，广州海关累计核查跨境电商平台企业395家次，对运营资质及基础情况异常的41家企业暂停业务进行整改，将存在异常的99家企业列入风险企业清单。二是创新订购人线上实名认证路径，在打击利用虚假身份信息刷单、推单上求突破。针对跨境电商海量订单的特点，广州海关依托"粤省事"平台建立跨境电商线上实名认证机制,通过海关短信系统通知订购人通过"粤省事"平台、微信等进行"刷脸"实名认证确认反馈。专项行动期间,累计实施实名认证7,997次。三是抓好商品税收要素验核,在防范商品涉税风险上见实效。建立促销商品报备管理机制,共对103家企业提交的近4.76万项促销商品实施巡查。建立健全广州海关跨境电商辅助监管系统,加强商品价格分析,及时发现防范价格低报风险。加强跨境电商与快件、邮递渠道进境商品、归类、价格的关联性分析,密切监控数据漂移、此消彼长等问题。2021年6月,广州海关对跨境电商与快件渠道进行归并分析,发现跨境电商渠道网购保税进口的switch游戏机存在伪报税号、规避正面清单管理等问题,涉及案值约9,409万元。开展跨境电商进口商品涉税风险核查,精准布控拦截非正面清单商品2万余票,核查电商化妆品消费税清单约150万份,引导企业开展主动披露。四是探索实施分类管理机制,在管好管精企业上出实招。建立跨境电商分类管理机制,对高资信企业仅保持少量抽查,提供便捷化快速通关服务,对少数较高风险跨境电商企业加大监管力度。五是持续增强监管能力,在规范业务操作上抓深化。巩固"断链刨根"专项整治行动成果,组织多部门对总署制发的《跨境电商零售进口各环节风险点及监管操作手册(试行)》进行解读,录制上线7课时培训课程,确保跨境电商监管岗位工作人员应知应会。完善职能监控机制,将现场业务异动、过机审图、查获情况等十多项监控事项清单化,及时防范化解业务风险。

三、探索企业全方位管理

一是开展备案企业验核,严格企业备案、运营资质等企业静态信息验核,全覆盖验核备案企业1,949家,下调5家企业信用等级。二是开展企业约谈,梳理2020年1月—2021年5月期间相关结案案件涉及企业26家,约谈12家由广州海关主管的跨境电商相关企业,责令企业按要求进行整改。三是开展跨境电商高风险企业稽查,连续查获5家游戏机行业性涉嫌违法违规情事。四是开展账册盘库工作,通过实地核查方式对30家仓储企业开展盘库核查全覆盖,核实账册58本,发现14家企业存在问题,其中7家企业库存数量存在差异、7家企业存在信息异常;对69家参与跨境电商业务企业开展信息核对作业,发现问题59起。

四、加强全流程风险管控

一是聚焦企业异动风险,建立跨境电商风险综合研判机制。基于大数据分析平台构建相关数据监控模型,采集企业信息,建立高风险特征指标监控企业异动,创建"一企一档"风险档案,有效锁定高风险跨境电商企业。二是聚焦实战应用,建立风险分析量化体系。结合查发案例,重点关注风险要素，按高、中、低三类甄别企业风险类别，定期对中、高风险企业加载风险验证指令，跟踪指令执行情况，不断调焦校正处置方式和力度，对高风险的企业同步开展专题研判。为缉私部门查获"奋斗04""奋斗12""奋斗21""奋斗27""走私进口宠物食品案"等多个案件提供风险支撑。

五、打击跨境电商进口走私

一是多维度信息经营，开拓跨境电商案源。坚持智慧缉私思路，用好海关监管大数据开展信息经营、研判风险点。注重与地方公安、银行、邮政等部门的协作配合，对风险线索深挖扩线，联合研判锁定风险目标。二是多方位侦查取证，破解电商案件侦办难点。摸清团伙作案手法和走私犯罪链条。加大电子取证力度，固定原始证据，掌握侦审主动权。三是注重协同合作，提升"全员打私"合力。秉承"监管部门定向、风控部门排查、缉私部门打击"的模式，从监管、缉私的角度对关联嫌疑人的走私活动进行分析研判、搜集证据，形成优势互补，提升打击跨境电商进口走私的针对性、有效性。四是发挥专业优势，提升打击能力。以案找案，对跨境电商走私实施多方位、全链条打击，对案件中发现的同类型走私线索展开研判，进行延伸打击，先后侦办了"奋斗04""奋斗12""3·18""3·25"等一批大要案。

六、支持跨境电商规范健康有序发展

一是优化营商环境。优化推广跨境电商线上智慧服务项目，提供跨境电商个人额度前置审核等功能服务，累计提供服务5,499.3万次，支持企业综合运用该服务，合理统筹商品配送，降低企业综合运营成本。二是提升发展质量。支持天猫国际、唯品会、京东国际等守法企业健康有序发展，广州海关关区内大型优质跨境电商平台业务占比从2021年初的83.7%升至2021年底的95%。三是提升发展速度。支持广州空港粤港澳大湾区跨境电商国际枢纽港建设，打造南沙跨境电商枢纽海港，推广跨境电子商务零售进口退货中心仓模式，支持企业依托"跨境电商+直播"引流。2021年1—11月，广州海关辖下佛山、广州综合试验区通过海关跨境电商管理平台进出口贸易额位居全国前列。

广州海关大力支持广东企业外贸发展

2021年，广州海关先后制定实施101项稳外贸政策措施，强化监管优化服务，助推关区外贸稳中提质。年内，关区七地市进出口总额1.86万亿元，同比增长15.9%。

一是推进重大平台建设，促进高水平开放。支持南沙培育国家进口贸易促进创新示范区。从物流通道、发展平台、功能区域、重大项目、营商环境5个方面，制定实施25项支持措施。2021年，南沙区进口1,112.9亿元，同比增长8.9%，占广州市进口总值的24.7%。促进综保区进出口值大幅增长。整车保税存储、保税检测、全球维修等创新制度在南沙综保区落地。"汇总征税"叠加保税分拨、分送集报等政策，保障航材快速通关，进出区平均用时压缩至12小时以内。2021年，关区两个综保区进出口值首次超千亿元，达到1,120.78亿元，同比增长41.89%。服务第130届广交会"线上+线下"融合举办。制订通关保障工作方案，成立由关长任组长的领导小组，下设工作专班并成立7个专项工作组。对接广交会办展方6方面政策诉求，制定发布通关须知和18项便利措施，制订卫生检疫保障工作方案、应急预案，为第130届广交会提供有力保障。广州海关保障首批进境展览品快速通关，央视《新闻联播》、《人民日报》、新华社、《南方日报》等媒体相继予以报道。

二是服务新业态新模式发展，拓展外贸增量。支持跨境电商持续快速建设。广州、佛山跨境电商综试区进出口值分别为743.3亿元、740.6亿元，同比分别增长58.4%、45.7%。2021年1月，南沙综保区建成国内首个跨境公共分拨中心；2月，关区首个"网购保税+实体新零售"项目落户越秀区北京路。2021年，白云机场空港跨境电商进出口值1,065亿元，同比增长1.1倍，成为全国首个超千亿元的跨境电商空港枢纽；南沙海关监管跨境电商进出口值357.5亿元，同比增长45.3%。促进市场采购健康稳定发展。2021年向广州市、佛山市商务部门通报企业严重违规和异常情况等数据，推动广州、佛山商务部门对被通报企业实施差别化处置，完善综合管理机制。配合地方政府将试点扩展到更多专业批发市场，目前广州花都试点集聚区已拓展至广州市区内5家专业批发市场。实施一体化通关监管，平均为企业节约运输时间约9小时/箱，节省运输成本约1,200元/箱。2021年，监管市场采购出口2,565.1亿元。

三是支持构建立体物流枢纽，畅顺国际物流通道。促进航空物流通道提质增效。与空港委、南航集团、省机场集团等单位分别签订《高质量推动广州国际航空枢纽建设战略合作框架协议》《推进口岸通关便利化合作备忘录》等文件，进一步凝聚口岸发展合力。对维修后留租留购飞机实施"形式申报、联动监管"新监管模式，年内共监管进境维修飞机116架次，同比增长84.13%。扩大航材减免税政策的享惠主体和红利，每年减免关税预计由新政实施前的近1,300万元增至4,000万元左右。2021年，经机场口岸进出口总值3,297.4亿元，同比增长45.2%，比2019年同期增长56.8%，占广州关区比重23%。助力海运国际枢纽作用。"一港通"扩大至10个支线港码头，南沙港与洋浦港等港口之间内外贸货物同船运输航线实现常态化运作，全年共开展同船运输46航次、3,588个标箱；南沙形成"铁路+海运+国际段内陆物流"多式联运通道。创新实施货物状态分类监管等16项措施，支持形成全球优品分拨中心、塑料粒亚太分拨中心等国际分拨业务产业集群，南沙国际分拨中心全年外贸进出口值共477.34亿元。支持中欧班列持续增量发展。制定实施支持中欧班列发展15项措施，助推扩大班列规模，大朗站发运的中欧班列已形成6出2进共8条常规固定线路，发运频次稳定在每周3至4列。支持大朗出口监管仓库建设，该仓库已于2021年9月开始运营。支持广州（大田）铁路集装箱中心站建设运营，2021年12月31日开通首列中欧班列出口列车。2021年，广州海关监管中欧班列128列，标箱12,768个，货值37.98亿元，同比分别增长15.32%、22.23%、18.17%。

四是推动优化口岸营商环境，提高通关便利化水平。持续制定实施便利化措施。先后研究出台工作措施76项，制定10条指导意见，巩固压缩整体通关时间成效，优化口岸营商环境。2021年12月，关区进口、出口整体通关时间为16.35小时、0.54小时，分别较2017年压缩80.37%、95.21%。持续提升口岸信息化水平。在关区21个海运口岸实现海关查验通知信息推送全覆盖，并率先应用至空运口岸。海关放行信息推送"单一窗口"，推动南沙自贸片区码头、船代、货代、运输等企业系统与"单一窗口"对接，实现海关放行后企业无纸提货。依托"单一窗口"建设与海事、边检等部门的船舶联网核放功能，实现船舶监管业务"线上化""无纸化"，并在关区广州市内水运口岸推广应用。推动地方政府空港信息化公共服务平台建设取得实质性进展。在白云空港实行"车辆自助进出区"模式,实现进出园区车辆24小时网上预约,货物凭二维码实现场所内自由流转,目前已覆盖5大业务门类63项业务。优化口岸通关流程。推进多元化通关模式,进出口"提前申报"率分别稳定在60%、80%左右,"两步申报"率达到25%以上,"两段准入"信息化监管已推广至所有口岸、所有企业。扩大"智能审图""远程检验"涉及商品范围,智能审图覆盖345个税号商品,远程检验扩展到17个海关监管业务,提升货物检查效率。实施粤港澳大湾区启运港退税政策,为超过120家企业、2.1亿元启运港退税出口货物办理转关直航业务。

广州海关深化改革创新服务粤港澳大湾区建设

建设粤港澳大湾区，是习近平总书记亲自谋划、亲自部署、亲自推动的重大国家战略。为贯彻落实习近平总书记重要指示批示精神和国家重大决策，广州海关高度重视服务粤港澳大湾区建设发展，按照总署部署要求，紧密对接广东省及关区7地市，聚焦"发展平台、物流通道、功能区域、产业企业"，以支持重点项目为抓手，持续深化改革创新，推进大湾区各项工作措施落地，服务大湾区高质量发展取得积极成效。

一、服务重大平台建设落地

一是全球人道主义应急仓库和枢纽项目顺利落地运作。临时仓结束运营，过渡仓正式揭牌运作，长期仓待交付使用。从2020年4月项目临时仓开始运作至2021年底，累计监管以保税仓储后出口的人道主义援助物资1,089票、13,310万余件，输往厄瓜多尔、乌兹别克斯坦、哥伦比亚、哈萨克斯坦、玻利维亚等180多个国家（地区）。二是国家进口贸易促进创新示范区政策落地。2021年，南沙区进口外贸值1,112.9亿元，同比增长8.9%。三是第130届广交会"线上+线下"融合举办。共计约3.4万家次企业参展，来自228个国家（地区）采购商线上注册观展，来源地创历史纪录。四是钻石交易平台建设稳步推进，进出口业务量快速增长。积极配合广东省、广州市向国务院争取赋予广东钻石进出口贸易管理相关政策，完成广钻保税仓库审批。2021年，广州关区钻石加工贸易进出口值640.9亿元，同比增长79.1%。五是国际科创中心建设逐步推进。"港澳药械通"政策试点顺利开展，国际生物岛P3实验室正式投入使用。2021年，广州市高新技术产品出口值997.9亿元，同比增长28%。

二、支持国际物流通道进一步畅顺

一是南沙港国际航运枢纽业务持续发展。"湾区一港通"扩大至11个支线港码头，南沙港与洋浦港等港口之间外贸同船运输业务常态化运作，南沙大湾区机场共享国际货运中心正式运作。2021年，南沙净增外贸航线21条，国际分拨中心进出口值457.23亿元，同比增长8.9%。二是白云机场空运物流枢纽辐射带动作用明显。2021年，经广州白云机场口岸进出口总值为4,793.4亿元。其中，出口2,844.9亿元，同比增长48.1%，本地清关占比85.9%、全国通关一体化占比14.1%；进口1,948.4亿元，同比增长13.0%，本地清关占比57.1%、全国通关一体化占比42.9%。三是中欧（广州）班列业务保持发展。2021年，共监管班列128列，发运标箱12,768个，货值37.98亿元，同比分别增长15.3%、22.2%、18.2%，重箱率100%，班列数量创历史新高。四是跨境邮路运输业务稳步发展。支持扩宽邮路运输物流通道，持续推进"一点清关""跨境快速通关"改革。2021年，"一点清关"进境的港澳地区邮件344.1万件，占同期港澳地区进境邮件90.2%。

三、支持功能区域强化作用

一是综保区等保税平台高质量发展。白云机场综保区、南沙综保区整体高效运作，佛山综保区申建加快推进。2021年，白云机场综保区、南沙综保区进出口值合计1,120.78亿元，同比增长41.9%，其中机场综保区增长30.0%、南沙综保区增长46.8%。二是临空经济区产业聚集发展。现代航空物流、航空维修、通用航空、航空运营服务保障等四大航空核心产业在白云机场空港发展良好，高端医药以航空物流形式在空港口岸集聚，"华南保税医药分拨中心""华南航空租赁聚集中心"正在建设发展。三是佛山协同发展合作区和创新实验区稳步发展。支持佛山率先建设广东省高质量发展体制机制改革创新实验区，顺德美的、格兰仕、新宝电器等家电重点企业发展良好，库卡机器人（广东）有限公司应用保税政策进出口值23.56亿元，同比增长141.3%。四是南沙冷链物流中心、粮食集散中心进口业务保持增长。南沙港区三期进境肉类、水果、植物种苗综合性指定监管场地已获批。2021年，南沙口岸进口冻肉、水果、粮食分别为90.47亿元、19.81亿元、176.92亿元，同比分别增长46.7%、203.7%、99.1%。

四、支持特色产业稳步发展

一是跨境电商国际枢纽港建设初见成效。南沙综保区跨境公共分拨中心建成落地，进口退货新模式实现多种形态货物合并打包、同柜配送出境。2021年，南沙海关共监管网购保税进口164.9亿元，同比增长2.8%；直购进口14.2亿元，同比增长71.2%；一般出口97.8亿元，同比增长3.1倍；B2B出口80.6亿元，同比增长51.2%。白云机场海关监管跨境电商出口、进口分别为997.3亿元、66.4亿元，同比分别增长1.2倍和27.1%。2021年，白云机场成为全国首个跨境电商业务突破1,000亿元的空港。二是市场采购业务健康稳定发展。花都试点集聚区顺利拓展至广州市区内5家专业批发市场。2021年，共监管市场采购出口2,565.1亿元。三是穗港赛马进出境稳步增长。往返粤港马匹实施"一次审批、多次往返"检疫审批制度，"香港沙田马场—深圳湾口岸—广州从化马场"往返粤港第二条生物安全通道跨境运输试运成功。2021年，共监管进出境马匹5,835匹次、货值14.52亿美元，分别增长32.8%、26.4%。四是粤港澳"菜篮子"保障稳定供应。取消8项港澳食品监管报告证明文件，实现肇庆集散基地蔬菜就地申报、直通香港。2021年，经关区向港澳出口食品42.76亿元，同比增长25.5%。五是进口汽车业务拓展。截至2021年底，已有1,604辆平行进口汽车完成通关手续。六是"企业升级计划"成效明显。2021年，成功培育高级认证企业345家，现有AEO企业814家。

广州海关 2021 年抗击新冠肺炎疫情纪实

2021 年，全球新冠肺炎疫情形势严峻复杂。我国"外防输入"压力剧增。面对疫情威胁，广州海关贯彻落实总署、广东省和广州市防疫要求，发扬准军事化纪律部队优良作风，抓好各项疫情防控措施，全面履行好口岸检疫职责和监督管理职责，用忠诚和专业牢牢守住国门关口。

一、筑牢口岸卫生检疫防线

口岸是防范境外疫情输入的首要关口，筑牢口岸卫生检疫防线是切断境外疫情输入的重要途径。为顺畅内部管理体制和运行机制，广州海关发挥防范境外疫情输入专班（简称"专班"）扁平化管理优势，与机场、南沙等疫情防控主战场"一口对接"，确保各项部署要求快速传达落实，一线反映问题快速解决，提升关区疫情防控效能。2021 年，专班共函复前指办、南沙海关、车站海关相关疫情防控疑难问题 28 次，通过 HB、OUTLOOK 邮件、电话等途径解决问题 80 次，落实"首问责任"、做到"有问必答"。

为细化口岸疫情防控措施，广州海关及时更新出台第九版口岸防控技术方案，严格按照布控指令对来自重点国家（地区）的航空器、船舶等交通工具实施 100%登临检疫；督促口岸在严格执行"三查三排一转运"基础上，持续加强健康申明卡核验、采样检测等工作，对高风险国家（地区）入境人员及航班实施重点排查和检疫；配合口岸相关部门做好机组专用通道设置，督促水运口岸运营方在船员通道、卫生检疫区域、洗消间等设施设备建设上予以支持，减少交叉污染风险，完善闭环管理。

为解决特殊航班疫情防控问题，广州海关以"一航班一方案""一船一议"为原则，将出入境包机/临时航班、"快捷通道"机制包机、公务机等空港口岸特殊类型航班工作方案与常态化疫情防控结合，不断创新特殊航班监管方式。

提高信息化水平是提高效能、解放人力、精准防控的有效手段，也是 2021 年广州海关疫情防控工作重点挖潜的方向。年内，广州海关在机场口岸推动卫生检疫全流程智能化项目落地，制定卫生检疫全流程智能化方案，引入智能设备，最大限度减少口岸一线人力、减少工作人员与旅客直接接触；不断完善出境监管工作的闭环链条，在白云机场海关全面启用疫情防控作业信息化管理系统（出境模块），明确信息录入范围，切实提高信息录入的准确性、简便性。此外，广州海关将"广州海关疫情防控作业系统"从广州模式升级为署级项目（"旅客通关子系统卫生处置模块"），作为署级项目承办单位，配合总署完成"卫生处置模块"与总署旅客通关、新一代风控等系统的对接，以及电子流调管理等十余份任务书的开发，为全国海关疫情防控信息化保障贡献了"穗关智慧"。

为加强口岸卫生监督工作，广州海关不断加强对高风险和检疫有异常的入境客运航空器的终末消毒监督工作，明确卫生检疫各环节工作责任及责任人，督促交通工具运营者按规定实施消毒，并现场监督其消毒作业；配合地方指挥办有关医疗废物、使用后的一次性防护用品、可能被传染病病原体污染的生活垃圾等的收集、运送、贮存、处置工作，确保各环节无缝衔接、运转有序。

二、强化进口冷链食品及高风险货物监管

严防新冠病毒通过进口冷链食品及高风险非冷链集装箱货物输入国内，是党中央、国务院交给海关的一项重要的政治任务。2021年，广州海关按照总署相关工作要求和布控指令，做好进口冷链食品和高风险非冷链集装箱货物新冠病毒风险监测和口岸环节预防性消毒监督工作，切实防范新冠病毒由物传人风险。

2021年，广州海关辖区有白云机场、南沙、顺德、南海四个现场开展进口冷链食品监管业务。为确保进口冷链食品疫情防控防线安全稳固，广州海关按照"责任清晰、标准明确、执行到位、检查有力"要求，建立责任清单，完善层级责任体系，按照工作流程细化工作（面）的8个重点环节（线）18项（点）具体责任的工作内容和职责分工，将主体责任、指导责任和管理责任落实到具体部门的具体岗位，建立"面—线—点"三维责任体系，确保每一项工作责任到人。与此同时，广州海关根据总署最新要求，结合关区实际，迭代更新工作方案、应急预案、操作指引，明确人员培训考核、采样送样、检测报送、消毒监督和阳性案例处置等全链条工作要求和技术规范，确保各口岸现场同步、清晰、规范执行最新工作要求。此外，广州海关还通过数据系统排查、加强单证审核等方式形成准入把关多重防线，严防熔断期内冷链食品报关进口，防止带"毒"食品进入国内市场。2021年，广州海关累计实施进口商品新冠病毒核酸检测1.6万批次，检测样本数13万个，约占全海关系统5%，检出新冠病毒阳性货物14批（17个样本）。同期，对388万件货物外包装、3,553个海运集装箱、2,917个空运托盘实施预防性消毒。

为扎实做好口岸环节进口高风险非冷链集装箱货物新冠病毒核酸检测和预防性消毒工作，广州海关严格按照总署的相关要求和布控指令，加强对现场操作的监督检查和业务指导，规范各项采样和检测要求，合理协调检测实验室资源，保证检测结果的准确性。2021年，广州海关共实施进口高风险非冷链集装箱货物核酸检测抽样3,883批次，检测数69,041个；所有核酸检测样品均无阳性报告。与此同时，广州海关严格按照相关要求监督进口商和消毒单位，对被抽中的进口集装箱货物做好预防性消毒，对来自高风险国家（地区）的货物被口岸现场检查指令命中且需要掏箱时顺势实施预防性消毒，尽可能减少装卸货环节，降低货物污染风险。2021年，累计对3,434批次货物实施口岸环节预防性消毒，经广州海关口岸入境、经口岸环节预防性消毒处理的进口高风险非冷链集装箱货物在国内市场流通环节未有阳性案例检出。

三、用科技支撑疫情防控

在抗击新冠肺炎疫情过程中，广州海关推进科研攻关，组织科技人员加强对病毒传播规律的研究，在抗疫防疫斗争中发挥了积极作用。

在疫情防控科研方面，5月20日，广州海关作为主要完成单位之一研发的项目"新发冠状病毒感染的防控策略与临床诊治"，获广东省2020年度科学技术进步奖特等奖。该项目率先阐明新冠病毒传播特点，最早提出新冠病毒感染能够"人传人"的观点和创新性防控理念，系统阐述了新冠肺炎的临床特征和免疫机制，构建了全球首个非转基因新冠肺炎小鼠模型；在临床诊治上创新研发了新冠病毒样本采集和检测技术，搭建精准、广覆盖的快速诊断平台。团队还牵头参与制订中国新冠肺炎诊疗方案与行业相关指引，提出系列创新性治疗手段，有效指导临床诊疗工作，极大提高了新冠肺炎患者的救治成功率；率先构建并推广应用基于大数据和人工智能的预测预警系统及健康码，提高了防控精准性。此外，团队还打造了全链条隔离防控产品，有效降低了病毒传播和医院交叉感染率。

此外，广州海关主持的"广州海关技术中心生物安全三级实验室建设运行"项目获广东省科技厅2021年度立项，科技创新战略专项资金（高等级生物安全实验室等）资助为300万元，是广东省科技厅首次对广东省高等级生物安全实验室建设下达的专项资金。该专项资金为精准做好高等级生物安全实验室研究方向、专家团队、实验室管理等资源共享工作提供了服务保障。与此同时，广州海关主持的"新型冠状病毒样本资源库的建立与应用"项目获广东省防治新型冠状病毒科技攻关专项立项。

8月20—22日，广州海关在生物岛新建的广州海关技术中心P3实验室顺利通过中国合格评定国家认可委员会（CNAS）现场评审。10月28—30日，P3实验室顺利通过国家卫健委高致病性病原微生物实验活动现场评估论证。

10月22日，总署批准在广州海关建立"海关总署公共卫生安全中心实验室"。

12月1日，升级改造的广州海关技术中心P3实验室圆满完成整体搬迁任务，顺利从黄埔区港湾路旧址搬迁至广州国际生物岛新址。

12月2日，广州海关升级改造后的P3实验室获国家卫健委实验活动批复正式投入使用。

在核酸检测与病毒研究方面，广州海关实验室持续强化对入境人员进行新冠病毒核酸检测。

四、做好疫情防控后勤保障

后勤和资金保障是疫情防控工作的重要支撑。2021年，广州海关努力确保各类抗疫物资充足，存量总体平衡稳健，实现了各类抗疫物资精准保障，2021年共筹措各类防控物资219.31万件（套）；向疫情防控一线人员调配各类疫情防控物资超过240.19万件（套），保障了广州海关疫情防控常态化下的物资需求。与此同时，广州海关继续做好总署一级储备库广州库管理及物资调配工作，按照总署抗疫物资调配指令，实现快速反应、及时调配，确保总署疫情防控物资及时送达各直属海关。2021年，总署一级储备库广州库共办理6批次抗疫物资入库合计17.21万件，办理3批次抗疫物资出库合计20.75万件，品类覆盖各式口罩、防护服、手套、面屏、护目镜五类。此外，广州海关进一步强化抗疫物资保障管理，根据消耗和库存量科学测算采购数量，综合研判采购需求合理性，强化抗疫物资质量标准验收，严格落实仓库管理规定，科学精准配发使用抗疫物资；开展抗疫物资保障全面检查工作，采取各单位自查和职能部门抽查相结合的方式，对抗疫物资的储备、采购、验收、仓储、配发等环节开展全面检查，对检查过程中发现的问题立行立改。

2021年，广州海关为支援白云机场海关医护人员，持续提供后勤保障服务，做好人员配餐、交通保障工作，共保障闭环人员配餐63,816份，派车564车次，安全行驶18,629公里，为防控境外疫情输入专班工作人员供餐9,719份。

第三篇

政治建设

党建工作

【概况】 2021年,广州海关共有党员5,915人,其中正式党员5,836人、预备党员79人;在职党员4,295人,离退休党员1,620人。现有基层党组织495个,其中机关党委32个(含直属机关党委1个、隶属单位机关党委23个、事业单位党委7个、离退休人员党委1个)、党总支13个、党支部450个,隶属海关执法一线科室全部实现"支部建在科上"。2021年,广州海关共获评各级各类荣誉93项,其中省部级以上荣誉11项。广州海关连续11年获评广州市"政务服务标兵单位"。

【履行"两个维护"】 2021年,广州海关教育引导党员干部牢牢把握海关政治机关定位,坚决贯彻落实习近平总书记重要指示批示精神和党中央决策部署,以实际行动做对党绝对忠诚的国门卫士。广州海关党委充分发挥领导作用,狠抓责任落实,全年跟进督办1,491项具体工作,按时办结率99.7%。严格执行省委坚决落实"两个维护"十项制度机制,推动实施9项措施,规范关区落实"第一议题"制度,健全政治要件闭环落实机制,年内紧扣总署各项重要改革、广东"1+1+9"工作部署,制定103项重点工作任务,通过每月形势分析及工作督查例会、季度综合研判会,通报进展、督促落实。坚持每月1次中心组理论学习,将"专题学习"与"实践学习""开门学习"相结合。落实青年理论学习提升工程,在全关40岁以下干部中全覆盖开展"星火"青年理论提升学堂。该项目获得总署基层党建"书记项目"试点,同时入选广东基层党建创新优秀案例,有关作品获广东省市直机关"先锋杯"工作创新大赛机关党建类一等奖。健全关党委、直属机关党委等四级基层支部联系点制度,以及机关职能部门处级领导干部基层蹲点跟班制度,着力破解"灯下黑""不平衡""中梗阻"难题。出台推进文明单位创建巩固提升三年行动计划,推动模范机关、文明单位双创建同频共振、相互促进,巩固常态长效。落实意识形态责任制,结合关区区位特点,抓住网络舆情、信息安全等重点工作每季度综合研判,将政治机关意识教育融入日常。广州海关在全省机关党的建设暨深化模范机关创建工作推进会上做大会交流发言，大铲海关获评省直机关模范机关创建标兵单位。

【党史学习教育】 2021年，广州海关组织庆祝中国共产党成立100周年系列活动，激励基层党组织和党员干部不忘初心、继续奋斗。通过专家导读、理论研讨、读书班等多种方式，及时跟进学习党的十九届六中全会精神、习近平总书记"七一"重要讲话精神以及习近平总书记关于党的历史的一系列重要论述，与学习四本"指定书目"、学习"四史"结合起来融会贯通学，紧密结合海关职能职责带着问题学，打造"初心堂"阵地，作为党支部活动和党员干部常态化党性教育固定场所，把广大党员干部的学习积极性充分调动起来。举办关区庆祝中国共产党成立100周年暨"七一"主题党日活动，通过重温入党誓词、颁发"光荣在党50年"纪念章等形式，进一步激发爱党爱国热情。设立广东省爱国主义教育基地粤海关博物馆和全国先进基层党组织大铲海关2个党性教育现场教学点，开展"学史·铸魂"海关红色讲坛活动，组织领导干部、支部书记、先进典型等上讲台、做分享，全面掀起学习热潮，1人被评为"广东省百名优秀党史宣讲员"。在粤海关博物馆举办"百年初心 逐梦远航——广州海关庆祝中国共产党成立100周年专题展"，推动开设"粤海关红色历史概述"特色课程，讲好穗关红色故事。

【基层党组织建设】 2021年，广州海关在基层执法一线全面推行"支部建在科上"，关区288个一线科室均单独成立党支部。编制并完善党支部标准化建设工作手册，建立7大类21项工作程序标准，加强党支部标准化规范化建设。结合基层党组织届中调整、补选工作，规范各级委员会设置。建立基层支部联系点制度，关党委委员每年至少深入联系点2次，讲1次专题党课，加强对联系点党建工作的督促指导。建立直属机关"两委委员"联系基层党组织制度，每位直属机关党委委员和直属机关纪委委员均联系2~3个基层党组织，采取走访调研、列席会议、检查指导等方式开展工作，了解基层党组织工作状况，协调解决基层党组织在开展党建工作中面临的实际困难和问题。

【"强基提质工程"】 2021年，广州海关深化"强基提质工程"，推动基层党建质量不断提升。印发"四强"支部争创活动管理办法、"两优一先"评选实施办法等规范性文件，形成基层党建工作的具体指导。坚持抓两头带中间，以高质量高标准为导向选树关区首批49个"四强"支部，组织"四强"支部书记到红色教育基地开展体验式现场教学，举办"支部书记能力提升班"，全面提升基层党支部书记能力，营造后进赶先进、中间争先进、先进更前进的良好氛围。创新"一支部一品牌、一单位一特色"管理制度，6个基层党组织被授予"全国海关基层党建示范品牌"。

【先进典型引领】2021年，评选表彰"广州海关优秀共产党员"267名、"广州海关优秀党务工作者"66名、"广州海关先进基层党组织"53个，并通过现场展示、实地观摩、"党建1+1"结对共建等多种方式，增强典型示范效应。以结对共建打造"党建联盟"，加强关区机关部门党组织与基层单位党组织的联学联训，加大与省直单位党组织的双向学习交流力度，积极推进总署司局、分署处室党组织与广州海关基层党组织的"三共建"（党建共建、业务共促、思想共融）；与广州空港经济区管理委员会、广州白云机场综合保税区管理委员会、南航集团共同签署党建共建协议，加入广州国际航空枢纽党建联盟。大铲海关与红其拉甫海关两个海关系统"全国先进基层党组织"开展党建共建，以党的十八大代表、十九大代表命名成立"杨杰工作室""甘露工作室"等，通过先进典型带动一个单位建功立业的热情，近年来涌现出全国抗击新冠肺炎疫情先进个人、最美公务员等一大批来自基层一线的先进典型。

【党建助力口岸疫情防控】2021年，广州海关坚持两级党委班子坐镇指挥，建立健全党委委员到一线协调督导制度。组建"党员突击队"、36个临时党支部，立足空港口岸7×24小时作业特点，每个轮班班组成立党小组，开展"互联网+轮班制"党建模式，业务骨干"传帮带"、新老党员"结对子"，抓好党史学习、线上谈心谈话，开展技能培训、在线主题党日活动，以网格化管理充分激发每一个单元的组织力和战斗力。

【"我为群众办实事"】2021年，广州海关在全关上下深入开展"我为群众办实事"实践活动，推动两级"我为群众办实事"1,109个项目清单逐一销号落实。海关进企业、海关进社区、海关进校园的"三进"服务品牌，知识产权保护专项行动"龙腾行动"等4个项目上榜全国海关"'我为群众办实事'百佳项目"，其中"三进"服务品牌还获评中央宣传部、中央文明办2021年度全国学雷锋志愿服务"四个100"最佳志愿服务项目先进典型。

【党员干部管理监督】2021年，广州海关加强对各部门单位"一把手"和领导班子落实全面从严治党主体责任的检查考核，定期组织专项检查并向全关通报，通过党委巡察、实地调研等方式监督检查全面从严治党责任制度执行情况，组织各级党组织书记进行党建述职，切实推动"关键少数"履行好管党治党责任。印发加强对"一把手"和领导班子监督5个方面26条举措，以有效监督把"关键少数"管住用好。强化选人用人组织把关，开展对处级领导班子和领导干部的分析研判、干部调研工作，对新任职"一把手"进行任职谈话，强化领导干部考核评价。

【抵御风险】2021年，广州海关将风险防控纳入月度形势分析及工作督查例会的常规议题，有针对性地探索开展基层一线现场监管科室巡察，推进关区部门、单位巡察全覆盖，切实增强抵御风险能力。组建风险分析专家队伍，每季度召开综合研判会，重点研究防范队伍建设、内部管理等领域存在的风险隐患。对市场采购贸易方式及邮、快、跨等业务领域开展专项监督，对典型案件进行分析研判，补齐新业态管理短板，防范改革发展伴生风险。强化监督责任，聚焦疫情防控、禁止"洋垃圾"入境、优化口岸营商环境等开展监督19次，督促主体责任落实到位。

队伍管理

【概况】2021年，广州海关抓好疫情防控，全年奖励集体66个、个人1,013人次。不断完善分级分类培训体系，全年共完成一级培训57项，6.5万人次参训；处级以上干部人均脱产培训298.2学时，科级及以下干部人均脱产培训275.1学时；全员人均网络培训325.1学时，干部参训率100%，学时学分达标率均为100%。

【疫情防控人力保障】2021年，广州海关优化"三个梯队"建设，预备队由63人扩大至203人，全部由广州市内海关组成，分10批到白云机场海关全流程闭环轮训。通过适当精简单次闭环人力、增加闭环组次、优化作业机制等方式，保障人员充分休整，提升投放支援能力。人力资源持续向疫情防控一线倾斜，新录用82名公务员试用期内全部分配到疫情防控任务较重的基层海关，其中医学专业人才34人。结合疫情防控需要，特招特聘病原生物学博士学位高端专业技术人才1名。出台疫情防控封闭管理专项激励措施，建立疫情防控封闭管理人员长效激励机制，明确选拔任用、培养锻炼、奖励表彰、职级晋升等五方面措施，首批专项奖励29名封闭管理人员，366人予以通报表扬。加强一线人员医疗保障，针对疫情防控一线2,700人增加低剂量肺部CT专项检查，对特殊岗位人员150人增加职业病防治检查。与属地医院共建"医联体"，每月2次邀请全科医生坐诊，减少赴院就医次数，降低院感风险。联系三甲医院专业团队开展急救技能培训，服务275人次。开设疫情防控期间干部就医咨询专线，指导就医100余次，协调重大疾病专家诊疗20人次。

【领导班子建设】2021年，广州海关开展中期考核，对机关部门、隶属海关单位和直属事业单位领导班子分类评比，全面梳理领导班子结构和考核等情况，集中研判领导班子履职情况，分析政治生态。综合考虑交流规定、结构调整、履历、系统培养干部等因素，用好机关、副厅级隶属海关、正处级隶属海关及派驻纪检组不同平台，优化调整领导班子。扎实推进精准考核，统筹开展党建述职评议考核和领导班子、领导干部年度考核，制定党建工作述职评议考核办法、领导班子和领导干部年度考核实施办法，实现考核结果相互印证。注重干部实践锻炼，选派1名正处级领导干部挂职参加总署定点帮扶工作，4名干部驻镇帮镇扶村，3名干部参与驻外、驻港工作，1名副处级领导干部到海南挂职参与自贸港建设，1名博士服务团成员到西藏挂职。

【队伍专业化】 2021年，广州海关坚持原有择优导向、全关统一标准等有效规则，重新制定涵盖9个级别的晋升规则，制定高职级公务员管理办法，科学确定领导职务和职级兼任，重新调整晋升交流方案，主办超配、晋升"天花板"等问题得到较好解决，综合效应持续显现。持续加强专业人才培养引进，坚持招录安置向专业技术背景人员倾斜，2021年新录用公务员中资质所需专业背景人才占62.2%。顺利完成专业技术类公务员分类实施和专业技术任职资格评定，283人纳入专业技术类公务员分类管理。采用直接考核方式公开招聘，招录5名有博士后经历的紧缺高端人才。招收2名博士后工作站研究人员，支持博士后工作站建设。

【事业单位发展】 2021年，广州海关加强事业单位领导班子建设，7个事业单位设置党委，3个事业单位配备党委书记、纪委书记。精细化和差异化设置岗位，对高级专技人员较多、技术能力较强的单位实施倾斜，17个事业单位744人全部完成聘任。开展事业单位全面调研，确定关区不同类型事业单位发展策略，对技术检测型事业单位，探索加强技术力量和业务资源的统筹匹配；对信息技术型事业单位，探索错位协作发展；对服务保障型事业单位，探索联合优化。高效处理企业脱钩和人员安置，制定事业单位所属企业脱钩人员安置方案，152人全部安置。改革薪酬分配制度，建立和绩效挂钩的工资制度，薪酬向承担业务的核心部门和核心岗位倾斜，17个单位全部制定绩效工资实施办法。持续做好非占编人员精简，加强统筹优化，降低用工成本。相关做法在全国海关人事处长培训班上做专题交流。

【制度规范建设】 2021年，广州海关研究制定"十四五"队伍建设实施意见，从领导班子、人才队伍、平台机制3个方面明确未来5年总体框架、路径。制修订总工程师和总检验师岗位职责、提前退休审批、公务员调入调出、处级领导干部外出请假等6项人事制度。分级配置干部管理权限，加大隶属海关党委权重，促进权责一致。建立过渡期间方案报批机制，制发选拔任用工作手册、重要政策摘编、选人用人常见问题汇编，强化干部管理权限调整过渡期管理。推进业务职责规范建设，全面落实巡视整改任务，妥善安排副科长（正科级）、纪检组科长、撤销科室的科长等人员职务和岗位。适应业务、监督等需要，调整11个部门（单位）科级机构、人员编制、领导职数等。

【干部管理监督】 2021年，广州海关对照总署通报其他直属海关54项问题开展拉网式自查，分类分级开展台账式对照自查，抽查人事系统数据369条、抽核档案115卷次，发现问题全部整改。落实对"一把手"和领导班子的监督，对5个单位"一把手"贯彻执行民主集中制情况开展重点检查，统筹开展选人用人巡察检查，推行"常规检查+机动检查"，监督有效性不断提升。深入推进重点问题专项整治，企业兼职（任职）专项整治排查取得成效，严格核对排查把关机制，发现问题及时处理、督促整改。持续摸查"裸官"，规范退休人员在社团兼职审批程序，完善工作流程。提升档案管理水平，组织指导7个单位开展档案轮值工作，重新整理和装订档案1,826卷，追补缺漏材料246份。从严从细抓好人事档案专项审核，完成349卷事业单位人员、409卷新进公务员集中审核，相关问题全部整改。

【正向激励体系】2021年，广州海关落实正向激励体系，推动干部担当作为。强化荣誉激励，梳理驻岛人员情况645人次，63名同志获颁荣誉章，占全国海关授章人数的58%，其中金质荣誉章33人，包揽该项全国海关所有金质荣誉章。注重奖励工作科学性，总结奖励审核"九条原则"。全年奖励集体66个、个人1,013人次，受奖励个人中，基层一线个人占比达81.6%，科级及相当层级以下占比85.6%。加强沟通协调，在穗事业单位全部纳入省直医保。推进工伤参保，5,700余名在职人员应保尽保。强化关心关爱，开展"送医送药送健康"活动，服务100余人次，派送药品1,100余盒；加强体检结果应用，邀请医疗专家开展义诊；依托保健中心，为干部职工接种疫苗830余剂次，组织1,200余人次眼科验光，重大疾病救助65人次。

【机构设置变更】2021年4月，广州海关将企业管理和稽查处的特殊区域及场所以外保税管理职能划归自贸区和特殊区域发展处，并将企业管理和稽查处的保税监管科整建制划转至自贸区和特殊区域发展处。

4月，撤销佛山海关下设五个办事处的人事政工监察科；撤销广州白云机场海关、佛山海关、番禺海关、南沙海关和肇庆海关5个隶属海关的纪检监察科。

8月，在广州白云机场海关综合技术服务中心总编制、总职数不变的情况下，对该中心2个内设机构的人员编制进行调整。

10月，指定党委派驻第六纪检组开展总署税收征管局（广州）日常监督工作，将除总署税收征管局（广州）局长以外的全体干部纳入监督范围，负责监督检查遵守党章党规党纪、执行党的路线方针政策和决议，推进党风廉政建设和反腐败斗争及廉洁自律等情况。

11月，为加强总署税收征管局（广州）的日常监督、优化佛山海关纪检监督运行机制，结合纪检监督需要，在派驻纪检组总编制、总职数不变的情况下，对其中 8 个派驻纪检组人员编制、处级领导职数进行调整，分别为：广州海关党委第二派驻纪检组（派驻佛山海关）、广州海关党委第三派驻纪检组（派驻广州车站海关）、广州海关党委第五派驻纪检组（派驻广州会展中心海关）、广州海关党委第六派驻纪检组（派驻天河海关）、广州海关党委第七派驻纪检组（派驻越秀海关）、广州海关党委第八派驻纪检组（派驻海珠海关）、广州海关党委第九派驻纪检组（派驻荔湾海关）、广州海关党委第十派驻纪检组（派驻番禺海关）。

12 月，在广州海关后勤管理中心、技术中心两个单位总编制、总职数不变的情况下，对上述两个单位 11 个内设机构的人员编制及领导职数进行调整。

【政治训练"示范课堂"】2021 年，广州海关落实处级领导干部学习贯彻党的十九届五中全会精神和党史学习教育专题示范班规定动作，举办 4 期线下集中轮训和 1 期网络补训，实现应训人员全覆盖。关领导做开班动员并带头讲党课，邀请省委宣讲团成员、省委党校 7 名权威教师专题授课 21 次；每期安排 2 次分组研讨、1 场学员论坛，促进学员思想碰撞；开设"粤海关红色历史概述"等关区特色课程，传承身边红色基因，赓续红色血脉。聚焦"基层堡垒"，办好执法一线科长（基层党支部书记）专题培训。针对基层党支部书记实操能力短板进行针对性辅导，帮助找差距、理思路、学方法、明措施，巩固深化"强基提质工程"。聚焦青年干部进阶式培养，抓好新关员初任培训、岗前培训和晋衔培训。组织 83 名新关员初任培训、岗前培训，被总署评为"初任培训优秀组织单位"，8 名学员获评"优秀学员"，34 篇宣传成果分别被"海关发布"、《金钥匙》杂志等载体采用。举办 2 期关衔晋升培训班，215 名拟晋升关务督办、拟晋升关务督察人员参训。聚焦全员培训，做好总署网上培训班参训组织工作。组织全关干部分层级参加总署学习贯彻党的十九届五中全会精神、党史学习教育和习近平法治思想网上专题班，组织新任职正处级领导干部任职班 1 期、拟晋升关务督察和关务督办人员培训班各 1 期，全程跟踪督学，定期通报。

【培训"特色课堂"】2021 年，广州海关探索创新联学联训新模式，搭建联、学、练、评"大学习、大培训"平台，系统梳理 16 个重点业务领域、76 项岗位核心能力的岗位学习清单、技能考核标准，编发问答手册，灵活开展送教上门，加大专家"下沉式"现场教学力度，创新"一线课堂+线上直播"培训形式，推动机关基层上下联动、部门内外协作共进，做到重点岗位人员、业务全覆盖。累计覆盖一线人员 3,153 人，跨科室建立关联岗位结对 608 对，跨部门联学 277 次，各单位结合二级培训开展技能实训 930 次，开展业务考核、岗位练兵、技能比武等 385 次；组织推送学习测试内容近 300 期，累计线上直播培训3.5万人次，相关经验做法被"学习强国"、《中国国门时报》等媒体报道。聚焦改革前沿，优化线上特色课程供给，围绕促进粤港澳大湾区建设、持续深化海关业务改革、优化营商环境、筑牢国门安全等关区重点工作，分类组织线上专题培训，共举办"穗关e课堂"44期，4.7万人次参训，推进全员知识更新和改革能力提升。

【疫情防控培训机制】2021年，广州海关制订进一步加强新冠肺炎疫情常态化防控培训考核机制及工作方案，建立梯队滚动式、动态式培训机制，从2021年6月起，每月组织"第二梯队"个人防护实操技能培训，共751人次参训，每训必考、逐一过关；组织到白云机场海关参与跟班轮训10批、184人次；组织参加总署及广州海关举办的入境人员采样、运输工具监管、进口冷链货物检疫、实验室病毒检测及个人防护等疫情防控专业能力线上培训5期、2,719人次；录制疫情防控线上课程18门；动态更新学习清单，细化学习指引，开展疫情防控岗前培训和岗位实训283期，培训2,346人次，促进全员具备"即时出战"能力。

【资质考核和岗位练兵】2021年，广州海关面向企管、动植、食品、卫生、商检等业务线条组织岗位资质培训8期，参训4,489人次；针对执法一线人员强化岗位实操技能培训，录制线上课程40门，组织资质考试17场，新增1,239人次通过考试；推进商检业务领域岗位练兵，录制课程10门，组织考试辅导7期，开展"每日一练""每周一测"和模拟考试20场。

【教育培训体系建设】2021年，广州海关完善培训管理制度规范，制定"十四五"海关干部教育培训规划实施意见和落实措施，完善培训费管理实施细则及教育培训管理办法，进一步规范培训组织管理和办班流程，严把培训"需求关""师资关""内容关""学员关"，大力拓宽培训方式，推进精细化管理。加强干部教育培训理论研究，完成"创新联学联训培训模式，推动高素质专业化海关人才队伍建设路径探析"等3项课题，积极用好研究成果，反哺关区教育培训工作。制定关级实训教学点"六个一"建设标准，优化"教、学、练、战"一体化实训教学模式，做好问卷调查、电话访谈和现场蹲点，指导基层单位加强实训教学点软硬件建设。抓好兼职教师队伍建设，举办兼职教师专题培训，组织到华南师范大学开展教师发展和教育技术交流调研，选派优秀教师参加总署、协作区授课19人次；参与总署"国门风采"系列主题教材编写，录制总署线上课程18门、关级线上课程106门。"新型冠状病毒采送样和实验室检测技术系列课程"获评全国海关精品课程。

【开辟党史学习教育阵地】2021年，广州海关利用庆祝中国共产党成立100周年契机，完善博物馆软硬件建设，丰富党史学习教育实践载体，打造粤海关博物馆

"初心堂"红色教育基地，推出"百年初心 逐梦远航——广州海关庆祝中国共产党成立100周年专题展"，开辟穗关红色教育新阵地，为开展党史学习教育、党性教育等提供平台。全年共承接海关系统内外现场教学77批、6,115人次。

【讲好穗关红色故事】 2021年，广州海关加强海关历史研究团队建设，深化海关史研究工作简报机制，刊印《走进粤海关博物馆》《粤海关历史人文资源调研报告》。形成20多篇红色基因研究成果，参加国家档案局"档案话百年"全国征文获二等奖，在《海洋史研究》等核心期刊发表4篇，在"学习强国"等平台刊发13篇。完成"关于新时代强化粤海关博物馆作用发挥的思考"关级课题。联合高校开展"近代岭南海关关区文化遗产体系与保护研究"，入选广东省哲学社会科学"十四五"规划岭南文化项目名单。配合总署教培中心、上海海关学院编写《峥嵘岁月忆海关》《红色征程》等红色教材。常态化开展陈列讲解深化完善，推动展览、教育同步升级。建立讲解培训及考核机制，统筹开展关史馆讲解工作，切实提升讲解服务质量。讲解服务队队长荣获"广东省百名优秀党史宣讲员"称号。

【擦亮博物馆品牌】 2021年，广州海关严格做好藏品挖掘保护和管理，面向全关开展4轮红色海关资源征集，前往省、市档案馆等单位开展档案征集及复制工作，接收多名近代海关人的后人捐赠的藏品，共征集各类红色资源708件。完成红墙油漆清除项目，实现"修旧如旧"。配合省内机械塔钟课题调研组开展大钟楼塔钟保护勘察工作，争取将塔钟列入地方文物保护清单并进行单列保护。多渠道加强与地方职能部门及文博行业的协调互动，争取专业指导与支持。年内，广州海关推动海关红色历史"进校园"，国门安全课程入选天河区第一小学校本课程。联合沙面小学、虎牙直播开展"粤海关 红色情"红色文化直播进校园活动，全网在线观看6.5万人次。开展"追寻海关红色印记"主题直播，在线播放超63万次。邀请4位离退休干部组建"老干部宣讲团"，开展"讲党史、讲关史"志愿服务活动3场次，打造"老干述史"特色品牌。开展青少年寒暑假社会实践志愿服务活动，安排青少年志愿者上岗484人次，提供志愿服务时长1,936小时。配合总署开展中央电视台纪录片《中国海关》及市委宣传部《广州，告诉世界》等宣传片拍摄工作；协助开展"口岸艾滋病防治"等宣传活动；自主创作红色宣教视频，编发博物馆微信公众号推文40篇，扩大博物馆品牌效应。

【离退休人员政治领导】 2021年，广州海关共有离退休人员2,630名。其中，离休干部14人，平均年龄91岁；退休人员2,616人，平均年龄66岁。关领导带队上门看望老同志32人次；先后5次召开座谈会，听取老同志及基层单位离退休干部工作人员的意见建议；2次召开关党委会议，听取关区离退休干部工作情况汇报，谋划推动相关工作。出台进一步加强和改进离退休干部工作的意见，以"五个进一步"，即进一步加强党委对离退休干部工作的领导、进一步完善和加强离退休干部党组织建设、进一步规范和落实离退休人员党支部的学习教育、进一步整合资源提高离退休人员保障水平、进一步完善政策宣讲和走访慰问工作，加强对离退休干部工作的指导和支持。

【离退休人员党组织学习】2021年，广州海关组织离退休人员开展党史学习教育。为老同志发放《论中国共产党历史》等学习材料，针对离休干部年龄较大、行动不便的情况，安排专人"送学上门"；邀请专家学者为老同志讲授党史学习教育专题党课，近170名离退休党员参加；"线上党支部"每日推送习近平总书记重要讲话精神、"党史百年天天读"、"百年瞬间"等学习内容，每月编发《广州海关离退休干部学习专刊》。组织开展"我看建党百年新成就"系列活动。用好关区红色教育资源，组织老同志参观黄埔军校旧址纪念馆、粤海关博物馆、佛山市老干部休养所陈列室等。建设石牌老干部活动中心"初心堂"，设置宣誓区、纪律教育区、阅览区、寻根区、宣传区、荣誉区等功能区域，打造特色鲜明的学习活动阵地和老党员喜爱的精神家园。推进荣誉体系建设，以"主题党日活动+上门颁发+小型座谈会"三结合形式为244名老党员发放"光荣在党50年"纪念章；4个离退休人员党支部、58名老党员荣获广州海关2019—2021年度"两优一先"表彰；培树"广东好人"谭国权，"广州海关学雷锋志愿服务先进个人"李俐俐、姚翠琴等先进典型。

【离退休人员党组织规范化建设】2021年，广州海关进一步理顺离退休人员组织关系。全关离退休人员党组织调整为1个党委、1个党总支、45个党支部；坚持"党建带群建"，退休群众划入相应党支部进行日常管理；全面梳理关区异地居住离退休人员情况，开展离退休人员党委所属党员组织关系排查工作，确保党组织"全覆盖"。开展离退休干部"四强"支部建设和党建品牌创建活动，总结提炼2个可复制推广的离退休干部党支部工作法。切实做好党内探访慰问工作，"七一"、重阳走访慰问284名退休困难党员。加强离退休干部队伍党风廉政建设，组织开展警示教育月活动，在《学习专刊》增设警示教育专栏，专题学习党中央关于公开发表言论、兼职任职、出国（境）审批等方面纪律规定；组织填报退休干部在企业、社会团体兼职任职情况以及离退休处级以上干部在高校、科研院所兼职情况，并跟进做好退休干部在企业投资兼职清退工作。

【推广"智慧银海"平台】2021年，广州海关配合总署离退局完成"智慧银海"平台试点运行工作。成立工作小组，理顺工作机制，推动在离退办、直属事业单位、隶属海关单位多个层次试运行，甄选30余名老同志组成专项测试组，坚持问题导向，累计提出120条优化平台功能的意见建议，并完成e课堂录制、合成任务。牵头做好第五片区工作。召开线上推进会，日常协助片区海关做好数据填报、推广应用、疑难处理等工作。加大推广力度，采取录制"直播间"视频教程5期、电话微信推介、活动现场推广、上门一对一指导等方式，引导老同志登录使用。面向各隶属单位积极开展线上培训与答疑，推送《"智慧银海"应用小贴士》2期。

【用心服务老同志】2021年，广州海关从严从紧做好疫情内部防控工作，通过微信、电话等方式密切联系全关老同志，及时发布通知传达最新防疫要求，落实健康情况台账、出行报备等防疫举措。"一人一策"服务好离休干部。春节、妇女节、建军节期间累计慰问老同志1,087人次。组织开展离退休人员年度体检，健全完善老同志健康档案；办理省直医保离退休人员住院和特殊材料审批209人次，办理异地就医15人次；做好重大疾病救助，2021年累计救助22人26次。梳理全关自身或家庭存在实际困难的老同志情况，明确14名重点帮扶对象，组织各单位依托在职志愿服务力量，开展精准帮扶活动。前往广州市居家养老服务指导中心走访调研，逐一电话联系广州市户籍80岁以上老同志推介"平安通"居家养老服务，协助136名80岁以上老同志申办广州市"平安通"居家养老服务；考察市区养老机构，积极向老同志提供社会养老相关资讯。

【老年大学】2021年，广州海关加强网络学习交流平台建设，老年大学春季、秋季学期共开设书法、舞蹈、素描、声乐、科技5门课程，招收学员1,663人次，累计授课378课时。组织老同志创作文学、书法、绘画、摄影、手工等主题文化作品553件，其中43件作品获奖获展。组织老同志参加红歌同唱活动，拍摄的《唱支山歌给党听》视频被"学习强国"App报道。

【发挥老同志余热】广州海关充分发挥关工委作用，连续18年帮扶从化区温泉镇第一中心小学贫困学生，组织老同志代表开展海关"进校园"活动，"关爱山区贫困学生"志愿服务项目在省直关工委相关会议上做经验交流。在粤海关博物馆组织"学史·铸魂"海关红色讲坛活动，首批邀请4位退休干部组建"老干部宣讲团"，开展"讲党史、讲关史"志愿服务活动3场次，打造粤海关博物馆"老干述史"特色讲解品牌。开展新老党员对话活动，邀请老党员讲授专题党课，鼓励老同志传授经验，传承海关红色基因。2021年3月，开办"穗关金晖"微信公众号，全年共发布微信281次，推送消息1,782篇。编印老同志作品专辑《让晚霞更灿烂》，向全关各部门、单位和全体离退休人员发放。及时总结归纳报送关区离退休干部工作好的经验和做法，年内被《人民日报》、"学习强国"、《中国国门时报》、"金钥匙杂志"微信公众号等媒体报道20篇次。聚焦做好新时代海关离退休干部工作等课题，年内完成政策研究5篇。

纪检监察

【概况】2021年，广州海关贯彻全国海关全面从严治党工作会议、全国海关纪检监察工作会议精神，突出政治监督，坚持严的主基调，持续推进"三不"建设，推动关区全面从严治党工作向纵深发展。

【疫情防控监督】2021年，广州海关紧扣疫情发展阶段，及时精准组织监督，发现具体问题督促整改。每周联合专班等部门围绕人防、物防、实验室防护等开展专项检查，针对问题易发多发的环节、屡查屡犯的单位、视频监控盲区3个重点开展实地检查。对照"两个清单"，针对不同阶段防控要求，形成4张清单32项监督任务，围绕进口冷链货物检疫等明确监督重点，制发疫情防控工作通知（提示），指导各派驻纪检组常态化开展监督，对梳理通报的问题进行台账化管理，督促举一反三再检查，建立"即时反馈、专题报告、及时通报、跟踪问效"的整改闭环。2021年6月，广州海关党委第一派驻纪检组向在驻署纪检监察组实地观摩的国家监委特约监察员汇报疫情防控监督成效。

【专项监督】2021年，广州海关围绕习近平总书记重要指示批示精神和党中央重大决策部署，组织开展促外贸稳增长、党史学习教育、安全生产等19次专项监督，坚持结果导向，保障落地见效。加强对"一把手"和领导班子的监督，通过走访、座谈等方式摸查隶属海关单位"一把手"和领导班子在履职尽责等方面的问题，综合掌握每位对象思想、工作、生活3方面15类情况，形成隶属海关单位领导班子成员履职尽责和廉洁自律情况分析报告。对5个隶属海关单位开展"四不两直"实地监督，推动真抓真管。开展党史学习教育专项监督，制定专项监督方案，梳理7个方面19项任务，突出"四个重点"，严防出现"真空地带"。组织全面摸查隶属海关单位"我为群众办实事"实践活动情况，选取5个单位重点实地检查，深入查找存在的短板和不足，发现问题及时督促整改。开展安全生产专项监督，发现安全隐患，督促及时处置，并开展"回头看"专项监督；联合办公室举一反三，有针对性地制定整改措施，健全关区安全生产长效机制。针对关区2021年促进跨境贸易便利化专项行动工作跟进开展监督，及时下发监督工作提示，梳理形成8方面31项监督任务要点清单，指导派驻纪检组深入排查进出口环节有无收费"贵"、手续单"厚"、通关排队"久"等难点问题。

【专项整治】2021年，广州海关强化协助和监督职责，"排风险、找问题、深治理"逐步深入推进，不断完善关区权力运行机制。用好五个数据分析模型，排查异常数据，对发现的问题，及时督促相关部门单位整改。通过信访、分析等多种方式拓宽线索渠道，及时研判处置。推进深入整改，在对检查反馈具体问题立行立改的基础上，推动各部门重新梳理廉政风险清单及重点关注岗位。针对专项整治中的纪法学习、谈心谈话、数据分析等好的经验做法，研究制定广州海关深化专项整治成果、建立长效工作机制5方面具体措施，巩固整治成效。

【监督责任延伸】2021年，广州海关明确纪检机构深度监督"紧盯重点领域、关键环节发现突出问题"的定位，创设监督专报载体，报送关党委，推动主体责任单位举一反三、深入整治，全年共形成监督专报15篇，有效推动关区完善治理。开展"五项监督"，推动相关职能部门深入分析排查风险隐患，举一反三，完善制定业务规范文件，推动业务条线深入查摆整改。年内，广州海关持续加强垂直指导，党委书记主持部分派驻纪检组组长座谈会并提出工作要求，党委纪检组组长对派驻纪检组、特派员逐一谈话，加强工作指导。明确提升监督质量7个方面具体措施，召开4次派驻监督工作会议，编发10期工作情况交流，制发38期工作提示，不断加强工作交流、指导。优化派驻监督考核指标，设置9项正向指标、2项反向指标，突出实绩实效导向，制发派驻监督建议书，均得到有效跟进处置。

【制度建设】2021年，广州海关制定运用"第一种形态"及关联考核评优的实施细则，明确运用"第一种形态"的9种情形和5种方式，并将运用情况关联考核评优，有效推动各部门单位运用"第一种形态"积极性、主动性的提升，切实抓早抓小、防微杜渐。建立"一监督双研判"制度，在监督中拓展发现问题线索，推动落实中央八项规定精神，开展重大节日期间落实中央八项规定精神、纠正"四风"工作监督检查。

【执纪审查】2021年，广州海关主动接受驻署纪检监察组指导，坚持"三个集体"制度，做到问题线索集体排查、重要案件集体研究、违纪案件集体审理，提高执纪审查质量。深入推进纪律监督和监察监督一体贯通，与广州市纪委监委召开联席会议，就取证渠道、量纪处置、业务指导等方面协作配合工作进一步沟通交流、争取支持。坚持谈话、函询、核实相结合，将深化运用"四种形态"的理念贯穿监督执纪全过程。

【警示教育】2021年4月29日，广州

海关召开全关警示教育大会，推动"以案促改"责任落实，深入剖析原因，构建长效机制。

【深化党建引领】2021年，广州海关深化党委纪检组"第一议题"制度，定期开展"第一议题"制度学习，结合实际工作研究落实措施，加强督办，推动习近平总书记重要指示批示精神和党中央重大决策部署在关区落地落实，以工作成效践行对党忠诚。深化党史学习教育成果，明确关区纪检队伍党史学习教育5方面20项具体任务，清单化跟进落实关区纪检机构"我为群众办实事"实践活动，巩固办实事、开新局成果。深化党建引领作用，通过党委纪检组组长讲授"党的纪律作风建设"专题党课、参观革命遗址、开展知识竞赛等多种形式，引导纪检干部进一步坚定理想信念，带头发挥先锋模范作用。监察室党支部、第十七派驻纪检组党支部获评广州海关"四强"支部、"先进基层党支部"，7人被评为"广州海关优秀共产党员""广州海关优秀党务工作者"。

【人才综合培养】2021年，广州海关强化全员培训、提升履职能力，开展纪检业务系列专题培训，邀请税收征管、商品检验、动植物检疫等业务领域专家授课，有针对性地补齐纪检干部能力短板；选派4名业务骨干参加广州市纪委监委监督检查、审查调查培训班，提升专业能力。强化实战练兵、拓展培训效果，常态化开展以干代训，选派13人次参加驻署纪检监察组、省纪委监委专项工作，有计划地组织18名派驻纪检组干部参加党委纪检组、监察室工作调训，提升实战能力，促进成长成才。积极开展政策理论研究，针对关区党风廉政建设和反腐败工作，组建课题组进行研究，完成关级课题1篇，报送关学会参加专项征文14篇。

【规范化建设】2021年，广州海关规范关区纪检工作机制，制定及完善问题线索管理、派驻纪检组党风廉政意见回复等8项制度规程，更新完善执纪常用文书格式，强化对自身权力运行的制约监督。锻造队伍过硬作风，结合形势任务和队伍特点，制定严明纪检队伍工作纪律3方面11条措施，加强队伍约束管理。

第四篇

业务建设

口岸监管

【概况】2021年，广州海关以"严密、规范、创新、开放"监管为主线，加强监管优化服务，推动监管工作高质量发展，统筹推进口岸疫情防控和促外贸稳增长工作，健全完善关区口岸监管体系，打造严密高效的全链条监管机制，不断提升关区监管工作效能。全年，广州关区监管进出口货运量7,375.5万吨，同比增长2.7%，其中，进口4,028.8万吨、出口3,346.7万吨，同比分别增长3.5%和1.7%；原始舱单入库107.9万票，全部完成核注；进口考核查验3.39万票，出口考核查验3.77万票；关区在用H986设备13台，日均机检量均超20个自然箱；关区共有海关监管作业场所66家，集中作业场地18家，其中包含指定监管场地37个。

2021年，广州海关关区办理公自用物品核准业务7,390票，同比增长88.7%；办理留学回国人员购买国产免税车业务1,217票，同比增长29.5%；监管免税品进境入库4.2亿元，同比增长19.4%；免税品调拨入库1.2亿元，同比下降41.5%；免税品调拨出库330.5万元，同比下降25.4%；免税品销售出库0.6亿元，同比下降71.8%。

2021年，广州海关监管进出境邮递物品3,061.5万件、同比下降62.1%，进出境邮政快件3,925.4万件、同比下降14%；进出境快件业务总量2,939.3万票，同比增长8%。

2021年，广州海关监管跨境电商进出口报关单及电子清单3.3亿票，同比增长55.9%。业务种类包括网购保税进口、直购进口、零售出口、B2B出口4种，2021年业务主要集中在广州、佛山跨境电子商务综试区，涉及7个隶属海关、5个办事处共17个监管现场。

【疫情防控】2021年，广州海关抓好规范执法监督指导，做好货物检测和预防性消毒。年内共对366票进口冷链食品采样作业情况、403票进口冷链食品预防性消毒处理监督作业情况进行监控检查，指导现场及时整改、规范作业。组织开展新冠病毒采样检测及个人安全防护技能培训考核，关区240名一线查验关员通过培训考核，确保从事货物采样作业人员熟练掌握操作技能、具备上岗资质。指导现场关员按指令要求做好运输工具登临检查和客运航空器终末消毒监督作业。全年共对进出境运输工具实施登临检查作业23,819次，开展入境客运航空器终末消毒监督543次。强化货运现场防控督导，建立防疫物资绿色通道，推广实施"收发货人免于到场查验""停机坪快速验放"等创新查验模式，加强出口防疫物资质量安全监管，做好新冠病毒疫苗出口监管工作。

2021年，广州海关做好现场关员个人安全防护、卫生检疫监管场所作业区域管理及入境人员健康申报核验工作，落实对健康申报异常人员转流行病学调查，报送新冠病毒核酸阳性输入性病例追溯报告；发挥本关作为旅客通关管理子系统署级项目课题组负责单位的优势，推进卫生检疫全流程智能化应用项目在白云机场海关进境旅检现场试运行；对照总署封闭管理"四必须""五件套""六个不"等要求，制定入境卫生检疫人员封闭管理工作落实情况检查工作方案，定期采取"线上+线下""四不两直"等方式检查封闭管理工作落实情况，做好检查记录台账管理，加强实地监督，确保封闭管理要求落实到位。

【进口再生金属监管】2021年，广州海关制定关区进口再生金属监管执法释疑，规范和统一关区进口再生金属掏箱检查作业指引，对疑似固体废物或风险较高的影子商品加大过机查验和送检力度，推动构建"各负其责、协同监管、形成合力"的全链条防控体系，防范固体废物伪报再生金属走私进境风险。全年关区监管进口再生金属141.5万吨，货值364.08亿元。

【安全风险防范】2021年，广州海关开展安全生产专项整治三年行动集中攻坚，与广州、佛山、云浮、韶关、肇庆、清远、河源等地方政府行业主管部门建立港口安全生产联防联控工作机制。建立健全监管作业场所滞留危险品每月报告制度，及时清理海关监管区内长期滞留的87批危险货物，妥善做好83.5吨查获涉案烟花爆竹移交处置工作，有效排除口岸重大安全隐患。压紧安全生产责任落实，开展关区安全生产隐患大排查，组织安全应急演练45次，全面提升关区安全作业水平。

【口岸核生化反恐】2021年，广州海关严密一线正面监管，加大口岸监管环节枪支弹药、核生化爆监测查发力度。强化系统应用，推广核辐射探测应用系统开展日常监测和报警数据处置。建立由5个职能部门、20个隶属海关共90名成员组成的反恐专家队伍，完善联络员机制，各隶属海关单位组织反恐应急演练20次，提升口岸反恐应急处置能力。深化与地方反恐、环保等部门协同合作，加强可疑放射性超标货物鉴定，强化口岸反恐联防联控工作。全年共监测发现核辐射有害因子（含放射性物质）188例，均排除涉恐风险放行；查处走私枪支零部件3,631件，切实维护国门安全。

【监管工作制度化建设】 2021年，广州海关紧盯重点领域关键环节，编制监管业务管理指南，制定完善监管工作管理办法、工作指引，进一步规范执法、强化监管，及时防范和化解风险隐患。持续推进口岸监管领域规范性文件清理工作，开展关区口岸检查作业规范性检查，制定29条检查项目清单，切实规范监管执法权力运行。

【职能监督与业务监控】 2021年，广州海关落实"四不两直"，持续加强监督检查，通过实地督导检查和"视频+系统+连线"常态化运行监控有机结合，压实责任，打牢基础，提高作业规范化水平。优化二级监控指挥中心实体化运作机制，推行全员分级应用模式，综合运用关领导督导检查、专家组专题监控、视频连线会商、监控联动机动查验"组合拳"，推动工作落实，加强职能指导，发现问题漏洞，防范风险隐患。率先在佛山海关驻顺德办事处、驻南海办事处，以及白云机场海关、邮局海关、番禺海关、南沙海关、肇庆海关7个隶属海关单位试点实行三级监控指挥中心实体化运作。统筹开展联网监控摄像头专项核查及整改，完善疫情防控重点作业区域监控摄像头设置，确保监控全覆盖、无死角，联网接入总署监控指挥中心监控摄像头，高清率99%，在线率稳定维持在98%以上。发挥监控的联动作用，联合关区防控境外疫情输入专班建立"每日一检查、每周一通报"工作机制，开展疫情防控专项视频监控检查，完善核查处置机制，及时发现并督促现场整改问题及风险隐患，促进疫情防控措施落实到位。

【监管作业场所（场地）管理规范】 2021年，广州海关结合关区实际，细化监管作业场所年审表等30余种工作表格，提升监管作业场所（场地）精细化管理水平。开展监管作业场所（场地）巡查"双随机、一公开"，加强场所巡查和行政许可事项公示监督。对9个指定监管场地启动退出机制，确保指定监管场地持续符合管理规范要求。

【监管装备管理】 2021年，广州海关建立健全监管装备全生命周期管理机制，把好设备配备、使用、考核、报废关，实现全流程覆盖、精细化管理、全周期监督。动态灵活调拨设备，开展关区设备底账清查，利用关区公物仓管理制度平台，积极开展闲置设备调拨，优化关区口岸监管设备资源配置，提升监管装备使用效能。持续做好监管工作犬管理和考核工作，组织关区20名训导员、22只监管工作犬（备训犬）分批参加训练，全部通过复训考核和上岗资格考核。

【市场采购规范】 2021年，广州海关完善综合管理机制，每季度向商务部门通报市场采购贸易方式试点企业严重违规和异常情况，通报异常数据1,340条，推动广州、佛山商务部门对181家通报企业实施差别化处置。联合商务部门在市场采购贸易联网信息平台开发"一键简化申报"功能，解决企业归并税号难题。配合地方政府，将市场采购贸易集聚区范围拓展至广州5个专业批发市场，定点培育外贸综合服务企业，为小微企业和个体商户打开出口新通道，覆盖本地中小微商户697家。年内，广州、佛山、河源、肇庆、阳江、湛江、中山7个地市企业在广州关区开展市场采购业务，出口报关单64.5万份；出口值2,565.1亿元，约占全国27.6%。

【监管装备智能化应用】2021年，广州海关关区完成H986设备、辐射探测门等170余台重点监管设备联网工作，发挥监管设备效能。完成新型音视频执法记录仪（鼎桥）管理平台架设工作，实现影音录证数据实时上传、实时查看。推进新一代查验管理系统、单兵作业系统、音视频执法记录仪应用，实现执法行为标准化、进系统、留痕迹、可追溯。

【智能审图】2021年，广州海关依托南海、南沙两个区域集中审像中心，推进联网集中审像工作，实现关区全部H986设备联网集中审像。推动智能审图实用化，优化智审算法提升识别能力，扩大关区特色商品智审范围，推出关区有效识别商品清单，将主要防疫物资、水果、冻品、世行标准品等30个疫情防控期间重要通关物资纳入关区智能审图辅助识别范围，减少人工查验开箱、掏箱作业，提升查验效率和查发效能，查获关区首票货运渠道夹藏大量生物制剂（新冠病毒快速测试盒）、烟花等危险品伪报品名出口以及伪报逃避出口监管证件等多宗案件，助力打击防疫物资、濒危动植物及其制品、危化品伪瞒报和夹藏行为。

【口岸物流智能化建设】2021年，广州海关持续优化完善关区海运、空运物流智能化监管系统功能，加强与海关特殊监管区域管理系统等其他业务系统的对接，支持跨境电商出口、国货进出区等业务运作。配合支持广州"单一窗口"空运舱单数据对接海关空运物流智能化监管系统，支持地方空运口岸公共服务平台项目建设。推进广州白云机场海关智慧物流项目的建设和复制推广，完成航空口岸"一简一控"项目正式上线推广，借助科技赋能，全面提升监管效能。

【"进口直提""出口直装"试点】2021年，广州海关综合应用提前申报和"船边分流"功能，推动海关申报、征税、查验等作业与港口装卸、车辆调度等作业精准对接。建立"厂港联动"模式，打牢"直装"基础，建立出口货物工厂直通码头的物流模式，生产企业与港口码头点对点直通，实现当天内运抵、放行、装船离境，有效降低企业出口物流时间和成本。年内，关区共有95.5万吨进口车厘子、卷钢、纸浆等商品开展"进口直提"，6.3万吨供港液氯、供港河沙等应用"出口直装"模式，"一事一议"开展"直提""直装"业务，实现关区口岸全覆盖。

【湾区物流一体化发展】2021年，广州海关以南沙新港为枢纽港的"湾区一港通"模式在广州、佛山、云浮、肇庆、中山等地市10个珠江流域内河码头落地运作，截至年底，业务量达2.86万标箱，有效畅顺了物流。推动"多港合一"，支持粤港澳大湾区物流一体化发展。与深圳海关共同推出"组合港"项目，在关区佛山、肇庆等地市8个码头实现常态化运作，截至年底，业务量达5.55万标箱；与拱北、黄埔、江门、湛江等海关加强沟通，推动项目复制推广，形成"多港合一"港群格局。

【中欧班列】2021年，广州海关助力"一带一路"建设，开辟"广州—二连浩特—敖德萨""广州—霍尔果斯—杜伊斯堡"两条出口新线路，支持"韩国—广州—波兰"首趟过境专列发运，促成粤港澳大湾区企业利用中欧班列回程进境列车运力采购乌兹别克斯坦棉纱和俄罗斯板材进口。支持企业提升揽货效能，中欧（广州）班列业务揽货腹地辐射泛珠三角9省，推动大朗出口监管仓库顺利运营，支持广州（大田）铁路集装箱中心站建设。年内共监管中欧（广州）班列128列，发运标箱12,768个，货值37.98亿元，同比分别增长15.32%、22.23%、18.17%，重箱率100%。

【"安智贸"国际合作】2021年，广州海关完善"安智贸"空运流程和数据交换机制，制定试点计划空运货物操作规程，设立绿色通道，优先为参与"安智贸"项目的企业在口岸办理调箱、查验等业务。"安智贸"空运进口货物通关时间缩短到4~26分钟，海运进口货物通关时间39分钟，均低于同期其他货物通关时间。助力试点企业解决中荷"安智贸"航线下试点企业进口测试用样品证书难题，支持企业在国内建设研发中心。年内，关区"安智贸"空运航线货运量116.88吨，货值87.6万美元；海运货运量4.26万吨，货值4.87亿美元。

【服务广交会】2021年，广州海关优化海关监管线上服务，提升第129届广交会"海关直播间"服务质量和宣传影响，完善AEO企业线上推介。服务第130届广交会"线上+线下"融合举办，制定发布广交会通关须知和18项便利措施，通过推出"一站式"服务、设置专门通道、驻会监管免担保等模式，便利暂时进出境货物通关，方便特殊物品进境，为广交会顺利举办提供服务保障。

【打击"水客"走私】2021年，广州海关制定打击治理"水客"走私专项行动方案和建立打击治理"水客"走私长效工作机制。行邮、风险、监管、关税、缉私等多部门齐抓共管，推进"邮包会战"，加强对跨境运输车辆、来往港澳小型船舶检查，防范渠道、商品漂移；向总署报送典型案例41宗，总结经验做法55条，提交意见建议9条；与黄埔海关强化"水客"治理合作，打击夹藏夹带、伪报瞒报等"水客"走私行为，空港旅检口岸职业"水客"走私行为得到有效遏制。年内，破获各类渠道"水客"走私犯罪案件133起，打掉走私团伙142个。

【进出境旅客行李物品监管】2021年，广州海关加大查缉涉毒涉枪、濒危物种及其制品、"洋垃圾"、疫苗等重点敏感物品力度；加大行李物品开箱查验力度，对机检图像存疑行李100%开箱彻查；旅检渠道查获濒危物种及其制品案件93宗，查获象牙制品、红珊瑚、玳瑁、砗磲、沉香木等各类濒危物种及其制品148.3千克。推进旅客行李物品智能化监管创新，撰写关级课题文章《"先期机检"模式下旅客行李物品智能化监管创新的思考》，研发广州海关旅检业务监控和指挥系统，探索构建旅检现场六位一体的业务运行指挥体系，提升现场处置时效。

【查缉快邮渠道濒危物种及其制品走私】2021年，广州海关针对关区濒危物种及其制品、"水客"走私特点实施精准查缉，注重与智能审图应用工作对接，使风险要素、查获案例、案件侦办之间的成果转化、互补，提升一线查缉效能。年内，快邮渠道查获象牙制品等濒危物种及其制品789宗。

【打击跨境赌博、电信网络诈骗犯罪】2021年，广州海关开展动态研究分析，落实行邮渠道进境100%过机检查，提炼典型案例特点，加大对"两卡一码"（银行卡、电话卡、银行密码器）查缉力度，完善与中国人民银行广州分行信息通报机制。年内，共查获涉嫌跨境赌博、电信诈骗等敏感物品电话卡25,912张、银行卡4,648张、筹码等赌具258件。

【"两类通关"改革】2021年，广州海关落实C类快件纳入货物一体化通关，搭建"海关—地方电子口岸—企业"联系配合机制，联合地方电子口岸指导企业规范申报，逐步提升企业改革获得感。年内，广州海关8家快件企业申报纳入货物一体化通关的进出境C类快件共7,331票。

【大湾区邮政业发展】2021年，广州海关支持邮政企业通过邮政包机、海邮联运、陆路转运以及中欧班列等方式疏运邮件；加强穗港澳邮件"一点清关"模式，推动穗澳邮路跨境进境车辆使用电子关锁，推动大湾区邮件监管升级提速。年内，关区内自香港进境"一点清关"邮件171.2万件，占同期香港进境邮件的83%；自澳门进境"一点清关"邮件172.9万件，占同期澳门进境邮件的98.8%。

【"断链刨根"专项整治】2021年，广州海关开展打击跨境电商进口走私"断链刨根"专项整治行动。围绕问题清单，完善电商促销商品报备、平台核查、订购人实名认证、分类分级管理等工作机制，核查跨境电商平台527家次，暂停62家电商平台企业业务，限期整改，累计约谈涉案企业12家，将99家企业列入高风险企业清单跟进处置；编制跨境电商零售进口问题清单和责任清单，夯实业务管理基础。

【业务改革】2021年，广州海关以广佛两地家具、服装、数码等重点产品为突破口，优化海外仓备案流程，实现"一地备案、全国通用"，引导23家企业开展海外仓企业备案，促进B2B出口业务稳步发展；依托南沙自贸片区白云机场远程货运中心，拓展出口退货"合包"监管模式运用范围，链接南沙海港与白云机场空港两大枢纽港，全年监管退货商品货值同比增长4倍；复制推广跨境电商零售进口退货中心仓模式，依托智慧电商项目，支持考拉海购、唯品会在自用仓库运作退货中心仓，降低企业退货成本。

【跨境电商综试区建设】2021年，广州海关支持白云机场空港、南沙海港跨境电商国际枢纽港建设，推广跨境电商零售进口退货中心仓模式，全力支持希音集团等重点项目做大做强，推动白云机场空港成为国内首个年跨境电商进出口总值超千亿元的国际空港；支持佛山跨境电商综试区建设，推动南海三山港传统码头改造升级为跨境电商清关中心，支持禅城车检场创新出口集货仓模式，服务服饰类商品出口，降低企业运营成本。

【口岸营商】2021年，广州海关开展跨境电商个人额度前置审核服务，全年累计为天猫、京东等提供服务5,124.4万次；保障正面清单内药品顺畅通关，累计监管进口药品110.4万票，同比增长2.5倍；打通中欧班列跨境电商出口通道，支持中欧班列保税物流集散中心落户机场综保区南区，6月16日首批电商货物顺利搭乘中欧班列出境；保障跨境电商进口商品通关顺畅，在"6·18""双11"等网购狂欢节期间，针对企业业务量激增的情况，与阿里巴巴、唯品会、考拉海购等电商企业保持密切沟通，合理调配监管资源，优化监管措施，全力保障跨境电商进口商品快速通关。

税收征管

【概况】2021年，广州海关税收入库620.25亿元，同比增长8%，其中关税入库119.97亿元，进口环节税入库500.27亿元；贸易渠道征收税款588.16亿元；非贸渠道征收税款32.09亿元，其中跨境电商征收税款26.46亿元、行邮各业务渠道征收税款5.63亿元。关区进口应税货物货值3,934.4亿元，同比增长16.6%；应税报关单68.4万票，同比增长21.2%；开征税单116.9万份，同比增长19.6%。关区进口金伯利进程毛坯钻石62.3万克拉，货值2.74亿美元；出口2.1万克拉，货值765.3万美元。船舶吨税征税1.3亿元，废弃电器电子产品处理基金征收135万元。

2021年，广州海关主要税源商品征税结构变化明显，机电产品位列第一位（96.7亿元，同比增收11亿元）；再生金属位列第二（46.1亿元，同比增收29.5亿元），成为关区最大的增长点；汽车配件位列第三（40.4亿元，同比减收3.9亿元）。石化产品、整车征税跌出前五。下半年，由于整车进口商采用异地检测，整车征税进口有所恢复。年内，关区纳税企业2.8万家，属地企业贡献税收超6成。关区平均每份税单征税5.5万元。

【税收征管政策调研】2021年，总署税收征管局（广州）围绕重点产业和民生关切消费品，发挥关税技术优势，开展精准选题及深度调研，审核筛选全国海关提交的608条建议，在全国范围组织开展抗癌药品原料药、电子浆料、六氟化钨、硫化锑、载金炭5项商品的行业调研，提出的10条《税则》调整建议被总署采纳，其中六氟化钨、抗癌药品原料药、高端电子布相关3条建议被国务院关税税则委员会采纳。广州海关深化税收征管政策调研，推动广州科创、海洋石油勘探开发、跨境电商零售药品进口，针对科技创新、农业农村、跨境电商、机电化工等重点领域的税政调研建议被总署采纳23份；跨境电商税政调研成绩突出，滑雪器材、游戏机等6项商品相关建议被纳入财政部等8部委联合发布的《跨境电子商务零售进口商品清单》；对能源资源勘探开发利用免税进口商品清单、医疗检测分析仪器范围等提出建议8条。

【税收征管改革】2021年，广州海关推动税收征管各项改革，率先试点"多主体联合担保制度"，全年共有425家企业备案关税保证保险1,065份，担保额度131亿元；实施出险企业"灰名单"管理，规范出险索偿和理赔流程；共有167家企业参与汇总征税改革，共备案汇总征税担保226份，担保额度21亿元。开展关区对公式定价进口货物备案、二次结算的跟踪分析，公式定价进口货物征收税款19.4亿元、二次结算延续性征税0.69亿元。推进落实属地纳税人管理工作，为属地企业制订差别化税收规范管理服务方案，全年共为关区36家属地企业建立底账，并为11家"双特"企业建立价格台账，税收覆盖度达35%。针对科技创新、农业农村、跨境电商、机电化工等重点领域，全年对关区785家属地企业实施合规申报引导，纠正申报差错记录1,405条。制发涉及食品、化妆品、木浆和机电产品的归类、价格预裁定89份，涉及进口商品货值14.58亿元。

【原产地优惠贸易安排与税收优惠政策落实】2021年，广州海关落实原产地优惠贸易安排，为关区企业获得税款优惠98.82亿元。其中，进口受惠货值673.87亿元，税款减让51.72亿元；签发各类出口货物原产地证书36.64万份，货值973.55亿元，为企业获得境外税款减让47.10亿元。贯彻落实习近平主席在中国—中东欧国家领导人峰会上重要讲话精神，扩大农食产品进口，全年推动自中东欧国家进口征税7.70亿元，货值43.01亿元。落实国家进口税收优惠政策，年内审核确认减免税进口货值和减免税款分别为4.1亿美元和2.3亿元人民币，同比分别下降53.1%和69.4%；辖下12个隶属海关开展减免税审核确认工作，共出具"征免税证明"4,108份，同比下降13.4%，实际减免税1.63亿元。2021年是"十四五"期间税收优惠政策实施的第一年，受相关政策配套执行文件多集中于下半年颁布影响，年内为货值30.04亿元的种子种源、科技创新、航材等进口货物办理减免税税款担保。为中科院南海海洋研究所"实验6号"综合科考船项目相关设备减免税审核开通绿色通道，建立重点项目快速联系机制，减免税办理时间压缩幅度近80%，助力"实验6号"综合科考船完成首航。参与H2018减免税管理子系统建设，规范减免税管理，简化流程优化服务。落实国家部署，推动加工贸易惠企政策继续实施。承担加工贸易内销选择性征收关税政策试点及2020年暂免征收加工贸易货物内销缓税利息两项政策的全国实施监控分析，推动2022年对加工贸易企业内销暂免征收缓税利息，并获得国务院常务会议确认。

【税收风险防控体系建设】2021年，广州海关加强进口再生资源分析监控，防范政策伴生风险。总署税收征管局（广州）对中国香港地区生产再生铜、铝等原料原产地风险进行排查处置，通过下发《行邮物品归类审价工作动态》、对重点关区发布风险预警信息、制发风险提示联系单等方式，完善涉税风险防控，提升协同防控效能。运用大数据思维，加强对税收风险的研判识别、排查处置，建立税收风险防控体系，推动实施以科学随机抽查和精准分析布控为主要内容，协同分工、优势互补的"两轮驱动"模式。

【**税收风险协同防控**】2021年，广州海关坚持协同思维，提升与验估、稽查、缉私等部门的协同防控效能。总署税收征管局（广州）加大与验估现场的协同联动，健全事中、事后验估指令跟踪反馈机制，固化商品行业管理经验；针对稽查指令执法成本高、制发数量偏少等问题，探索建立以"小快灵"联系单为手段的税收风险分类核查处置新机制；深化与缉私部门协同，巩固联合研判、合成作战等工作机制；构建多维度立体式监控体系，有效提炼风险甄别信息，提高税收风险参数的精准度和覆盖面。

【**RCEP原产地规则及相关重点项目建设**】2021年，广州海关参考推进《区域全面经济伙伴关系协定》（RCEP）准备实施等关区重点项目，总署税收征管局（广州）牵头完成RCEP原产地规则实施操作规范等5项工作，加强RCEP政策分析研究及成果转化。广州海关关税部门参加RCEP信息系统建设与相关公告、管理办法和操作规程的制定；通过中央级和地方级主流媒体开展宣传上百次，覆盖关企近万人次；针对重点企业、重点产业开展调研，发放调查问卷逾千份；根据总署部署，在南沙自贸片区内的综合保税区试点接受属于已明确"微小差错"范围情况的优惠贸易协定项下原产地证书、试点培育区内企业做好经核准出口商政策实施准备。针对12月1日起我国不再对输欧盟等32国货物签发普惠制原产地证书相关工作，关税部门做好对企政策宣讲，指引企业通过申领"一般原产地证书"替代普惠制原产地证书，帮助企业适应新政变化。

【**推进"源头治理、行业规范"**】2021年，通过成立行业管理工作小组，统筹推动全局与重点行业协会、龙头企业的合作，总署税收征管局（广州）共与26个行业协会签约，合作撰写重点商品行业分析报告33篇，引入行业行情数据，建立特色商品数据库，搭建智能化模型，开展涉税风险排查；建立企业合规申报差错信息通报机制，研发企业合规申报差错信息数据模型，通报并由直属海关开展合规引导企业1,980家，涉及40个直属海关；推进商品识别码（化学物质登记号，CAS）的建设应用，提升企业规范申报水平；注重运用政策性管理措施推动源头治理，牵头推动公式定价管理制度改革及总署第44号公告落地，引导企业合规申报。

【**归类基础工作参与及《协调制度》修订翻译**】2021年，广州海关关税部门积极参与总署组织的归类基础工作，参加

2022年版《协调制度》转版及税目调整参数维护、消费品降税、进口环节消费税等专项工作，为新版《协调制度》实施后征管、贸管、法检等需借助编码实施管理的政策措施落实到位奠定基础。总署税收征管局（广州）协助相关部门完成20余万字《协调制度》的翻译与调整、近30万字《税则》转换建议，顺利完成2022版《协调制度》修订翻译及向《税则》转换工作；通过编写培训教材、新媒体等加强内外宣传，培训全国海关及企业近3万人次，确保2022版《协调制度》及时准确实施。

查缉走私

【概况】2021年，广州海关按照总署党委统一部署，开展"国门利剑2021"等多项联合专项行动，构建关区全员打私大格局，推动关区打私工作实现新发展，继续走在全国前列。全年查办各类案件19,937起，案值255.8亿元。

【查缉货运走私】2021年，广州海关组织实施"蓝天2021"专项行动，全面研判禁止进口固体废物后国内外市场变化，对打击治理"洋垃圾"走私情况进行全面深入的梳理，对再生金属进口问题进行深入研究，采取更加严格的监管防控措施。开展"奋斗18"打击走私旧汽车配件专项行动，成功打掉2个走私旧汽车配件团伙，该团伙涉嫌走私国家禁止进口的旧汽车配件173柜、3,217吨。

广州海关开展"奋斗08""奋斗09"打击走私淫秽书籍专项行动，查获7,000余本走私淫秽书籍。在此基础上，在总署缉私局统筹部署指挥下，通过深挖扩线，联合全国31个直属海关缉私部门开展两轮打击走私淫秽书籍专项行动，全国查获涉案书籍50万本，捣毁多个涉淫秽书籍藏匿仓库。

11月，广州海关隶属南沙海关以机检智能审图结合人工掏箱查验，在1票申报为泡沫箱的货物中，查获夹藏走私活体螃蟹1万只。

【打击虚开骗税违法犯罪】2021年，广州海关联合公安、税务、人民银行四部门，打掉一个利用海关票虚开骗税"三假"犯罪团伙，案件涉及企业1,208家。在公安部经侦局、国家税务总局广州特派办、总署缉私局指导下，广州海关缉私局联合省市公安、税务和人民银行等多部门，开展公安部涉税骗税专案联合收网行动。

【查缉行邮走私】2021年，广州海关推进打击治理"水客"走私、海南离岛免税"套代购"、跨境电商走私等专项行动，协同地方执法部门，加强对关区内"水客货"地下市场的清理整治，遏制市场源头。3月，开展"奋斗03"打击行邮渠道"水客"走私羽绒服专项行动，案值7,000万元；开展"奋斗04"打击线上渠道"水客"走私奶粉等专项行动，案值10亿元。4月,开展"奋斗12"打击跨境电商渠道"水客"走私化妆品专项行动,案值10.6亿元;开展"3·18"打击跨境电商渠道"水客"走私化妆品专项行动,案值2亿元。5月,总署开展为期半年的打击跨境电商零售进口走私"断链刨根"专项整治行动,广州海关查发一批跨境电商进口走私案件。9月,开展"奋斗21"打击跨境电商渠道走私奶粉专项行动,案值10亿元;开展"奋斗22"打击跨境电商渠道"水客"走私保健品专项行动,案值7.1亿元,涉嫌走私保健品约70万瓶。11月,开展"奋斗20"打击邮递渠道、陆路口岸"水客"走私奢侈品专项行动,成功打掉4个"水客"走私奢侈品团伙,案值2亿元。全年侦办"水客"类走私犯罪案件133起,案值106亿元,打掉团伙142个。查办邮、快、跨等渠道行政案件1.9万起,查办跨境电商案件在全国海关占比高达88.8%。

2021年,广州海关首次在快件渠道截获冰毒,查发涉冰毒情事19起。全年立案侦办走私毒品罪案件37起,查获各类毒品2,018克;立案侦办走私制毒物品罪案件14起,查获含麻黄碱成分药品45,835克。

广州海关深入开展"护卫2021"专项行动,紧盯象牙、犀牛角、穿山甲鳞片及其他重点珍稀动植物及其制品走私风险,持续保持敏感性,加大货运、旅检、寄递和非设关地等渠道监管查缉。4月,开展"奋斗13"打击珍稀植物制品走私专项行动,成功打掉4个走私珍稀植物制品犯罪团伙,涉及走私尼日利亚刺猬紫檀52柜,约1,300吨,案值900万元。10月,开展"1101"打击走私石珊瑚专项行动,成功打掉3个走私石珊瑚团伙,现场查扣国家二级保护动物石珊瑚活体一批。

广州海关联合地方公安,连续破获多起走私枪支散件系列案。11月,连续开展"8·08""6·01"打击枪支违法犯罪专项行动,成功打掉2个非法制造、贩卖、走私制式枪支散件犯罪团伙,现场查获疑似枪支配件约6,000件。

【查缉沿边沿海走私】2021年初,广州海关开展"11·18"打击水果走私专项行动,打掉一个长期活跃在云南边境走私水果的犯罪团伙,案值3.07亿元。12月,开展"8·30"打击海产品走私专项行动,成功打掉18个通过边贸渠道走私海产品犯罪团伙,案值1.98亿元。

2021年,广州海关连续破获水上渠道走私"水客货"案件264起,案值23.27亿元,查获走私各类高货值商品一批。开展"奋斗06"打击"水客"走私专项行动,首次破获通过来往港澳小型监管船舶船员"水客"走私高价商品大案,案值达15亿元。开展"3·17"打击粤港澳特大海上跨境走私专项行动,共抓获犯罪嫌疑人31名,成功打掉1个走私中高档旧汽车发动机、波箱等国家禁止进口货物的犯罪团伙,涉及走私货物95柜,共2,000余吨。

广州海关联合广州市打私办、公安局、广州海警局等单位，开展打击整治珠江口水域"大飞"走私突击行动，对重点水域开展集中突击查缉，现场查获"大飞"24条，抓获犯罪嫌疑人9名。协同地方公安、海警、海事等部门，在珠江口、东江、西江3个片区共11个地市开展"海啸2021—7"联合行动，共抓获犯罪嫌疑人396人，查扣走私"三无"船舶60艘、车辆112辆、冻品388吨、成品油21吨。全年查办珠江口水上走私案件1,505起，总案值31亿元，连续三年用不到全国1/4的水缉力量查办全国1/2以上水上走私案件。

【刑事案件处理】2021年，广州海关共立刑事案件415起，案值131亿元。海关现场查发231起，其中立案侦办涉税走私犯罪案件225起，案值125.63亿元；立案侦办非涉税走私犯罪案件190起。全年挂牌管理案件27起，总署一级挂牌管理案件7起、二级挂牌管理案件20起，其中涉税走私犯罪案件15起、非涉税走私犯罪案件12起。刑事结案632起，案值119.8亿元。其中，移送起诉案件172起，案值91.8亿元。共预审案件20起，移送起诉18起，移送嫌疑单位5个，移送犯罪嫌疑人47人。

【行政案件处理】2021年，广州海关共立行政案件19,522起，案值124.9亿元，其中立一般案件9,972起，案值97.2亿元。行政案件结案18,830起，案值95.2亿元，其中一般案件行政处罚8,991起，案值79.4亿元，"两简"案件结案9,512起。行政大要案3起。

【反走私宣传】广州海关坚持"宣传也是打私"理念，对内总结经验、对外加强宣传，综合利用媒体资源，提升广州海关打私工作影响力，营造良好社会氛围。2021年，媒体报道广州海关打私新闻350条次，其中，中央级媒体发布43条次。"奋斗21"打击跨境电商渠道走私保健品案、"506"打击走私淫秽物品进境案入选总署发布的2021年打击走私全国十大典型案例，相关内容在"海关发布"等微信公众号上宣传。

表4-1 2021年广州海关缉私业务数据列表

项目	具体项目	数值
总案件	立案数	19,938起
	案值	255.8亿元
刑事案件	立案数	415起
	案值	131亿元
行政案件	立案数	19,523起
	案值	124.8亿元

统计分析和政策研究

【概况】2021年，广州海关制定学习贯彻习近平总书记对统计工作重要讲话和重要指示批示精神的细化落实措施，进一步夯实统计工作基础，深入开展调查研究，支持促外贸稳增长工作，强化统计数据质量综合管控，着力开展基于业务数据的实证分析研究，不断提升业务分析的广度和深度，积极开展统计服务工作，不断提升服务水平。

【"十四五"海关发展规划工作】2021年，广州海关积极参与"十四五"海关发展规划前期编制工作。在总署印发"十四五"发展规划后迅速组建工作组，收集具体落实措施建议257条，形成广州海关实施方案与任务分解表，涉及39项任务部署及225项具体落实措施。参与总署"十四五"海关发展规划线上培训班，介绍广州海关贯彻落实工作的经验。

【服务地方经济发展专题研究】2021年，广州海关开展关区外贸企业快速响应机制的专题研究，围绕关区7地市外贸发展情况以及关区重点产业和重点商品，开展"走遍关区"专项调研活动，围绕寄递渠道、专精特新产业、南沙堵港、疫情影响等多个专题开展调查研究，向广东省、广州市政府及相关部门报送专报27篇。

【署级、关级课题研究】2021年，广州海关积极承接总署重大课题研究，组织推动广州海关围绕署级课题开展相关研究工作。全年共牵头开展署级课题研究5个，参与署级课题研究9个。承接总署"卡脖子"重点商品调研工作，走访企业数十家，形成30余万字调研材料。全年围绕大湾区建设、体制机制建设、监管方式创新、外贸高质量发展、RCEP、关检融合等主题，共形成62个关级课题研究成果和38篇优秀自主研究专题政研文章。

【宏观经贸分析监测】2021年，广州海关充分发挥全球贸易监测中心广东分中心副组长单位作用，分析全球经贸形势变化，预测我国外贸走势，每月为总署形势分析会提供宏观经贸分析材料。紧密跟踪中美贸易变化，每月撰写研究材料报送总署。参与总署季度新闻发布会工作，提供大宗商品价格变动、外资企业外贸变化情况等相关分析材料10余份。自主开展广交会贸易指数研究，获总署科研项目立项。

【政研工作】2021年，广州海关建立并实施政研队伍管理机制、优秀政研成果集中展示机制、政研成果报送机制、政研任务快速响应机制、政研成果轮值编审机制、考核通报和督办机制、激励表彰机制7项政研工作机制。建立576人的关区政研人才库，为政研工作提供人才支撑。全年各部门单位共报送政研文章682篇，同比增长2倍；共刊发171篇文章，其中54篇研究成果实现有效转化，推动关区政研工作涉及总署的考核指标位居全国前列。

【关区业务分析】2021年，广州海关着力开展实证分析研究，不断提升业务分析的广度和深度。针对关检融合后进出口货物检查业务，从贸易方式、商品类别、企业类别等维度对海关检查业务量和检查成效开展实证分析研究。

【统计数据质量综合管控】2021年，广州海关认真落实统计数据真实准确工作责任制，修订制发贸易统计作业规范，进一步优化审核流程，加强业务部门间联系配合，强化事中干预，打造专业化、集约化、智能化的统计数据审核"穗关模式"。运用大数据思维，在"云擎"系统建立数据审核模型，常态化开展宏观监控和统计数据质量监督。

【数据发布】2021年，广州海关作为全国海关数据发布中心组长单位，牵头组织开展对全国贸易统计月报报表的审核和发布工作。制定工作实施细则，明确各成员单位的职责分工和联系配合机制，加强培训，运用科技手段创新数据审核方式，提高数据审核效率，每月按时完成83张报表的编制、审核与发布工作。

【统计调查调研】2021年，广州海关形成机关—隶属关两级统计调查联络员催报制度，实现职能指导与基层联动，采取短信通知、电话热线、微信群、问卷星等多种形式开展调查调研。全年共组织开展各类调查调研25次，涉及企业2,837家次。外贸出口先导指数分析观点、跨境电商调研成果多次被统计分析司调研报告采纳。

【统计服务】2021年，广州海关持续优化关区外贸快报编制模式和流程，每月定期制作关区所辖7地市综合统计资料，在广州海关门户网站上发布，并优化相关图表图解的可视化方式，公众点击量达7,000余次。全年累计向关区内各部门单位提供统计服务267次，向地方政府部门提供海关统计数据服务20次，受理并办结社会公众申请统计服务80次。针对社会公众咨询海关统计数据热线电话明显增加的情况，向"广州海关12360"微信公众号投稿《实用贴！海关统计数据查询攻略》并被采用。

【企业自助打印报关单档案试点】2021年，广州海关作为全国企业自助打印报关单档案三个试点海关之一，牵头组织开展业务需求论证、功能测试，辖区企业成功自助打印全国首份企业自助打印报关单档案，相关改革举措被《人民日报》、新华网、《南方日报》等20余家新闻媒体正面报道，在"广州海关12360"微信公众号上推出的宣传稿件阅读量超过4万次。

【业务数据安全管理】2021年，广州海关将学习宣传和贯彻《数据安全法》纳入国家网络安全宣传周活动，制发2期"广州海关12360"微信公众号宣传文稿，制作宣传展板和小册子（电子版），多渠道开展学习宣传工作。开展"送法下基层"活动，引导广大关员理解和掌握《数据安全法》主要内容和要求。

【统计督察】2021年，广州海关接受国家统计局第8统计督察组延伸统计督察。及时按照督察组要求提供材料500余份，并做好相关资料的审查、移交工作，陪同督察组实地调研检查2家企业，解答督察组相关问题，并在全国加强海关统计工作专题会议（厦门）上介绍延伸统计督察经验。

企业管理和稽查

【概况】 2021年，广州海关备案报关单位79,197家，新增备案报关单位11,932家，同比增长10.53%，备案增长率2.58%；关区食品类特定资质企业4,756家，新增768家，同比增长13.64%；AEO企业814家，新增345家。办结核查作业2,616宗，办结稽查作业632宗。

【"放管服"改革】 2021年，广州海关落实"报关企业注册登记"事项审批改备案，自11月起在广州市先行先试，将报关企业海关备案纳入"多证合一"业务范围。11月26日，广州市海枫报关有限公司成功通过"多证合一"方式，在申请市场主体注册登记的同时一次性完成海关报关企业备案，全程"网上办""办一次"，这是关区首宗报关企业"多证合一"备案。年内，共有11家报关企业通过"多证合一"方式完成海关备案。

实施与黄埔海关进出口货物收发货人备案跨关区"一窗通办"；自4月1日起实现进出口货物收发货人备案业务在广州市内跨关区"一窗通办"。总署以两关实践推动报关单位备案全程网办工作、全国通办。

持续推进报关单位注销便利化，融入地方注销"一网通办"，注销企业4,378家，办理时限缩减50%。拓展业务办理渠道，依托"粤商通""穗好办"、5G+VR"政务晓屋"等地方涉企政务服务平台，为企业提供灵活多样、高效便捷的服务。

创新实施"通用+特定""优化备案、资质共享"等备案改革，对进出口货物收发货人备案、进口食品化妆品进口商备案等通用、特定企业资质备案项目中相同的申请材料、审核环节、验核内容进行整合，减少提交文审资料18项，为企业减免重复提交考核资料近30项，备案时效提高85%。是年，办理"通用+特定"备案业务12宗，动植、企管资质共享备案业务1宗。

精准帮扶食品企业，推动特色农产品出口，通过线上辅导和实地考核等形式为企业提供备案指导、政策解读和咨询服务，推荐企业对外注册。广州关区有29家企业获得对外注册资质。2021年7月27日—9月8日，美国农业部下属食品安全检验局（FSIS）对中国输美鮎鱼产品和输美禽肉产品开展为期7周的评审工作，没有发现任何不符合项。

【促进企业发展】2021年，广州海关强化信用培育，推动企业高质量发展，通过"线上+线下""集中+片区""海关+政府"等多种模式，聚焦"一带一路"、RCEP、粤港澳大湾区、中欧班列等项目相关重点企业开展信用培育，引导关区企业对标AEO标准规范经营管理，全面提升关区企业信用建设水平。345家企业新申请并通过AEO认证，关区高级认证企业总数达814家；高级认证企业外贸增长覆盖率为73%，同比增加近10个百分点；高级认证企业全国进出口值占关区注册备案企业全国进出口值38.46%，高于全国33.62%的平均水平。广州万宝集团压缩机有限公司专门致函，对广州海关主动开展信用培育、便利企业通关等工作表示感谢。

出台关区六大类25条便利措施，在全国率先试点高级认证企业核查事项"企业自查结果认可"模式、高级认证企业报关单证自助打印、高级认证企业办理出口退税"先退后核"等便利措施，设置AEO优先业务窗口110个，联合技术中心完善优先采样检测操作指引，优先安排查验、采样检测、特殊物品卫生检疫审批等；对100家高级认证企业特定货物设置较低抽批比率；办理免除担保561次，涉及担保金额4,784.63万元；依托"中国海关信用管理"微信公众号平台，做好企业咨询问题解答工作，年内收集解决企业通关疑难问题263个。

强化企业闭环管理，完善AEO退出机制，加强关区企业尤其AEO企业守法规范情况日常动态监控和跟踪管理。以等级动态管理、失信企业治理退出、信用信息异议、信用体系建设双公示工作为重点推进内容，形成信用修复工作新机制。是年，下调179家企业信用等级，将140家企业移入异常名录；其中，13家高级认证企业被下调信用等级退出AEO，32家原一般认证企业被下调信用等级。

与广州市政府等地方政府签署合作备忘录18份，推动出台面向AEO的支持保障措施；参与社会信用体系建设，规范简化信用信息公示流程，推进企业联合奖惩。2021年11月25日，广州市政府与广州海关签署《共同促进区域企业升级合作备忘录》。

【稽查工作改革】2021年，广州海关完成对近三年"固体废物加工企业"专项稽查全覆盖，组织对关区96家2018年以来取得进口固体废物许可证且进口过固体废物的加工企业实施全覆盖专项稽查。推进"进口再生金属行业"专项稽查，于5—8月、10—12月分两轮对新政实施后关区146家进口再生金属企业实施专项稽查，查发43家。

率先试行稽查部门办理部分行政处罚案件，明确案件办理范围、相关流程和处置原则，协同缉私部门做好业务培训。及时调整稽查工作模式，按照总署统一安排，取消常规稽查作业模式，调整绩效考核指标，全面实行不经事先通知的稽查方式。制定全面推行稽查改革工作方案，明确具体措施和实施主体，为稽查改革全面施行奠定基础。

推进中介机构辅助稽查，将目前在库中介机构情况逐一审核，并向行业协会征求其守法执业情况，将60家中介机构列入2021年度广州海关参与协助稽查工作社会中介机构备选库，完成引入稽查工作6宗，借助专业力量辅助后续监管工作；持续推广主动披露制度，自2021年以来开展主动披露作业181宗。

拓展非传统领域稽核查，实施打击跨境电商进口走私"断链刨根"专项整治。完成对1,949家跨境电商企业全覆盖验核，对12家企业开展约谈。对23家跨境电商高风险企业开展专项稽查行动，对30家仓储企业开展盘库核查，对69家参与跨境电商业务企业开展注册信息核对作业，发现问题59起。将2家走私企业及1家无法联系企业列为失信企业，2家违规企业信用等级由一般认证降为一般信用。

按照总署企业管理和稽查司安排，派员参加WCO组织《经修正的京都公约》管理委员会第24—27次会议，对各成员提案进行分类，涉及海关稽查和主动披露的相关内容均被评为最高分类等级。组织撰写并翻译针对电商企业的稽查案例，被WCO编入世界海关组织稽查教材。

【核查领域改革】2021年，广州海关推进核查分类改革，优化定期管理核查作业指令流转方式，一次性下发关区年度定期管理类核查企业名单1,345家，便于基层海关结合监管实际制定具体年度核查计划。

创新核查工作方式，开展网上核查作业114宗，对46家出口商品生产企业开展核查领域部门间联合抽查，采信123家出口备案食品生产企业出具的第三方报告，对21家高级认证企业实施认可自查结果的监管模式。

率先开展税收风险验核处置试点，联合总署税收征管局（广州）共同建立属地海关税收风险验核处置新模式。关注风险点，加大专项核查工作力度，对28家企业开展通报核查，对7家出口烤鳗、鲇鱼、鲮鱼产品生产企业开展风险管理类核查专项工作，对2家进境大豆指定加工企业开展进境大豆后续监管专项行动。

主动对接关区7地市市场监管部门，建立抽查结果部门间共享交换和互认互用机制，组派联合执法队伍对46家出口商品生产企业实施联合作业，合并缩减检查项目，统一反馈并公开检查结果。试点第三方检验结果采信制度，对123家企业提交的评审报告和资质证书开展符合性评估后予以采信，将海关现场检查项目从94项简化至9项，大幅缩短核查作业时间。

创新实施信任监管，试点守法企业自

查结果认可模式，实现关企成本双减。对21家符合要求的高级认证企业，由企业按照工作要求对特定核查事项自主开展验核查证，确认相关经营行为的真实性、合法性，并形成自查结果反馈海关，海关对企业自查结果予以认可，开启核查领域关企合作模式。在确保数据安全前提下，推进核查作业在电子单证数据提交、文件审核等关键环节的应用，通过文件网上审核、视频连线等方式完成核查作业114宗，实现"非侵入式"监管，有效降低企业制度性交易成本。

【属地查检业务改革】2021年，广州海关厘清各环节部门管理内容和职责分工；建立部门间属地查检业务联络人制度和联席会议制度，加强部门间联系配合，强化协同管理理念。

实施高级认证企业查检差别化管理机制，对100家高级认证企业进出口货物查检频次实行差异化管理，优化查检指令办理和反馈模式，明确指令处置和反馈原则，优化货物进出保税区查检指令处置机制，完善指令修撤流程和优化问题指令作业执行反馈机制。

建立作业疑难问题解决机制，牵头召开多轮研讨会，强化口岸与属地联系配合，建立跨直属海关关区目的地指令流转工作机制，对接黄埔、深圳等直属海关，协调做好属地查检作业流转工作，强化口岸与属地指令执行联系配合机制。

配合建立关区危险化学品转目的地验核工作机制，化解危险化学品查验口岸聚集风险。强化属地查检外勤执法安全管理，明确进口冷链食品属地查检环节相关作业安全指引，切实防范安全生产和疫情防控相关风险。

【审核监督改革】2021年，广州海关改革稽查部门办理部分行政案件模式，细化工作指引，明确稽查部门办理行政处罚案件范围、执法依据、系统授权要求以及与缉私部门的职责分工。

推进实施涉检行政处罚指导监督工作，是年共办结涉检行政处罚案件1,075宗，其中一般程序案件704宗、简易程序案件371宗，涉案货值2.79亿元。

全面梳理企管和稽查条线规范性文件和业务类文件，共清理文件7份；为关区内复杂疑难作业提供前期证据收集等法律意见。

保税监管和自贸试验区

【概况】2021年，广州海关立足新发展阶段，贯彻新发展理念，服务构建新发展格局，强化统筹，深化改革，主动作为，积极支持南沙自贸片区创新发展，统筹推进综合保税区和保税监管场所高质量发展，大力推动加工贸易转型升级，不断提升服务新发展格局的能力和水平。

【综合保税区】2021年，广州海关充分发挥综合保税区建设物流分拨中心等"五大中心"的政策优势，在综合保税区内实现跨境贸易、多种物流的融合发展。实现贸易融合，即融合保税贸易和一般贸易等方式，创新"1+N"保税监管模式，设置专用账册承接境外进口货物，再对接保税物流、跨境电商、一般贸易、加工贸易等多种贸易方式，实现不同贸易方式分拨。实现物流融合，即融合保税物流与口岸物流，在南沙综合保税区建立保税散货集拼出口基地，国内多家企业的小量出口货物入区退税后，拼装同一个集装箱、同一船舶航次出口离境。广州海关支持松下空调、博禄化工、沙伯基础、达能、雀巢和美赞臣等跨国公司进驻区内打造物流分拨中心。关区内综合保税区已初步建成亚太地区规模最大的工程塑料粒分拨中心、全国前三的保税药品分拨中心，以及大湾区文化保税创意中心。塑料粒分拨中心、保税药品分拨中心、文化保税创意中心进出口值分别为53.42亿元、109.84亿元、24.84亿元，同比分别增长42.83%、5.86%、113.73%。年内，关区两个综合保税区（白云机场综合保税区、南沙综合保税区）进出口合计1,120.78亿元，同比增长41.89%，首次突破1,000亿元，实现跨越式发展。

【自贸试验区】2021年，广州海关加强职能指导，强化上下协调、左右联动，深入开展制度创新工作，推动自贸试验区对接国际国内先进规则，通过规则、规制、管理、标准等制度型开放，为促进关区省市全面深化改革和扩大开放探索新路径、积累新经验。是年，累计推出53项自贸试验区创新举措，其中36项措施被广东省政府纳入全省范围复制推广，占全省改革经验的25%。其中，跨境电商出口退货监管模式作为总署进一步落实稳外贸稳外资措施,在全国复制推广;"'智慧海关'助力南沙通关大提速"入选南沙自贸片区十大创新成果,并入选广东自贸试验区2021年最佳案例;"仓储货物区内直转""旅客通关指尖申报"被广东省政府列为广东自贸试验区第六批改革创新经验,在全省复制推广。根据中山大学自贸区综合研究院发布的"2020—2021年度中国自由贸易试验区制度创新指数",南沙自贸片区在贸易便利化指数方面排名全国第一。

【跨境电商转型】2021年,广州海关聚焦跨境电商产业高质量创新发展,在全国海关首创综合保税区"跨境电商出口退货合包"等新模式,通过自贸试验区创新制度、升级改造系统、整合口岸监管资源,支持企业将境外消费者退回的电商商品重新上架挂售,并根据新的订单将退货电商商品与国内出口商品合并成一个包裹出口,助力跨国电商企业希音公司在南沙综合保税区建立了全球退货集散复销中心。综合保税区内跨境电商的海关监管改革创新,实现了"买全球、卖全球""出得去、退得回",目前已有天猫国际、京东全球购、唯品会、考拉等大型电商企业落户综合保税区。2021年,广州关区综合保税区跨境电商网购保税进出口值195.35亿元,同比增长6.41%。

【保税租赁产业】作为华南地区最大的飞机租赁集聚地,广州海关推动关区内白云机场综合保税区与南沙综合保税区实行"区区联动",深入推进"保税+融资租赁""异地委托监管"等创新举措实施,结合关区实际构建南沙综合保税区注册登记、机场综合保税区建账监管的联动配合工作机制,充分释放政策红利。自2015年9月首架租赁飞机交付使用,保税租赁业务实现了从飞机整机租赁扩展到飞机、航材交易与处置等,不断延长上下游产业链;通过加强与兄弟海关对接,理顺跨直属关区异地委托监管流程,指导南沙海关与深圳机场海关建立联系配合机制,顺利完成粤港澳大湾区中心城市间首次飞机融资租赁异地委托监管业务。2021年,进口保税租赁飞机共16架,累计货值103.5亿元,其中87.9亿元纳入广州市贸易统计。

【产业结构优化】2021年,广州海关加强与省市商务部门、南沙开发区管委会等部门的沟通对接,"量体裁衣"定制关区保税维修业务监管方案,指导企业设立保税维修专用账册,运用信息化系统实现对待维修货物、已维修货物、维修用料件的全链条管理,支持企业运用"两步申报"模式实现口岸快速通关。2021年,液晶显示屏保税维修项目顺利落地南沙综合保税区,共计121.67万片,货值843.27万美元,为综合保税区高质量发展注入新的发展动能。加强与税务部门的协作,建立联系配合工作机制,制定综合保税区增值税"一般纳税人"资格试点方案及业务操作指引,加强政策宣讲和业务辅导,指导南沙综合保税区的华南中石油国际事业有限公司、卓威脚轮公司开设增值税"一般纳税人"保税账册，支持企业依托综合保税区拓展国内国际两个市场，助力构建"双循环"新发展格局。

【企业集团加工贸易】2021年，广州海关贯彻落实总署改革部署，在加工贸易监管领域推广企业集团加工贸易监管模式改革，取消集团内不同成员企业之间的流转手续，打破了制造业集团中不同企业之间供应链对接的限制，使得企业集团可以迅速整合国内不同子公司的仓储空间、生产设备、人力资源等，实现从"以企业为单元"向"以集团为单元"的转变，在加工贸易领域真正实现"总部经济"管理模式，不断提升制造业集团在国际市场的竞争力。2021年，广州关区共有24家企业参加了10个企业集团加工贸易监管模式改革，开展保税料件及不作价设备结转、外发加工、料件串换、货物自主存放、内销集中征税等业务810票，参与试点企业加工贸易进出口值544.78亿元，节省企业物流、报关等费用110万元。

【加工贸易监管改革】2021年，广州海关立足监管实际，在全国率先实施"深化以企业为单元加工贸易监管"改革，整合叠加"联网监管"和"以企业为单元"两种模式的改革成果，实行以企业自主自律为基础的"账册滚动核销+风险研判盘核"监管模式，取消"核销周期到期时100%下厂盘核"等核查要求，服务加工贸易企业高质量发展，保障产业链供应链稳定，做好"六稳""六保"工作。年内，关区共有141家企业参与该项改革，惠及110家高级认证企业。

【保税油品仓库】保税船舶燃料油业务创新发展是广州市航运枢纽、粤港澳大湾区建设的重要战略支点，国务院赋予广州市国际航行船舶保税加油许可权。广州海关积极对接广州市商务部门，参与制定《广州市国际航行船舶保税油经营管理暂行办法》《广州市关于加快推进国际航行船舶保税油经营管理业务的工作方案》，支持指导南沙、番禺、高明等地企业设立燃料油保税仓库和出口监管仓库。同时，推动广佛首票享受出口退税政策的国际航行船用燃料油供应业务顺利落地，支持国产燃料油享受"入仓"出口退税政策，协调跨隶属关区保税供油业务全程无纸化操作，实现从油品生产炼厂到终端客户的一站式供应模式，助力粤港澳大湾区保税燃料油业务增量提质发展。年内，关区保税燃料油进出口值达80.97亿元。

卫生检疫

【概况】 2021年，广州海关坚持"人、物、环境"同防、"多病共防"、动态更新口岸疫情防控工作指引和口岸防控技术方案。疫情防控作业信息化管理系统升级，卫生检疫全流程智能化项目得以推进。生物岛P3实验室完成升级改造，通过CNAS和国家卫健委现场评估论证并投入使用，获批建立海关系统首个署级中心实验室——海关公共卫生安全中心实验室。检出新冠病毒变异株，分离出多株毒株，在重大技术攻关、检测能力建设等方面取得突破。

【新冠肺炎疫情防控】 2021年，广州海关抓好口岸新冠肺炎疫情防控工作，持续优化和高效运作关区防控指挥体系，密切与地方联防联控机制沟通配合，强化制度机制配套，根据疫情形势变化动态更新关区防控技术方案，因时因势调整口岸防控措施；严格对入境人员实施健康申明卡核验、两道测温、流行病学调查、核酸采样检测、信息通报和移交转运，严格按布控指令对来自疫情高风险国家（地区）的航空器、船舶等交通工具实施100%登临检疫，对系统布控的健康申报异常入境人员实施重点排查和检疫，严格联动协作闭环防控，落实联防联控全流程管控，健全船员换班、转运、就医和船舶卫生处理及信息通报等工作机制，推动厘清各方职责；对特殊类型航班实施"一航班一方案"，对国际航行船舶采用"一船一议"风险评估和"梯队登临"检疫等精准检疫方案，严格入境航空器终末消毒监督，制发广州海关入境客运航空器终末消毒监督工作方案，压实航空公司主体责任；强化人员安全防护，将干部职工的个人防护，尤其是一线人员的个人防护作为工作的重中之重，建立健全"培训考核、监督管理、健康监测"安全防护制度体系，定期开展采样及防护技能实操培训和考核，夯实安全防护基础；建立安全防护监督队伍，强化落实"岗前检查、工作巡查、全程督查"和"双人作业、互相监督"安全防护监督制度；建立健全"每日一检查、每周一通报"安全防护常态化监督检查机制，确保安全防护各项要求落实到位，切实防范安全防护风险；完成"新冠肺炎口岸防控策略、机制及成效研究""新冠病毒新型突变株的预测以及检测研究"等署级课题研究，发表论文3篇，参与制定标准2项。

【**传染病防控**】2021年，广州海关在严格做好新冠肺炎疫情常态化防控工作的同时，严防埃博拉病毒病、拉沙热、中东呼吸综合征、黄热病、鼠疫、疟疾、登革热等传染病跨境传播，做到"多病共防"。广州海关口岸共发现有症状者2,295人次，检出各类传染病病例2,584例，其中，除新冠肺炎病例以外，检出基孔肯雅热4例、疟疾6例、登革热5例、流感18例。

【**疫情监测和风险预警**】2021年，广州海关加强对全球传染病疫情监测及风险预警工作，形成口岸关注传染病疫情信息每日推送至一线，组织开展季度和专题风险评估，及时动态调整防范疫情输入的应对措施；针对印度及东南亚国家新冠病毒变异株和鼠疫疫情开展专题风险评估，对新冠肺炎、埃博拉病毒病、黄热病、鼠疫、尼帕病毒病、中东呼吸综合征等口岸重点防控传染病提出防控建议。

【**病媒生物监测**】2021年，广州海关加大对隶属海关口岸及输入性病媒生物监测工作的技术指导，降低传染病经口岸传入传出。推进《国境口岸卫生监督员管理办法》的实施，做好口岸卫生监督员的岗位培训、资质考试、资质认定、证书发放动态管理工作。严格执行行政许可管理办法，不断完善行政许可和行政处罚公示工作；落实"放管服"，执行国境口岸卫生监督"双随机、一公开"制度，规范抽查结果公开。组织卫生监督员业务培训，提高关区卫生监督员的业务执法能力。做好重大节假日和庆祝中国共产党成立100周年活动期间口岸食品安全监管及口岸卫生监督工作。年内，口岸范围内共捕获病媒生物4,131只，分别为鼠类55只、成蚊2,513只、蜚蠊1,563只；蚊幼虫诱卵器阳性220个。截获各类输入性病媒生物30批次42,309只，其中鼠类4只、蜚蠊4只、蝇类42,301只。

【**国际旅行医学健康服务**】2021年，广州海关提升国际旅行医学健康服务水平，规范法定监测体检和预防接种业务。广州海关保健中心共实施法定体检9,209人次，法定预防接种3,442人次；在进出境人员传染病监测中检出各类传染病病例207例，其中艾滋病（含HIV携带者）24例、肺结核5例、梅毒116例、病毒性肝炎62例。

【**卫生监督和食品安全**】2021年，广州海关严格执行总署下达的口岸卫生监督计划和食品安全监督抽检计划，细化制定广州海关2021年国境口岸卫生监督工作方案、口岸食品安全抽检工作实施方案和口岸食品安全抽检工作计划，每月审核系统上报数据，对各类超标、阳性、频次异动等情况进行后续监督，形成闭环管理。

【实验室建设】2021年，广州海关对标国际一流水平，建立总署公共卫生安全中心实验室，打造海关系统公共卫生安全领域技术高地和创新基地；坚持主动治理，按照病原体分类，梳理出重点人兽共患病清单及对应中间宿主和病原体清单，切实防范人兽共患病传播，在重大技术攻关、检测能力建设等方面取得重大突破。

【应急能力储备】2021年，广州海关制定新冠肺炎疫情防控期间相关应急处置预案，提高预防和处置突发事件的能力；加大卫生检疫岗位人员的培训力度，采取"线上+线下""理论学习+实操演练""现场培训+岗位带教"等方式，举办流行病学调查、医学排查、个人防护、样本采集等多期培训；在佛山海关驻南海办事处和广州海关隶属白云机场海关、番禺海关、南沙海关等单位开展突发公共卫生事件应急演练。

【口岸全流程智能化建设】2021年，广州海关为实现"提高旅客通关效率、减少高风险岗位工作人员、降低安全感染风险"的工作目标，9月组织专家组赴上海浦东机场口岸学习入境旅客卫生检疫流程优化和相关信息化系统建设经验，同时向杭州、拱北等兄弟直属海关了解设施设备配置、通关模式等情况；多次召开专责工作组会议，持续对技术方案进行论证和完善；向省、市两级联防联控机制争取经费支持，开发疫情防控作业信息化管理系统全流程智能化应用并上线试运行。自2022年1月21日起，机场口岸已实现入境人员100%采用智能化模式开展卫生检疫作业，初步预测单个航班卫生检疫作业时长平均压缩26分钟，通关效率提升27.68%。

【航空配餐监管】2021年，为促进企业复工复产，实现广州区域航空配餐企业从事国境口岸外食品生产经营行为安全监管无缝衔接，保证食品安全，广州海关和广州市市场监督管理局经多次磋商，联合印发广州区域航空配餐企业国境口岸外食品生产经营监督管理实施办法，避免企业重复申请卫生许可程序，将口岸内航空配餐企业生产经营销售范围扩展至整个广州市区域，极大改善了企业经营环境。

【特殊物品监管】2021年，广州海关严格执行特殊物品风险评估工作标准制度，委托广州海关技术中心卫生检疫研究所（P3实验室）按要求组织相关专家完成风险评估工作，认真做好新冠病毒疫苗等相关产品出入境审批并及时向总署请示，按要求保障新冠病毒疫苗出境监管工作，年内共保障12批次约294万剂新冠病毒疫苗由广州海关出境，共完成出入境特殊物品卫生检疫审批733票，同比增长14.35%。

【便捷通关】2021年，广州海关配合粤港澳大湾区建设要求，将粤港澳大湾区使用的特殊物品审批时效缩短至10天；按总署文件要求，压缩海关认证企业审批时效，其中高级认证企业缩短至 5 天、一般认证企业缩短至 10 天；推动港澳已上市的特殊物品便利化审批工作，2021 年按要求完成 4 批次审批工作。加强对特殊物品相关企业的宣传指导，帮助企业顺利完成相关审批，推动总署调整相关编码、布控参数，保障产品顺利通关。

动植物检疫

【概况】 2021年，广州海关强化口岸检疫把关指导，扎实开展"国门绿盾2021"行动，严防境外重大动植物疫情疫病传入和外来物种入侵。全年累计检疫监管进出境动植物及其产品共53.8万批、货值631.7亿元，同比分别增长23.79%和34.09%；共截获进境植物有害生物663种17,531种次，其中检疫性有害生物62种2,533种次；累计对10批次食用动植物产品实施口岸新冠病毒监测核酸采样228个；对承载冷链食用动植物产品的28个集装箱实施口岸预防性消毒，涉及产品外包装2.5万多件。

【种用动物检疫监管】 2021年，广州海关支持大型种用动物引进，助力农牧业高质量发展，提前制定进境大型种用动物监管工作方案，保障口岸监管、在途押运、隔离检疫、实验室检测、应急处置、远程监管等全链条安全顺畅。做好防护用品、检疫处理药械、实验室检测试剂耗材等物资储备和现场勘察，提升应对重大动物疫情和处置突发事件能力。统筹全关区专业骨干，强化驻场检疫监管，协助总署开展远程视频督查，督促企业做好隔离场安全管理。做好种猪、种牛疫病监测，采集种猪样品4,645个，开展12种疫病监测；采集种牛样品3,925个，开展12,297项次5种疫病监测。2021年，广州海关共完成929头美国种猪、3,926头智利种牛检疫监管任务，参与澳大利亚输华种牛、种羊及羊驼远程预检5批次。

【穗港赛马检疫监管】 2021年，广州海关协助海关总署与香港主管机构就更新香港赛马会往返粤港马匹动物卫生证书和动物健康证书样本达成一致，签发新版证书663份。联合香港渔护署，研究制定2021年度香港赛马会往返粤港马匹疫病监测计划，联合开展年度马匹疫病监测。为从化马场二期项目建设期间相关的场所场地监督、人员及车辆进出、生物安全等提供技术保障。支持香港赛马会马匹往返粤港第二条生物安全通道跨境运输试运成功，持续保障往返粤港香港赛马会马匹和从化马场生物安全。年内，广州海关共监管进出境马匹5,835匹次、货值14.52亿美元，同比分别增长32.76%、26.36%。

【供港澳活猪检疫监管】 2021年，广州海关为保障供港澳活猪稳定供应，深入了解供港澳活猪饲养场供给能力及存在的实际困难，指导企业提前制定计划、保障供应，保障活猪安全稳定供应。严格按照总署疫病监测方案，做好关区内供港澳活猪的疫病监测工作，累计采集供港澳活猪注册饲养场猪血液样品6,560份。做好供港澳活猪注册饲养场日常监管工作，监督企业落实各项防控措施，指导企业做好疫情防控工作。年内，广州海关共检疫监管供港澳活猪9,433批次、34.9万头，头数同比增长36.90%，供港澳市场全国占比39.60%。

【食用水生动物检疫监管】 2021年，广州海关创新食用水生动物监管方式，在总署指导下开展风险研判，定制内陆活食用水生动物中转过驳监管方案，明确属地、中转地海关产地检验、施加封识、验核检疫证书等操作流程，探索运用"远程监管+外勤作业"组合方式，对湖南活食用水生动物经广州海关关区中转过驳运输实行全流程监管。

【进境动物隔离检疫场检疫监管】 2021年，广州海关协助总署开展云浮百牧鲜进境牛隔离检疫场远程考核验收，推动顺利通过总署考核验收。组织专家对广东从化达南进境种猪隔离检疫场进境种猪传播疫情进行风险评估，整理预验收情况报告及相关材料，提请总署对其验收。组织开展动物隔离场检疫设施建设情况实地调研及关区内观赏水生动物隔离检疫监管调研，进一步规范关区动物检疫监管工作。

【进出境种苗花卉检疫监管】 2021年，广州海关从进境种苗中多次检出黄瓜绿斑驳花叶病毒、番茄褐色皱纹果病毒、藜草花叶病毒等检疫性有害生物，均按照相关规定实施退回或销毁处理。牵头完成全国海关系统植物种质资源工作组报告《进境植物繁殖材料检疫监管存在问题及建议》，组织对《进境植物繁殖材料检疫管理办法（修订稿）》提出修改意见。组织广州海关植物检疫专家参与总署输美介质盆景有害生物评估，加强出口违规调查，规范出口检疫监管，促进提高出境种苗花卉质量。

【水果、原木及竹木草制品检疫监管】 自2020年底以来，广州海关共承担对7个国家（地区）17种（次）水果102家境外输华企业的远程视频检查任务。2021年，广州海关办理出境果园、包装场注册登记，受理、审核水果类进境植物检疫审批2,200批次，提交总署审批。做好实施进口新鲜水果冷处理温度审核、异常监管以及规范冷处理失效后续处理问题。支持特色岭南水果扩大出口，"助力岭南水果飘香世界"入选总署"'我为群众办实事'百佳项目"。认真做好进出境原木检疫监管工作，共检出松材线虫23批次，均按要求实施检疫处理，组织对印方通报的一批输印木制品无随附植物检疫证书情况进行核查。

【进境粮食监管与服务】 2021年，广

州海关向总署建议优化进境粮食审核环节和初审联系单电子化，得到总署采纳并全国推广。加强进口粮食监管与服务，推进进境粮食加工企业远程监管，加快进口粮食疏运，减少港口仓储压力，减轻进口粮企负担。指导进口粮食加工企业对配套处理设施进行改造升级，提升进口粮食加工处理和防疫能力。受总署委托，牵头做好全国粮食安全省长责任制考核工作，完善现场核查指南，完成对31个省（自治区、直辖市）的评分工作，配合地方政府落实粮食安全责任制。年内，广州海关共检疫监管进境粮食805.42万吨，货值176.92亿元，同比分别增长64.44%、99.08%。

【严防口岸外来物种入侵】2021年，广州海关制定实施打击非法引进外来物种和种子苗木"国门绿盾2021"行动方案，借助仪器识别技术，提升检测与鉴定技术水平。布控非贸渠道邮件，收集风险信息及典型案例，联合行邮、风控部门对敏感国家（地区）、重点商品、重点收货地址做好风险联合研判布控，加大精准打击力度。加强人员培训，规范录入、上报、送检等环节操作，做实外来物种口岸防控绩效。开展系列国门生物安全宣传教育活动，与中国科学院华南植物园联合开展以"守护国门生物安全"为主题的国家安全宣传教育活动，积极组织广州海关国门生物安全法治宣传教育基地（番禺长隆）举办"国家安全在身边"全民国家安全教育日活动等。年内，关区从非贸渠道共截获外来物种514批次。

【番茄褐色皱纹果病毒列入有害生物名录】自2020年开始，广州海关先后从8批进境番茄、茄子种子中检出番茄褐色皱纹果病毒，组织专家团队开展研究，推动将番茄褐色皱纹果病毒增补列入《中华人民共和国进境植物检疫性有害生物名录》。2021年，受总署邀请，广州海关技术中心专家作为主讲老师，就该病毒实验室检测鉴定技术在全系统内开展培训，并对该病毒涉及的多个SPS通报进行评议。

【疫情信息风险评估和预警】2021年，广州海关组织开展进境散装粮食检疫自动接卸和扦样、进境动植物检疫初筛鉴定情况、有害生物及外来物种远程鉴定优化、进境农作物种质资源进口用途和风险管理现状、出境鲜活食品农产品享受免收车辆通行费等多项专项调研，做好境外动植物疫情信息和检疫政策信息收集编译和报送工作，共报送境外动植物疫情信息和动植物检疫政策信息609条，其中被总署采用235条；组织完成署级课题"RCEP卫生与植物卫生措施对我国农产品进出口贸易的影响研究"、关级课题"国家粮食安全视野下进境粮食检疫后续监管问题研究"以及"构建穗港赛马产业经济圈背景下跨境马匹检疫监管模式的研究"等项目的课题研究。

【进出境动植物检疫处理监督管理】2021年，广州海关组织实施进出境食用农产品及饲料安全风险监控计划和国门生物安全监测计划，持续推进动植检标准化建设，提升动植检履职能力。制定进出境动植物检疫除害处理业务监管工作指引和出入境检疫处理单位定期监督检查工作方案，就加强监督管理、压实出入境检疫处理单位主体责任明确相关要求；把好"准入关"，从质量管理体系、安全保障体系、突发应急机制、检疫处理人员的培训和考核等级等10个要素严格审核；强化自主承诺，按规定制定"质量安全承诺书"，压实主体责任；对通过监督检查发现的相关问题，督促企业完成整改，持续压实检疫处理单位责任。

【参与海关动植检治理体系建设】 2021年，广州海关整理汇编海关动植物检疫现行有关法律法规、规章制度及规范性文件，参与《进境动植物检疫准入管理办法》《进境动植物检疫审批管理办法》《禁止携带、寄递进境的动植物及其产品和其他检疫物名录》等执法规范性文件的制定工作；参与智慧动植检建设，协助起草项目建议书，参与"智慧动植检一期"检疫审批模块、生态安全系统的数据采集及业务测试，推广进境种苗检疫监管系统等；参与动植检能力提升全国集中采购设备集中论证、进境粮食检验业务改革、动植物检疫岗位资质条件设置调研等专项工作及多项SPS通报评议；组织专家撰写"国门生物安全"系列丛书中家畜、饲料、粮食、植物繁殖材料、水果部分内容，协助拍摄部分进境动植物检疫技能培训微视频，承担国门生物安全部分授课任务，制定总署12360热线动植物检疫业务知识培训内容。

食品检验检疫

【概况】2021年,广州海关贯彻落实总署指示要求,筑牢口岸检疫防线,把好进出口食品安全关。全年累计申报进口食品化妆品6.1万批、348亿元,同比分别增长31.4%和20%;出境食品化妆品申报前监管6万批、173.7亿元,同比分别增长6.1%和16.9%;退运或销毁不合格食品化妆品283批次。广州海关进出口食品安全处被国务院食品安全委员会评为"全国食品安全工作先进集体"。

【服务粤港澳大湾区】2021年,广州海关深化粤港澳三地食品安全合作共治,先后6次就供港冰鲜冷冻禽肉便利通关、扩大"抗疫"中药材出口、支持粤港澳大湾区"菜篮子"工程项目建设等问题开展实地调研,组织专家就内地供港生乳卫生证书的出证方式和证书用语研提建议,探索湾区内进出境货物检验检疫标准统一互认;全力支持粤港澳大湾区"菜篮子"工程项目建设,发挥职能与技术优势,完成5个地级市项目配送中心建设,帮促肇庆(怀集)绿色农副产品集散基地建设;落实《粤港澳卫生检疫、动植物检疫和食品安全控制合作备忘录》,与属地政府联合制定6大类食品农产品质量安全监控指标体系,涉及限量指标值2万余项次;是年5月,"菜篮子"韶关配送中心产品实现首次出口RCEP成员方——马来西亚;广州海关关区全年共检验检疫供港澳食品化妆品27.3万吨、59亿元,同比分别增长19.8%和16.1%。

【食品安全宣传贯彻】2021年,广州海关认真落实《进出口食品安全管理办法》《进口食品境外生产企业注册管理规定》及103号公告的宣传贯彻培训,强化一线监管人员学习培训,通过线上e课堂、线下专题辅导等多种方式,组织好各业务现场对两部规章及释义的学习培训工作,累计3,600多人次参加;线上通过"海关发布""12360服务"等新媒体开展两部规章的政策解读32篇,在"广州海关12360"微信公众号开设高频问题解答专栏;线下在办事大厅、监管现场通过播放宣传片、张贴海报标语、发放宣传册等方式进行;联合总署标准法规中心和广东出入境检验检疫协会,对进出口企业开展专题培训，300多家企业参加，及时回应企业关注的问题，确保新规顺利实施。

【食品安全监管】2021年，广州海关严格落实总署要求，对需准入的进口肉类、水产品、乳制品、燕窝等食品，逐月开展全覆盖排查，检出因准入、证书判定不合格进口食品156批次，检出不合格进口食品化妆品283批次，在5批次澳大利亚、新西兰输华蜂蜜中检出欧洲幼虫腐臭病，上报并经总署核定为3级风险信息；检出11批次未获准入含肉加工食品，先后对11家触发通报情形的进口食品收货人启动通报程序，对10家被境外通报不合格的出口企业进行核查并及时上报核查情况，同时向所属地方政府通报，落实其属地管理责任；开展出口水产品和供港澳冰鲜冷冻禽肉生产企业风险管理类核查，核查反馈单证数千份。

【特色产品监管】2021年，广州海关支持广东省政府建设粤港澳大湾区中医药产业高地，指导帮促关区中药材出口，检验检疫出口中药材6.6万吨，同比增长10.9%；帮扶出口烤鳗企业把握日本东京奥运会市场需求，提升广东省淡水渔业国际竞争力，检验检疫出口烤鳗14.7亿元，同比增长53.3%；支持广州市政府建设化妆品产业集群，优化检验监管流程，助力关区化妆品企业开拓日韩、东盟、非洲等多元化国际市场，全年关区检验检疫出口化妆品33.2亿元，同比增长13.8%。

【便利化监管】2021年，广州海关支持美赞臣中国研发中心建设，创新"事前合格保证+事中监督抽查+事后监管追溯"的便利化监管模式，免于企业提交研发用入境样品卫生证书；深入口岸现场及进口水产品企业，妥善处置企业遇到的各种问题；全年完成申报进口肉类、乳品、水产品等大宗民生物资重量同比分别增长35.3%、30.5%、36.3%。

【进口冷链食品监管】2021年，广州海关及时跟踪总署发布的紧急预防性措施信息落实情况，指导口岸加强各环节审核把关；对多次被检出新冠病毒核酸阳性的进口食品企业进行约谈和书面警告，有效向境外主体传递防疫责任；组建远程视频检查专家队伍，按要求先后对多家检出新冠病毒核酸阳性的境外食品生产企业开展远程视频检查；建立"每日一检查、每周一通报"工作机制，联合多部门对口岸现场开展视频督导检查，制订问题跟踪整改清单，促使口岸一线关员科学规范操作；配合广州市市场监管局做好进口冷链食品的追溯管理，协同属地冷链专班，利用广东"冷库通"系统，建立港口码头与集中监管仓的信息通报机制；督促企业落实防疫主体责任，切实做好进口冷链食品查验场的消杀和工作人员安全防护工作。

商品检验

【概况】 2021年，广州海关共检验监管进口工业品55.1万批，货值1,367亿元，同比分别增长15.3%、23%，抽检7.3万批。出口法检工业品2.3万批，货值114.6亿元，同比分别增长27.8%、17.7%，抽检1.5万批。

【商品检验监管】 2021年，广州海关全面梳理商品检验领域业务规范性文件，废止业务制度性文件13份，制定工作规范5份，对存在工作交叉的相关商品编码进行梳理分析；协助总署开展法检商品检验检测项目优化工作，以CIQ代码为最小单元，逐个确定法检商品的现场查验比例、抽样送检比例，共梳理现场检验项目和实验室检测项目6万余个，为强化精准监管、提升通关效率贡献穗关方案；强化岗位业务能力培训，制定商检一线业务岗位能力提升学习清单，结合关区联学联训工作部署，开展商检领域专题培训16场，建立进出口危化品、进口再生金属、机电消费品等各领域典型案例库；开展商检领域岗位练兵和技能比武，举办种子选手集中培训班，组织428名考生顺利参加全国海关系统"万人争先"练兵比武。

【进出口危险化学品检验监管】 2021年，广州海关根据总署广东分署评估危化品新规取得的成效和存在的问题，制定进口危险化学品转目的地验核工作机制，将危险化学品检验监管纳入视频常态化检查，对主要口岸开展实地检查调研10次；以"一线课堂+线上直播"融合课堂形式开展送教上门，年内218人次获得危险化学品及出口打火机检验岗位资质；探索建立常见危险化学品安全数据库，制定危险货物检验监管安全防护指导意见，强化对现场查验人员的安全保障；修订发布进出口危险化学品及其包装检验监管工作规范等制度性文件2份，协助总署商检司对《危险化学品目录》（2015版）中500个危险化学品对应HS编码、检验检疫名称进行规范化梳理。2021年，共检验监管进出口危险化学品及其包装15,798批，货值43亿美元，重量625.2万吨，批次同比下降10.9%。检出不合格进出口危险化学品及其包装3,399批，货值5,508.9万美元，重量41,287.2吨。

【再生金属原料检验监管】2021年，广州海关建立固体废物零进口监控长效机制，组织开展固废零进口全面自查和监督检查，确保固体废物零进口工作落实到位；强化固体废物属性鉴别，全年共对广州海关关区疑似固体废物的进口货物进行属性鉴别1,159批，250批经鉴别为固体废物；深入开展再生金属原料能耗成本和标准执行情况调研，通过专项监督检查、远程视频检查等方式，对发现的问题及时督促现场整改；承接总署交办的任务，牵头制定《进口再生铜原料检验规程》《进口再生黄铜原料检验规程》2个行业标准，积极参加总署再生铸造铝合金和再生钢铁原料检验规程制定。2021年，共检验进口再生金属原料3.47万批，重量142.36万吨，货值57.2亿美元。

【进口机动车辆检验监管】2021年，广州海关推广实施进口汽车零部件产品检验监管便利化措施，落实进口汽车入境验证、全数上线检验、第三方检验结果采信等工作要求，严格进口机动车检验监管。探索单车认证摩托车进口通关便利措施，支持南沙平行进口汽车发展，全年共检验监管进口汽车整车1,148辆，货值8,618万美元。

【进口医疗器械和机电产品检验监管】2021年，广州海关加强进口医疗器械质量安全检验监管，完善医疗器械入境验证、口岸查验、目的地检验闭环监管，积极推动"港澳药械通"试点，协助做好首票新模式下进口医疗器械通关保障工作。规范进口旧机电产品装运前检验监管，开展联合研判，重点防范夹带禁止进口、以废充旧等行为。

【防疫物资检验监管和打击假冒伪劣商品】2021年，广州海关梳理出口防疫物资监管相关政策，主动探索检验监管方案。全年关区出口防疫物资送检201批。年内，查发假冒伪劣行政处罚案件2例，贸易欺诈检出案件15例。

【服务"一带一路"建设】2021年，广州海关落实输非商品政府协议装运前检验监管工作，全年关区监管出口相关国家工业产品554批，总值3,068.07万美元；积极做好2021年第130届中国进出口商品交易会通关保障工作，减少广交会展览品在通关环节涉及商品检验的布控查验；对接关区重点、特色产业需求，支持玩具、汽车、陶瓷等进出口发展；组织开展玩具ISO国际标准制修订工作取得突破，助力我国玩具婴童用品产业健康发展。

【服务粤港澳大湾区建设】2021年，广州海关深度参与粤港澳大湾区建设、RCEP实施等改革创新工作，探索开展粤港澳大湾区进出口消费品监管研究，分析历年来广州关区与港澳消费品进出口贸易情况，形成政策建议；聚焦RCEP实施，加强质量安全风险信息收集，帮助出口企业质量提升，牵头制定RCEP在自贸试验区内综合保税区"免于实施商品检验"先行先试细化措施；支持全球人道主义仓库和枢纽建设运作，协调解决商品报关、监管中的问题；开展进出口商品质量安全国际合作，参与总署与欧盟消费者公平总司有关消费品检验监管合作事宜，提出合理化建议。

【风险预警监管】2021年，广州海关完善质量安全风险预警监管体系建设，承接风险管理系统全国试运行工作，积极协助总署商检司开展系统试运行工作，参加线上、线下集中工作36次；牵头4大评估中心，为全国海关开展系统用户授权和风险信息录入2期网络培训；对进口玩具和学生笔袋中邻苯二甲酸酯超标和进口奶嘴产品中挥发性物质超标等安全风险开展评估，组织目录外商品抽查检验，完成检测100批次，对玩具、食品接触材料、厨房电器和护理电器、进口陶瓷砖等商品专项风险监测，形成风险监测报告9篇；牵头制定进出口商品质量安全风险管理信息录入技术规范，组织对出口口罩、进口涂料、学生用品、玩具及食品相关产品等开展风险评估，报送风险评估报告8份。

【通关便利化】2021年，广州海关落实总署改革部署与开展自主创新相结合，推进落实进口棉花"依企业申请"、矿产品"先放后检"、"不见面"办理进口涂料备案、第三方检验结果采信、进口大宗商品数重量鉴定监管方式调整改革等集中攻坚项目，有效提升通关效率；参与建设海关智慧监管平台，发挥移动远程监管作用，推动进口机电产品移动远程监管恢复上线，保障过渡期间企业继续受惠；组织相关部门开发"CCC产品标签智能识别"微信小程序，通过AI识别技术，抓取产品信息，高效、快速地查询产品CCC标识真伪情况。年内，关区"先放后检"五类矿产品171批，重量1.8万吨，金额2,439.4万美元。

【进出口法检商品重量鉴定】2021年，广州海关落实进口棉花"依企业申请"、进口大宗商品数重量鉴定监管方式调整改革等举措取得新进展。共检验进口棉花29批，同比增长81%，"依企业申请"出具品质证书19份、重量证书25份。依企业申请实施进口商品重量鉴定115批，重量3.67万吨，海关无须实施鉴定（企业未申请）而直接放行批次达到97.6%，平均每次节约海关登轮鉴定作业时间2～3小时。

法治建设

【概况】2021年，广州海关充分发挥法治服务保障作用，全年查扣侵权嫌疑货物5,509批次，涉及货物655.79万件，同比分别增长100%、31%。广州海关联合总署综合司报送的全国海关"龙腾行动"项目获评总署第三批"'我为群众办实事'百佳项目"；知识产权条线获评2020年查处重大侵权盗版案件有功单位，8人次获评个人三等功和个人嘉奖；南沙海关"贸易便利 法治先行"专项普法项目获评广东省国家机关"谁执法谁普法"创新创先优秀普法项目；天河海关和法规处刘筱同志分别被评为2016—2020年全国普法工作先进单位、先进个人。

【落实重大决策】2021年，广州海关落实"十四五"海关法治建设规划，制定广州海关落实"十四五"法治建设规划55项具体措施；为抗击疫情提供法律支持，落实安全生产要求，全面梳理安全生产、危险化学品管理相关规定，厘清监管职责，解决安全生产执法疑难；明确固体废物违法入境量罚规定适用等问题，坚决打击"洋垃圾"入境；贯彻落实全国深化"放管服"改革着力培育和激发市场主体活力电视电话会议精神，制定关区16项具体任务；联合黄埔海关实施广州市内"进出口货物收发货人备案"业务"一窗通办"；推进"证照分离"改革4类措施落地生效，实现审批事项全流程线上"秒审快批"，办理时效累计压缩50%以上；做好"报关企业注册登记"等审批事项取消对接工作，同步调整审批事项取消后的办理流程和要求。2021年，广州海关共受理行政审批事项20,796宗，全部"零逾期""零差评"。

【制度建设】2021年，广州海关参与《海关法》修订工作，2名法律专家分别入选《海关法》修订工作专班和专家团队，组织开展总署10部规章制修订研究、解读；作为总署规章立法后评估小组成员单位，对22部规章提出立法后评估意见；开展业务文件及自贸试验区创新措施合法性审查105件次；参与直属海关权责清单编制试点工作，梳理研究208部法律、法规、规章，形成政务服务类直属海关权责清单（初稿），包括7个权责类型、112个具体事项，全面梳理海关政务服务事项目录清单，提出调整建议；结合实际建立业务制度动态清理机制，2021年完成20份制度文件废改，推动广州海关信息公开、危险化学品监管等方面的制度完善。

【执法规范化建设】2021年，广州海关建立"以案说法"长效机制，开展送法下基层，组织专家授课，与执法一线面对面现场案例解读；定期通报复议诉讼案件情况，发布执法参考案例3宗，印制《行政执法典型案例集》，汇编广州海关行政执法典型案例18宗，开设网页专栏动态更新公布案例资源，引导重点领域规范执法；组织开展"模拟法庭"活动，结合《生物安全法》《行政处罚法》《国境卫生检疫法》等法律法规开展案例研讨。依托业务专家骨干"送教上门""知识产权10分钟"培训库在线学习、发放培训手册等方式，组织各隶属海关单位开展知识产权执法培训28场次；细化行政执法"三项制度"实施要求，优化执法证件管理。

【复议应诉机制】2021年，广州海关共收到行政复议案件8宗，审结7宗。全年未发生广州海关作为被申请人的行政复议案件；在复议案件办理前、中、后环节中加强释法说理、沟通协调，注重矛盾纠纷实质性化解，年内4宗复议案件申请人撤回或放弃申请，复议调结率达50%；办理行政诉讼案件7宗，4宗案件二审审结，继续保持"零败诉"；作为海关行政应诉第六协作区组长单位，牵头开展2期协作区线上联学研讨，将党史学习教育与法治工作相结合，在线联学党史、结合海关执法新形势、新特点，围绕多个业务领域12个执法疑难问题进行交流研讨互动。

【普法宣传教育】2021年，广州海关制定"八五"法治宣传教育工作的实施意见，制发2021年普法责任清单，明确任务92项；以民法典、食品安全、进出境旅客监管等群众关心的热点法律知识为重点，开展"海关进校园""海关进企业""海关进社区"活动，惠及企业、群众超3万人次；开展"美好生活 民法典相伴"、"3·15"国际消费者权益日、"4·26"知识产权宣传周、"8·8"海关法治宣传日、"12·4"宪法宣传周等大型主题活动6次，普法讲师团成员在广州市电视台"花城+"网络直播平台宣讲宪法精神和企业信用管理、RCEP政策，在线观看人数达6.3万；开展《安全生产法》等7项新法新规重点解读，围绕13门法治重点课程进行授课，其中2门课程入选总署普法讲师团法治课程；打造"粤海关博物馆""广州海关国门生物安全法治宣传教育基地"等法治文化阵地，"4·15"期间会同广东省司法厅等部门，在广州海关长隆国门生物安全法治宣传教育基地举办广东省全民国家安全教育日主题活动，社会公众千余人参加。

【基层法治建设】2021年，广州海关创新建立基层"法制工作片区"模式，在关区设立5个片区，推进信息共享，统筹法治人才库互助开展片区联动普法，执法疑难问题研究，联合法制培训，促进基层法治建设协调发展，推动执法规范统一。该项工作受到总署政法司认可，推广形成全国海关法治工作协作区模式。打造穗关公职律师队伍，截至2021年底，关区公职律师人数共55人，同比大幅增长80%，提前实现"十四五"海关人才发展规划关于"到2025年，海关公职律师队伍增加20%"的目标。

【打击侵权】2021年，广州海关根据总署统一部署，组织开展"龙腾行动2021""蓝网行动2021""净网行动2021"等知识产权保护专项行动，同时结合疫情防控形势和国家重大赛事活动要求，部署加强对进出口防疫物资和奥林匹克标志专有权的知识产权保护，集中力量严查服装鞋帽、护理用品、防疫物资、烟草等"贴身""入口"与人民群众生活息息相关的进出口侵权产品，查办一批重大典型侵权案例，3宗案例分别获评总署及地方政府评选的年度知识产权保护典型案例。构建知识产权保护大格局，推进侵权风险跨部门、跨关区联防联控，与天津、黄埔、深圳、江门、海口等兄弟海关先后开展企业调研等协作12次；强化知识产权全链条保护，与广州市公安局签订《知识产权执法协作备忘录》；落实与广州市市场监督管理局合作备忘录，加强案件信息通报，市监部门业务专家继续为海关一线执法提供近似商标判定等专业技术支持，并在广东分署支持下首次对大湾区内跨境联动执法进行个案尝试。开展跨境知识产权保护执法协作，协助总署持续深化国际执法合作，加强对俄知识产权海关合作，积极落实《中俄海关知识产权合作备忘录》规定；联合港澳海关及省内其他直属海关开展粤港澳海关联合执法3次，深化信息互换、交流研讨等合作，重点打击输自输往港澳或通过港澳转运的侵权货物物品。

【知识产权海关保护】2021年，广州海关组建课题组研究RCEP、CPTPP等国际协定涉及知识产权海关保护有关条款，加强市场采购贸易、跨境电商等新业态领域知识产权海关保护，通过"在执法中普法"促进行业秩序规范，并首次在中欧班列查获侵犯知识产权货物，扣留侵权灯具535件；持续加强外商投资企业的知识产权边境保护，主动采取知识产权海关保护措施保护189家国外权利人的合法权益。通过跟班作业、现场调研、案例分析、个案指导等方式及时解决基层执法关切点，根据新《行政处罚法》执法新要求新变化制发2期执法参考；优化知识产权案件巡查评查机制，运用审计、专项整治等成果，不断规范知识产权执法办案。

【自主知识产权企业培塑】2021年，广州海关开展企业知识产权保护情况调研，根据企业需求实施"一企一策"针对性指导与服务；协同地方开展联合培育，在持续培塑2017年至2020年31家出口知识产权优势企业基础上，新增小熊电器股份有限公司、广东肇庆德通有限公司等4家高新技术、小微企业纳入重点企业目录；护航"国货潮牌"走向世界，查获涉嫌侵犯中兴、华为、小米、潍柴动力等商标专用权、专利权的电子数码产品、儿童玩具等15万件。提升企业维权打假能力。开展"海关进企业"活动，以手机短信、网上课堂等形式加大政策宣传力度，引导企业积极向总署备案知识产权，充分释放海关政策红利，新增境内备案企业238家；提供政策宣讲、风险预警、知识产权预确认等服务，降低企业侵权风险；积极应用二期执法系统加快案件办理效率和货物处置进度，减轻企业维权资金压力；开展"送政策进展会"活动，支持广交会、美博会等展会举办。

风险管理

【概况】广州海关风险防控分局（简称"风控分局"）前身为广州海关风险管理处，成立于2005年7月，负责关区风险管理运作工作。2017年，广州海关按照全国通关一体化改革部署，撤销风险管理处，成立广州海关风险防控中心。2019年初，广州海关风险防控中心更名为广州海关风险防控分局，负责统筹关区业务风险管理，并根据关区特性风险，侧重本关区安全准入风险，向总署风险防控局报送信息、风险处置建议，并接受其业务指导。2021年，风险防控分局内设正科级机构7个，分别为综合科、风险分析一科、风险分析二科、风险分析三科、布控一科、布控二科、预警评估科。行政编制57名，实有53人。

2021年，风控分局紧密围绕党中央、国务院重大决策部署，坚持实战导向，突出精准靶向，依托联防联控，不断提升关区风险防控工作效能。打击虚开骗税违法犯罪系列案、龙岩某公司出口银手镯申报不实案2起案例获评"2021年广州海关十大行政案例"；非贸渠道直接布控查发快件毒品夹藏走私刑事案件19宗，被总署风险司作为快速响应机制典型战法在全国海关交流。"奋斗04"伪报贸易方式走私奶粉案入选全国海关民生领域打击走私十大典型案例。

【党建工作】2021年，风控分局严格执行"第一议题"制度，将学习贯彻习近平总书记重要讲话重要指示批示精神作为风险防控分局班子会、党总支委会、局务会等会议的"第一议题"，组织学习研究44次。通过"三会一课"、主题党日等形式组织学习，讲好专题党课；统筹开展并已完成"我为群众办实事"项目12项；建立年初有指引、季度有检查、年度有考核的党建工作机制，打好品牌"组合拳"，其中风险分析三科党支部获评关区"四强"支部、"先进基层党组织"称号；在各党支部设立"党员示范岗"，实行每季度流动管理，在各类专项工作中以党员为项目牵头人；建立党员与群众"一对一"联系帮带机制。坚持以上率下发挥"头雁"作用，制定工作要点任务分解表，明确35项重点任务，抓好责任链条的细化分工和向下延伸。强化"关键少数"监督，压紧压实责任，推动班子履行全面从严治党主体责任、班子其他成员履行分管领域全面从严治党职责，严格落实民主集中制，坚持重大事项集体研究。

【队伍管理】2021年，风控分局加强执法一线科室队伍建设，班子成员到执法一线科调研指导194次。践行"马上就办、真抓实干"精神，全局干部担当作为、争先创优，荣获关级及以上表彰奖励43人次。重视准军事化纪律部队建设，开展内务检查和安全检查33次。严格落实内部疫情防控要求，坚持健康"日报告、零报告"，细致做好干部考勤、内部疫情、外出等台账，开展内部疫情防控检查21次。扎实推进党风廉政建设。组织召开2次全面从严治党暨党风廉政形势分析会，对全局干部思想状况及"三大风险"进行剖析研判。健全内控机制，对数据安全管理、布控操作规范等环节开展内控监督检查。

【政治安全】2021年，风控分局围绕中国共产党成立100周年、冬奥会等重大活动，加强与商检处、技术中心和现场的联合研判，打击涉暴物资、毒品走私，强化危险货物伪瞒报风险分析和布控，依托风险快速响应机制，有效发挥两级风控部门、现场和缉私部门各自优势，快速反应、密切联动。快件渠道布控查获毒品案19宗，其中冰毒15宗、大麻油4宗。加大侵权风险防控力度，针对市场采购出口货物侵权多发态势，围绕重点国家（地区）、航线、商品、企业等风险要素，开展人工分析精准布控，查获出口侵权货物109批。优化布控规则，牵头开展6次"清邮"行动。

【疫情风险防控】2021年，风控分局着力防控境外疫情输入，收集多方面数据、信息，多维度研究业务场景，结合航班历史检出、中转旅客等情况，撰写航班风险分析136篇；阶段性开展关区高风险航班、高风险散客布控，阳性检出率分别为3.3%、2.52%，分别为关区同期阳性检出率的3.5倍、2.7倍；滚动采样检出阳性人员占关区同期阳性检出案例的9.91%。持续落实进境货物新冠病毒检测与消杀布控，持续做好高风险进境客运航班终末消毒监督布控。推进打击疫苗非法出境，加强出境疫苗风险防控，货物渠道命中检查报关单1.9万票，寄递渠道命中检查包裹约1.9万个，旅检渠道布控查获旅客违规携带新冠病毒核酸检测试剂出境情事。

【固体废物风险防控】2021年，风控分局持续完善对固体废物高风险"影子商品"的布控验证，进一步提高固体废物伪瞒报人工分析布控精准度。加强对再生铜铝、再生钢铁、再生纸浆等的分析研判，指导现场严格执行再生金属布控检查指令和再生原料进境标准。加强与技术中心化矿金实验室联系配合，积极参与2次进口再生金属专项稽查"围网"行动。是年，货物渠道布控查获固体废物 1,974 吨；防控"洋垃圾"风险渠道漂移，寄递渠道布控查获旧手机屏等涉旧货风险情事 2,319 宗。

【濒危及外来物种风险防控】2021 年，风控分局开展总署贸易渠道象牙及濒危物种风险甄别大数据模型试点，加大濒危木材联合研判和布控处置力度。理顺非贸渠道重点安全准入查发快速响应机制，布控查获象牙、砗磲等濒危物种 91 起。加强外来物种风险防控，组织开展外来物种风险远程联合研判。是年，非贸渠道布控查获外来物种 138 起。

【"水客"走私治理】2021 年，风控分局打击"线上水客"，配合缉私部门布控拦截涉嫌分散寄递邮包数千件。防控传统"水客"通过小船走私风险，布控查发"惠某运"小船伪瞒报夹藏走私高值消费品案；与缉私部门共同经营、支持配合"奋斗 06"打击"水客"专项行动，查扣夹藏燕窝、花胶、花旗参走私小船案，案值 2.8 亿元。

【"断链刨根"专项整治行动】2021 年，风控分局发挥大数据分析和精准布控优势，与行邮、稽查、缉私等部门密切协作，定期开展网站核查和风险分析排查，设立多个跨境电商风险指标，对企业风险进行建模量化并及时转化移交。配合职能部门关停电商平台 65 家，关区跨境电商通关环境进一步净化。参与"奋斗 04""奋斗 12""奋斗 21""奋斗 27""走私进口宠物食品案"等跨境电商案件 11 宗，案值合计 37.53 亿元。

【业务改革】2021 年，风控分局深化"两轮驱动"改革，推动科学随机布控和人工分析布控协同运作，稳步提升人工分析布控查获率。积极配合"两步申报"项目推进，深化"两类通关"试点，积极落实 C 类快件纳入货物一体化通关模式。深入推动"两段准入"，推进属地查检业务改革，明确关区范围内属地查检指令修改、解控工作机制，优化真空包装等高新技术货物、危化品监管机制。逐步健全"两区优化"风险防控体系，统筹加强保税货物进出境（区）等重点环节风险防控。落实 RCEP 空运进境快件货物物品风险防控工作要求，加载快件低风险参数，覆盖关区 RCEP 进口主要国家（地区）、运营企业和商品税号，是年纳入 RCEP 低风险参数报关单 23 万票，切实降低现场人工审单比例，优化现场监管和风险防控资源配置，保障 RCEP 空运进口快件 6 小时通关时效要求有效落实。

【风险防控效能】2021 年，风控分局深化风险联防联控机制，组建 127 人覆盖各业务领域的风险专家队伍，多渠道收集各业务部门和现场布控需求，开展风险联合研判 169 次。强化与缉私部门的联动配合，建立定期联合研判机制，为打虚打骗、"围网"、FL 等专项行动提供支持。优化稽核查指令下达，建立简单易行、常态化、长效化线索移交合作机制。聚焦加强人工分析布控。布控规则体系、信息化数据监控模块、布控数据智能模型"三位一体"辅助风险布控决策模式更加完善，加强布控统筹协调，稳步提升人工分析布控有效性。推进大数据应用，获批"海关旅检渠道风险要素识别及风险防控应用研究""大数据机器学习在风险防控中的应用"2项总署风险司重点科研项目，积极推进关区风险地图建设，已搭建系统整体架构，为开展风险监测分析提供支持。加强"云擎"授权管理和"云擎"应用建设，搭建"云擎"数据模型数百个，平台级全国应用16个。做好HF2020系统推广工作，各类风险联系业务平稳有序运行。加大风险分析处置力度。以查发大要案为导向，加强与稽查、缉私等部门的联系配合，定期开展业务数据异动监测分析，及时研判和预警，采取布控、移交线索等方式，强化后续处置。

【科研和信息】2021年，风控分局承担和参与课题研究、征文活动，包括1个署级课题、15个风险司课题、3个关级课题，组织报送论文18篇；打造风控分局"御风者"工作室，设立风控文化走廊。强化风险信息工作，对进口再生金属、进口澳大利亚葡萄酒伪报原产地逃避反倾销税、出口尿素等开展风险分析，形成专题态势分析报告。推动探索风险信息工作，加强专项风险信息收集。

第五篇 政务及后勤管理

政务管理

【概况】 2021年,广州海关政务管理科学化、专业化、规范化与技术化趋势日益加快,不仅涵盖规范制定、公务处理、信息采编、新闻宣传、政策研究、督查督办、会议管理、信访维稳、档案管理、机要保密等内容,更以其公正、公开、规范、透明,成为海关工作的"门面"和"窗口"。

【督查督办】 2021年,广州海关围绕关党委的决策部署,推动全关各部门单位深入贯彻习近平总书记重要讲话重要指示批示精神和党中央重大决策部署,认真落实总署党委工作要求,切实把做到"两个维护"体现到实际行动中。重点围绕落实"第一议题"制度,对8个部门单位组织开展抓责任落实、提升工作质效情况等4个方面进行实地督导检查。11月,根据总署有关要求,广州海关就落实"第一议题"制度进行再梳理,及时向总署报送"第一议题"制度落实"回头看"有关情况。持续开展落实中央八项规定精神、切实纠正"四风"专项检查工作,对8个处级部门单位开展专项检查。

【应急值班】 2021年,广州海关严格落实广州海关关领导和处级干部带班、值班员24小时值班的三级值(带)班制度,督促隶属海关规范值班操作流程,通过实地检查、电话检查形式,定期检查相关台账。加强风险排查,做好预案演练,落实应急保障要求。同时,落实内部安全管理主体责任,修订完善内部安全管理相关制度及应急预案,组织开展应急安全演练,就消防安全、疫情防控、防风防汛、危化品安全等方面进行50余次演练,提升应对和处置突发事件的能力。

【政务公开与12360热线】 2021年,广州海关不断优化政务公开工作体系,修订完善本级机关政府信息主动公开基本目录,规范制定广州海关政府信息公开信息处理费收缴工作流程,在门户网站上增设"双随机、一公开"栏目,依托天河海关政务服务中心开展隶属海关政务公开标准化体系建设试点工作,进一步强化政务公开行为规范。是年,广州海关本级机关共受理政府信息公开申请24件。加大12360热线保障力度,在"广州海关12360"官微上线"指尖服务"模块，为企业和公众提供各类海关权威资讯；配合地方推进12345热线归并、12360分中心建设工作。2021年，12360热线共受理各类咨询11.3万次；依托广州海关12360微博、微信，开设"姐姐接线"专栏，开创全国海关首个以热线座席视角答疑的科普短视频系列，创设12360热线受理咨询重点问题清零台账。全年，"广州海关12360"微信公众号、官方微博和"南方号"共发布图文信息677篇，图文阅读量合计超过220万人次；96篇微信稿件被"12360海关热线"署级新媒体平台刊发，是2020年的1.5倍；"两微"粉丝数23万余人，同比增加8%。在"三进"项目开展方面，关区共开展"三进"项目活动823项次，"线上+线下"覆盖辖区进出口企业、居民社区、学校61,137个。其中，开展"海关进企业"706项，涉及企业61,001家；开展"海关进社区"58项；开展"海关进校园"59项。全年收到锦旗150面、感谢信103封、牌匾15块。

【信访工作】2021年，广州海关坚持和发展新时代"枫桥经验"，不断创新探索信访工作机制，构建"信、访、网、电、邮"信访受理体系，在门户网站主动公开信访工作信息指南，更新设置"关长信箱""信访留言"栏目，提供"零接触式"网上信访服务，方便群众安全快捷反映诉求。开展关区重复信访、信访积案的分类排查、治理化解，完成中国共产党成立100周年的信访保障工作。及时回应解决进出口企业和群众关心的货物通关、质量安全、邮包寄递等"急难愁盼"问题。协助总署圆满完成广州海关首例信访复查工作。认真细致妥善处理投诉举报31件，司法、党政机关协查事项50件，编写进口商品投诉举报热线沟通答复指引，在全国海关率先编写通报9起进口商品投诉举报案例，提高海关应对进口商品投诉举报问题的处置能力，提升信访工作的标准化、规范化水平。首篇反映广州海关信访工作成效的新闻稿被《中国国门时报》刊载。

【政务信息】2021年，广州海关紧扣中心工作，落实总署对信息工作的要求，对重点题材分阶段组织信息报送，及时做好信息跟进，并建立重点研究成果台账，加大信息转化力度。同时，进一步优化信息会商模式，持续做好紧急突发、重点敏感信息会商交流工作，报送的市场采购、印音制品、铜铝新政等信息获总署采用。全年广州海关政务信息获总署采用353篇；获上级采用31篇次。做好海关互联网信息专刊工作，跟进两会代表涉海关提案监测、政府工作报告和总理记者会信息搜集，转报两会代表涉海关提案信息。全年广州海关互联网信息报送13,184篇，获总署采用5,046篇，获上级采用413篇，为党政机关和总署提供大量辅助决策以及管理治理等基础资料，获评广东省党委办公厅（室）系统信息工作先进单位，统计处、信息中心分别获评全国海关政务、互联网信息先进处级单位，4人获评"全国海关信息工作先进个人""广东省党委办公厅（室）系统信息工作先进个人"。

【新闻宣传】2021年，广州海关聚焦重大专项行动及重要时间节点，宣传海关深化改革创新，优化口岸营商环境，支持综合保税区、国际会展业、中欧班列高质量发展，推动广州国际航运中心建设，实施"企业升级计划"，加大科技应用力度，加强知识产权海关保护，保持打击走私高压态势等方面的成效。是年，各级各类媒体刊用广州海关新闻宣传稿件3,500余篇次；"海关发布"、总署互联网站等总署新闻宣传平台发布稿件1,077篇；编辑总署和本关舆情载体121篇。在央视《新闻联播》完成2条独立报道，刷新广州海关外宣纪录。积极做好新媒体矩阵管理引导工作，关区备案政务新媒体由原有的15个精简为10个。广州海关在总署"海关发布"新媒体上发稿、网上直播继续保持领先地位。

【档案工作】2021年，广州海关扎实推动档案资源、利用、安全体系建设，各类档案应归尽归、应收尽收，丰富档案资源；推进档案利用成果转化，6篇红色档案故事征文入选总署《追寻红色记忆 传承红色基因——海关档案故事100篇》；定期组织各部门单位开展各类档案安全专项检查，改造升级档案库房灭火系统，全面完成关区内包括番禺、河源、云浮三个综合档案分馆和检验检疫专业档案分馆的建设，形成广州海关档案馆（总馆）和下属分馆以及基层立档单位档案室（即档案馆、档案馆分馆、档案室）"三位一体"的档案管理利用格局，整体提升海关档案管理综合水平。

【对外合作】2021年，广州海关主动发挥地缘优势，承接门类繁多涉外业务联系交流重任，贯彻落实习近平主席在中国—中东欧国家领导人峰会上重要讲话精神，制订工作方案，成立专项工作领导小组，推出4方面20条工作措施。践行"三智"理念方面，探索与中东欧国家开展"三智"合作试点，积极推进"穗港、穗澳进境邮件智慧监管"1个国际合作示范项目和其他3个先行先试项目扎实落地，并探索关区多领域业务开展"三智"建设。年底，全国海关"三智"国际合作工作会议在北京召开，会议宣布从2022年起广州海关将承办第二任"三智"专联组秘书处，为期2年。加快中东欧优质食品准入，积极参与中国—中东欧国家卫生和植物卫生工作组及中东欧国家农食产品输华准入评估工作，服务国家发展大局。保障涉外线上会议有序开展，统筹各部门积极组织开展WTO/SPS措施的预警和通报评议工作，共对55条TBT/SPS通报提出评议意见。配合做好总署企管司委托的对乌拉圭、泰国两国AEO互认专项工作。进一步强化与省外办、驻穗领事馆的三方联络机制，共同全力做好外交人员入境检疫、领事馆防疫物资通关等工作。全年，共协助办理各国驻华外交机构人员入境通关手续1,400余人次；共办理外国驻华使领馆来函请求协调物资、人员通关等事宜20项；共办理外事邀请6次。

【政务信息化保障】2021年，广州海关发挥科技赋能优势，上线无纸化会议演示系统、广州海关领导动态管理系统，跟进总署版移动办公启用、业务网邮件系统切换、业务网国产客户端替换等工作；保障涉密信息系统平稳运行，顺利完成分级保护风险评估现场检测；强化广州海关内外网站日常监督管理，持续完善广州海关互联门户网站巡查保障力度，推动关区各部门保持好关区网站建设成果和特色。

【人大、政协工作】2021年，广州海关按照总署要求，广泛听取各级人大代表、政协委员的意见、建议并认真答复，推动海关工作发展；同时，支持海关人员进入地方人大、政协参政议政，积极发挥海关在服务促进地方经济发展中的作用。是年，协办全国政协提案1件、广东省人大建议1件、政协提案4件，会办广州市人大建议3件、政协提案4件，按时办结率、代表委员满意率均为100%。

督察内审

【概况】 2021年，广州海关以强化政治建设引领督审监督职能，聚焦重大决策部署落实，推进跟踪督察清单式管理，构建审计全覆盖监督体系，完善内控机制建设、执法评估成果转化，圆满完成配合国家审计、总署督察巡视及关区督察审计、内控建设、执法评估等工作任务。

【重大决策部署落实】 2021年，广州海关组织开展"打击洋垃圾和象牙等濒危物种及其制品进境""统筹推进疫情防控和促外贸稳增长措施落实""进出口危化品监管措施落实"等重大政策措施落实情况跟踪督察，统筹推进疫情防控和促外贸稳增长；组织对"严防重大动植物疫情疫病传入传出和外来物种入侵措施落实""加强口岸监管管理措施落实"等情况开展督察，推动强化整体防控；抓好疫情防控，对一线疫情防控措施落实情况开展常态化监督；关注"禁止洋垃圾入境"等重大政策在关区贯彻落实情况，对强化旅检渠道、寄递渠道、跨境电商渠道正面监管制度落实情况开展重点督察。

【审计监督】 2021年，广州海关组织开展领导干部经济责任审计、全面审计自查、专项审计（调研），擦亮"下沉式"科室管理审计穗关品牌，完善执法一线科室5年轮审机制，推动审计问题整改。推动总署重大决策部署相关要求落实到位；开展非执法领域专项审计，对企事业单位经营运行状况及"口岸应对重大疫情卫生检疫基础设施建设""监管查验技术设备购建及能力提升"等中央财政项目经费的预算执行绩效情况开展专项审计；突出重点开展关区实验室建设专项审计（调研），联合财务部门开展杜绝违规"乱收费"专项检查，发挥内部审计监督效能，促进监督结果运用。

【内控体系】 2021年，广州海关以防范化解内部风险为重点，健全动态调整内控节点指标应用机制，全面推进内控节点岗位清单制管理工作，以"内控节点岗位清单基层科室示范点"为基础，对内控节点实施动态分级管理，探索个性化内控体系化建设，全方位提升内控管理实效。组织开展内控前置审核，组织对海珠海关等6个基层海关开展内控评价，提出内控建议；优化内控节点体系及岗位清单，推广内部控制与监督子系统应用，做好内控平台应用和警示提示数据情况通报，撰写核查报告。

【执法评估体系】 2021年，广州海关加强执法评估与督察、审计、内控工作的相互支撑和结果共享，运用各类业务系统调取相关数据开展分析，推动执法评估问题向内控节点指标应用成果的转化。完成总署各项评估调研工作，承办总署"稳外贸""稳外资"措施专题评估工作，配合开展5个评估调研项目，参与总署执法评估信息化建设及应用工作，建立专题评估数据指标模型；结合关区特点对改革措施进行评估，组织开展关区"AEO企业便利化措施成效""风险布控指令转化效率效能""落实支持新业态发展措施"等专题评估项目。

【配合国家审计和总署督察审计】 2021年，广州海关配合审计署驻成都特派员办事处审计组对广州海关和总署税收征管局（广州）2017年以来关税及进出口环节税收征管等情况进行审计，组织印发配合审计工作方案，成立工作领导小组和工作专班。严格按照国家审计整改要求，分类细化审计整改要求，督促各部门单位完善各类制度规范，进一步推动建立健全审计整改长效机制；落实总署2021年度专项审计"百日自查"工作安排，梳理关区贯彻落实工作措施，调取分析电子数据，核查各类档案和单证资料，推动完善制度规范11项，进一步健全基层海关执法一线业务流程。配合总署完成编写内部审计核查重点操作指南中卫生检疫、商品检验方面内容，整理审计指南配套法律法规及规范性文件54份。

科技应用

【概况】2021年，广州海关推进科技创新，承办署级项目建设、推广署级项目应用、开展"智慧海关"关级项目建设、重视实验室管理和建设、确保网络安全、推进科技项目管理，进一步提升科技应用水平。

【署级项目建设】2021年，广州海关持续承办及推广"旅客通关子系统卫生处置应用"，配合总署完成"卫生处置模块"与总署旅客通关、新一代风控等系统的对接，完成电子流调管理开发等工作，截至2021年年底，已支持全国38个直属海关在空运、陆运及水运口岸全面推广应用，逾百万旅客在该系统办结卫检手续；继续做好跨境电商通关管理系统等非贸类通关项目新任务，完成跨境电商进口统一版系统贸易救济税费管理模块、跨境电商出口统一版系统B2B及海外仓业务模块，完成邮递物品通关系统与新一代非贸风控、新一代税收征管系统的对接；承担的署级项目"进出口商品质量安全风险管理信息化应用"已完成上线部署。

【署级项目应用】2021年，广州海关扩大H2018通关管理系统3.0版应用，完成3.0版运抵报文上传模块建设及应用，持续优化数据接收、入库、转发功能；开展智能审图信息化保障，组织完成关区X射线机、CT机智能审图更新部署，完成汇聚服务器程序部署和集中审像应用更新；推动署级新一代智能运维平台应用

【"智慧海关"关级项目建设】2021年，广州海关推进"智慧海关"项目优化完善，完成"智慧海关"H2018系统适配升级改造；持续开展"智慧卫检"应用创新改革，探索研发旅客自助通关智能设备，减少现场接触，加快通关效率；加强与地方政府、单位之间系统的互联互通，推进"线上海关"、"智慧海关"项目与"粤商通""粤省事""穗好办"等政务服务平台以及与广东省、广州市国际贸易"单一窗口"对接，推进与地方车管所建立海关监管车辆信息交共享机制，开展企业收发货人备案申请、中介机构备案申请、进口货物征免税证明等对企服务事项和跨境商品交易确认、邮快件通关状态查询等对个人服务事项的上线工作；开展

"智慧人事""多维考勤"、财务预算等关级项目建设工作；完成广州海关基础工作数据汇总应用的开发应用，实现按月通过信息化手段收集各部门主要工作数据；完成第九届十佳青年员工投票网站、缉私局十大优秀缉私警察网站、十大缉私专业能手网站的更新建设。

【信息化工程改造】2021年，广州海关组建由分管关领导为组长的信息化改造专项工作小组，组织"业务+技术""现场服务+后台支撑"专家团队，做好国产化终端应用技术保障工作，收集汇总终端应用存在问题，组织科技专家研究并指引各部门提升用户体验。

【实验室管理和建设】2021年，广州海关做好新冠肺炎疫情防控实验室技术支撑，加强关区生物安全实验室能力建设，移动P2+实验室在南沙海关冷链查验现场有效应用，联合技术中心、保健中心、佛山海关、机场海关实验室组成关区新冠病毒检测网络体系，共同承担各类样本检测任务。12月，广州海关实验技术展示厅重新布展验收完成并正式对外开放，占地面积约800平方米。

【实验室安全监督管理及质量控制】2021年，广州海关制定实验室管理规定，加强和规范关区实验室管理；组织开展实验室质量体系运行管理及实验室安全线上培训班，提升关区实验室工作质量及安全防范意识；规范关区生物安全二级实验室备案管理，落实"每日一检查、每周一通报"工作机制，对新冠病毒检测的实验室进行安全防护监督检查；组织开展关区危险化学品检测实验室安全检查，并对关区实验室化学安全和生物安全进行自查，严格落实实验室安全相关规范和措施，消除安全风险隐患；统一推进新版实验室管理系统（e-Lab V2.0）业务切换，加强人员授权管理，保障检测数据信息安全。

【网络安全保障】2021年，广州海关完成庆祝中国共产党成立100周年网络安全保障任务，全面严格落实总署要求的保障措施，整体保障工作期间，关区网络和信息系统安全稳定运行，业务运行和改革发展有序推进，圆满完成保障任务。通过网络安全等级保护测评，根据测评单位现场测评后提供的整改建议书，顺利通过2021年度网络安全等级保护测评。提升网络安全队伍应急处置能力，专题研究部署，及时开展联合应急处置工作，做到"一点预警，全网处置"；以练带查、以练带讲，开展应急演练，深挖海关网络深层次安全风险，检验海关网络安全综合防控体系和对抗防护能力。加强网络安全日常管理，结合信息安全考核，开展病毒专项治理，强化计算机终端准入管理，关区计算机终端安全状况得到大幅改善；常态化开展安全渗透测试，保障广州海关互联网出口安全。巩固数据安全专项行动成果，缩小互联网暴露面，加强纵深防御，推动政企业务分离分类管理，健全完善网络和数据安全技术防控体系等方面，从管理制度、技术架构等层面多措并举堵塞漏洞、夯实基础。

【标准制定】2021年，广州海关技术中心积极参与粤港澳大湾区高品质食品湾区标准体系建设，主持制定食品中9种非法添加色素的测定高效液相色谱法和液质联用法。广州海关技术中心参与制定首批19项湾区高品质食品标准。

【科技项目管理】2021年，广州海关组织编制"十四五"海关科技发展规划实施方案和任务分解表；组织参与首次海关科技成果评定，形成正选项目15个，备选项目6个的推荐名单上报总署。组织开展年度署级科研项目申报，向总署推荐署级科研项目17个和创新实验室课题1个，获批立项10个，项目涉及风险管理、出入境卫生检疫等6个专业领域；组织开展关级科研项目立项，分两批共新立项关级科研项目22个，涉及综合管理、风险管理等7个专业领域。完成22项科研项目成果登记。

【科技项目奖励】2021年，广州海关技术中心参与的"新发冠状病毒感染的防控策略与临床诊治"项目获广东省科技进步奖特等奖，主持的"食品接触材料中高关注物迁移分析和安全评估关键技术研究及标准化"等3个项目获广东省科技进步奖二等奖，向总署推荐的"一种含增塑剂塑胶标准样品的制备方法"项目获总署推荐参评中国专利奖，推荐技术中心、机场海关综合技术中心主持的"国境口岸消杀及效果评价关键技术体系的研究及应用"等6个项目参评2021年度广东省科技进步奖；牵头国家重点研发计划项目2项，参与国家重点研发计划项目课题8项，其中年度新增立项1项；牵头广东省科技厅项目4项，其中年度新增立项2项。

财务管理

【概况】2021年，广州海关严格按照党政机关过"紧日子"要求，坚持统筹兼顾、突出重点，集中财力优先保民生、重点保运转、精准保发展，完成各项工作任务。

【增收节支】2021年，广州海关坚决贯彻落实党政机关过"紧日子"要求，将过"紧日子"作为关区财务工作的基本方针，建立定期评估机制，从严从紧编制预算，审减非必要、非急需经费，严控"三公"经费支出。推进节约型机关创建，实行能耗定额管理，科学制定关区用水、用电、用油指标，全年用水、用电、用油同比分别下降23.4%、12.4%、9.1%。广州海关南办公区智能电房系统、佛山海关光伏电站等节能改造项目顺利通过验收，广州海关获评"2021—2023年全国公共机构水效领跑者"荣誉称号。坚持"无预算不采购、有预算不超支"的原则，持续抓好关本级采购统筹，定期开展全年采购执行计划进度通报，提高采购执行效率，有效促进采购任务落实。通过优化采购方式，大力提升采购资金节约率。聚焦中央财政主渠道争取增量资金，积极配合总署财务司开展调研，主动反映经费缺口和保障困难，海关业务保障、疫情防控等专项获得中央财政追加预算支持。同时，也积极争取地方财政保障。支持事业单位发展，全年关区8家事业单位经营情况好于年初预期。

【涉案财物处置】2021年，广州海关制订涉案财物专项清理工作方案，确立清理目标；根据涉案财物的特性，坚持分类、分批、分步推进处置，下发清理任务清单，逐项挂牌督办。通过开展专项工作共处置涉案财物约2万项。建立涉案财物清理常态化机制，建立涉案财物季度例会制度，关领导定期牵头组织财务、检验检疫、业务、缉私、后勤等部门进行综合分析研判；针对涉案酒类处置工作中遇到的疑难问题，研究确定涉案酒类处置的三大标准，主动对接品牌厂商，高效稳妥地推进涉案酒类的处置工作，守住食品安全底线。针对关区查获量大、仓储费高的"三无"船舶，通过建立库存预警、对接环保新规、优化处置流程、强化企业审核等方式加快处置，处置时间压缩42.62%，全年共处置"三无"船舶506艘。推动涉案财物归口地方处置政策落地，推动走私冻品移交地方处置，根据2020年颁发的政策及结合最新疫情防控要求，进一步巩固与地方政府的协作配合，海关查扣冻品后迅速移交给地方打私部门，由地方打私部门支付资金负责后续处置，实现快查快移、即查即移；推进濒危野生动植物及其制品移交地方主管部门；推动"双无"固体废物移交地方处理政策落地，佛山、南海、禅城、三水、高明、云浮、清远、肇庆、河源等地顺利建立机制，其中固体废物查扣重点辖区南海办在11月与佛山市生态环境局南海分局签订联系配合办法，实现广东省内率先突破。

【疫情防控资金和物资保障】2021年，广州海关紧盯本地疫情发展以及总署防疫新要求，积极向财政部申请专项经费。协调广东省、广州市政府结算联防联控疫情经费。全力做好疫情防控物资统筹保障，健全防疫物资保障体系，保障关区防疫物资数量充足、安全有效，助力"打胜仗、零感染"。全年从总署调入31,500件新型防护服等，从地方政府调入各类防疫物资244万件（只），调配口岸一线267.50万件（只）。配合总署做好一级应急物资储备库（广州）的日常管理和物资调拨，全年共办理物资入库17.21万件、出库20.75万件，5月根据总署紧急调令向昆明海关调配近万件防疫物资应对当地疫情。

【预算保障机制】2021年，广州海关完善关区财务保障工作机制，进一步明晰机关、隶属海关、事业单位三级财政事权，将经费保障项目划分为优先保障、重点保障、弹性保障三大类，压紧压实各级独立核算单位财务自主平衡的主体责任，推进关区财务保障工作可持续发展。抓好预算执行，综合运用实时监控、定期通报、预警提醒、挂牌督办等管控措施，建立覆盖各预算单位和所有项目的动态监督管理网络。推进预算绩效一体化管理，优化绩效目标设置，提高绩效目标审核标准，对283个二级项目、716个项目申报文本的绩效指标进行深度优化。引入第三方机构开展独立公正的绩效评价，选取南沙海关、南海办作为整体支出绩效评价试点单位，绩效评价等次均为"优秀"。拓展预算公开深度，主动公开2021年部门预算至末级预算单位，功能分类公开到项、经济性质分类公开到款。

【海关事业单位所属企业脱钩】2021年，广州海关按照总署统一部署，组织关区36家企事业单位梳理业务192项，印发与海关行政权力相关业务清单。关区企事业单位从8月23日起停止从事进出境检疫处理业务，从9月1日起停止从事与海关行政权力相关业务，脱钩业务全部由符合资质的企业承接，各项工作平稳过渡。

【资产装备管理】2021年，广州海关完善内部评议标评审专家管理规程、内部评议标项目采购操作流程指引及采购代理机构管理实施细则，在关区内选聘60名内部评议标评审专家，组织5批次136项政府采购意向公开。

【基建工作】2021年，广州海关动物隔离场项目、佛山片区缉私业务技术用房项目、大良涉案财物业务用房项目按期完工；广州海关综合检测中心项目、中国检疫犬南方基地项目完成主体施工；修订基本建设管理实施细则、基本建设财务管理实施细则及修缮项目管理操作规程。

第六篇

各隶属海关及办事处

佛山海关

【概况】 佛山海关是受广州海关直接领导的副厅级隶属海关，2004年在原佛山、顺德、南海、三水和高明5个正处级隶属海关的基础上整合成立。2018年根据国务院关于机构改革的统一部署，原佛山市4个检验检疫局机构和人员划入海关，组建成新的佛山海关。

2021年11月1日，根据广州海关《关于调整机场海关等隶属海关科级机构有关事项的通知》要求，佛山海关部分科级机构做出调整：

人事政工处（党委组织宣传部）增设宣传科，承担党建、思想政治文化建设、党风廉政建设、纪检监察等职责；撤销纪检监察科；组织宣传科更名为组织科，承担干部人事和人员管理、开展教育培训、群团工作等职责。

驻禅城办事处、驻顺德办事处、驻南海办事处、驻三水办事处、驻高明办事处分别撤销人事政工监察科，职能由办公室承接。

调整后，佛山海关共有内设正处级处室5个：办公室（党委办公室）、人事政工处（党委组织宣传部）、业务一处、业务二处、企业管理和稽查处；正处级派驻办事处5个：佛山海关驻禅城、顺德、南海、三水、高明办事处；事业单位2个：佛山海关后勤管理中心、佛山海关综合技术中心（佛山国际旅行卫生保健中心、佛山海关口岸门诊部）。全关科室总数66个。

年内在编干部职工876人，事业编干部125人，共计1,001人。全关党员1,037名（含预备党员13名），设有6个机关党委（佛山海关机关党委、各办事处机关党委）、76个党支部（含7个事业编党支部）。

【党建工作】 2021年，佛山海关建立"第一议题"制度学习落实机制，打造"学习、传达、督促、落实、监督"闭环链条，加强机关党委抓关区党建统筹，推动关区1个支部获评"全国海关基层党建示范品牌"，7个支部获评广州海关"四强"支部；推进"强基提质工程"，发展13名预备党员；加强党建阵地和荣誉体系建设，紧扣中心工作，推动党史学习教育走深走实，组织"传承红色精神、擦亮党建品牌"——佛山关区基层党支部书记座谈交流会和先进事迹分享会，邀请广东省宣讲团成员讲授专题党课；抓好责任落实，履行关党委书记"第一责任人"职责，年内制订五方面党史学习教育任务清单22项、党史学习教育相关督查单14份，组织党史学习教育落实情况专项监督检查4次，"我为群众办实事"45条具体措施全部办结。年内，机关获评"2020年度佛山市创建全国文明城市突出贡献通报表扬单位""广州海关三八红旗集体"，关区共38个集体、160人次获得各类奖励，其中省部级奖励13个、地市级奖励120个。

【队伍管理】2021年，佛山海关推进干部选拔任用机制建设，以适应干部任免管理权限调整后的新形势新要求，明确职级晋升、干部交流、集中工作、职级公务员管理、领导干部选拔调配等相关工作要求，为工作规范运行提供制度保障。全年共完成96个专业技术岗位聘任。规范队伍管理，修订印发执法一线科长行为规范、机关内务规范管理检查评比办法及干部职工外出请休假管理办法等相关制度8份；推动平时考核、年度考核、专项考核"三位一体"的海关考核体系建设，参与佛山市地方绩效考核工作，制定2021年度绩效管理考评办法，提高管理和服务水平；加强对事业单位党建及组织人事工作指导，平稳有序做好事业单位所属企业脱钩人员安置，明确人员管理、岗位聘用等相关要求，为事业单位优化管理方式、做好组织衔接等提供支撑。加强教育培训，编制全年二级培训及联学联训计划，实行结对档案、过程监督、专项跟进等措施，借助"海关e课堂""学习强国""钉钉""微信每日伴学推送"等多种途径，搭建学习平台，提升学习效果。加强人文关怀，跟进协调"一关五办"公务员、事业编人员社保医保办理工作，落实退休干部医保属地管理工作，关区社保医保工作走上正轨；年内组织召开"一关五办"老干部工作调研会议，做好住院老同志探望、节日慰问等离退休老干部工作。

【纪检监察】2021年，佛山海关聚焦职能作用，推进"现场监管与外勤执法权力寻租"专项整治工作，在执法领域专项整治中，共梳理关区廉政风险点，提出风险防控措施。以专项整治为契机，加强廉政教育和纪法教育，组织引导纪法和警示教育，结合自查和工作实际，剖析问题成因，分类施策、精准施治，研究制订整改工作方案，明确工作职责，确保实现整改目标。开展廉政警示教育，坚持"每日一例、每周一学"，用好线上线下两块阵地，召开推进清廉海关建设主题宣讲大会，讲透反面典型案例，紧抓关键节点，组织学习违反中央八项规定精神典型案例，向干部家属发出《家庭助廉倡议书》，筑牢反腐倡廉家庭防线，形成"八小时外"监督合力。突出正风肃纪，推进清廉海关建设，年内先后制发中共佛山海关委员会

"关于规范和强化问责工作的通知""关于印发加强对'一把手'和领导班子监督措施清单的通知"和"关于印发深入治理违反中央八项规定精神突出问题深化清廉海关建设落实措施清单的通知",以加强制度建设。推进准军建设,全年共开展准军学习教育16次,内务规范检查、会风会纪监督20余次,确保检查覆盖率100%,每月评出机关内务规范管理优胜单位,推进准军事化纪律部队建设。

【口岸监管】2021年,佛山海关各口岸受理进出口报关单100.14万份,同比增加14.6%;口岸进出口商品总值4,199.19亿元,同比增长15%;实际进出口货运量1,283万吨,同比增加7.5%;监管集装箱220.3万箱次,同比减少6.7%;监管进出境船舶2.28万艘次,同比减少7.4%;监管快件268万件,同比减少14.4%。推进业务改革压缩整体通关时间,统筹"五办"进一步深化"提前申报""两步申报""两段准入"等改革,依托"智慧海关""智慧码头"平台推广将进口货物"船边直提"和出口货物"抵港直装"作业方式复制到九江、三山和顺德新港等多个码头,为企业提供更多可选择的通关模式。优化通关流程加快物流运转效率,推进区域性通关便利化协作,在广州海关统一部署下,推进"湾区一港通""顺德—蛇口组合港",促进关区口岸深度融入大湾区口岸群建设,提升物流运转效率。与佛山市市场监管局就食药同源商品进口监管协调制度达成一致意见。推进口岸信息化建设、提升监管智能化水平,丰富"智慧海关""智慧码头"项目功能,加大口岸5G应用程度,支持自动化码头建设,支持和推广智能卡口、智能理货、辅助机器人、货物智能识别等技术应用,扩大智能审图商品范围。按照部署在场所巡查、审核单证等业务领域,通过机器辅助人工等方式加强智能化监管。12月,佛山关区进口整体通关时间14.88小时,较2017年(90.52小时)压缩83.56%;出口整体通关时间0.51小时,较2017年(10.62小时)压缩95.2%。

【税收征管】2021年,佛山海关税收累计入库139.06亿元,同比增长9.11%,日均入库5,562万元,占广州海关比重为22.42%。年内,充分利用海关减免税政策,支持佛山重点行业、产业科技创新产品进口。建立支持科技创新产品进口工作专班,支持以季华实验室为代表的科技创新企业开展科研用品减免税进口,推动实现"批得快"和"免得对",提升审批效率和质量。全年通过快速办理机制为进口企业实际减免税6,195.3万元,同比增长67.13%。发挥原产地签证优势,降低企业国外通关成本,结合"我为群众办实事"实践活动,对接关区重点外贸企业,优化签证流程,推进原产地证书全流程线上无纸化办理,简化原产地证申领手续,推广智能审核、自助打印等"智慧海关"建设成果。年内,共签发各原产地证书16.57

万份，涉及签证货值157.52亿美元，帮助企业享惠人民币46.15亿元。落实各项税收政策，推广应用预裁定制度，探索"价格提前报备"服务事项，将归类、原产地、价格等疑难问题尽量在通关前解决，优化贸易便利化水平。

【查缉走私】 2021年，佛山海关缉私工作加强协同共治，提升"打、防、管、控"的整体效能，联合地方公安连续破获多起走私冻品、红油大要案，全链条摧毁多个走私冻品团伙、走私红油的团伙。全年共立刑事案110宗，案值43.89亿元；一般行政立案3,143宗，案值17.55亿元；指导办理"两简"案件1,002宗，案值3.73亿元。打私业务整体情况良好，与海关综合业务基本匹配。

【统计分析及政策研究】 2021年，佛山海关发挥"数据+分析"职能，围绕佛山外贸月度运行情况、"十三五"佛山外资企业进出口情况向地方党政领导报送统计分析11篇，分析研究报告《2020年佛山外贸进出口特点与对策建议》获《佛山研究》杂志全文采编；完成广州海关关级课题"佛山企业融入国内国际双循环路径研究"，开创政策研究工作新局面。履行广州海关统计小组长职能，跟踪中美经贸、原油进出口、印度疫情等外贸热点问题，共完成统计要情撰写与核稿34篇。跟进国家、佛山重点商品进出口情况，承接市委、市政府约稿，形成《我国中医药"走出去"情况分析》《我国钢材进出口分析》等多篇分析报告。建立监测预警机制，围绕佛山市外贸进出口目标及广东省政府、佛山市委市政府对外贸工作的要求，建立完善"周、旬、半月、月底"外贸监测预警机制，探索运用"云擎"等大数据系统进行预警分析，开展外贸监测预警，为稳外贸目标完成提供数据支持。主动参与市委、市政府、市商务局等地方政府部门组织的稳外贸相关会议，组织开展花卉、家具等佛山优势产业调研，了解佛山主要产业进出口第一手资料及企业存在的困难和问题，为监测预警和决策提供素材。

【企业管理和稽查】 2021年，佛山海关落实总署、广州海关关于加强企业管理和稽查工作要求，加强关区重点企业调研，精准帮扶企业解决问题，发挥属地管理优势，实行"全覆盖宣讲+重点培育+精准辅导"分级培育企业1,102家次，开展"线上+线下""一对一"重点辅导企业303家次，提升培育认证成效。同时联合地方商会和协会，搭建关企沟通交流平台，加强国家和海关政策宣讲解读，帮扶企业应对全球复杂多变贸易形势。年内，佛山关区成功培育高级认证企业125家，为上年的8.3倍；关区高级认证企业274家，位居广州海关隶属海关首位。以查发问题、堵塞漏洞、防范风险为目标，维护税收安全、准入安全。全年办结稽查作业220宗，办结核查作业752宗。全年组织两轮专项稽查行动，圆满完成关区固体废物加工企业专项稽查,查发企业存在漏报部分仓储费、运杂费等问题;联合越秀海关对重点再生金属进口企业实施径行稽查,按时完成75家进口再生金属企业专项稽查工作,查发伪报原产地、低报价格、漏报运杂费、"特殊关系"申报不实等情事16宗。

【保税监管和自贸区】 2021年,佛山海关持续做好区外加工贸易集中审核和企业管理,通过推行"不出门、零接触、网上办"业务模式,对企业在线申报的手(账)册单证实施集约化、专业化审核,实现当天受理当天办结,首选黄金业务作为集中审核先行业务,在疫情防控期间为加贸企业速解燃眉之急。全年完成佛山关区区外加工贸易人工审核作业5,751票,"五办"及时报核率和及时结案率均达到100%。同时完善与地方市场监管部门数据共享协作机制,定期收集佛山市已注(吊)销企业数据,及时组织各办事处开展数据对碰涉及海关企业498家,及时进行后续处置注(吊)销企业354家。

【卫生检疫】 2021年,佛山海关主动做好与佛山市级疫情联防联控机制建设,累计向市级及各地方专班反馈征求意见稿35份,推送疫情防控政务信息600余条,报送各类统计报表700余份,参加属地联防联控会议130余次。协调做好入境转接人员后续健康管理,联合地方检出并处置新冠病毒核酸阳性入境人员,未发生输入病例导致的本地感染。加强"人物同防",加大对"五办"进口商品监管查验过程的监督指导及冷链、非冷链货物风险管控。牵头对佛山关区口岸疫情防控情况进行调研,撰写《佛山口岸疫情防控工作情况调研报告》,对"五办"发送加强新冠疫情安全防护工作提醒7份。佛山关区对进口商品新冠病毒核酸检测456批次,重量共10,884吨,货值共3,044万美元;总抽样数10,042个,检出并向地方通报进口冷链货物外包装新冠病毒核酸阳性案例;对进口冷链货物共开展预防性消毒143批次、286个标准集装箱;产品外包装28.2万件,货物重量2,982吨,货值共828万美元。配合地方加强对跨境司机和作业点的管理,根据佛山联防联控机制要求,对粤港跨境货车司机进行管理排查,加强对口岸检疫处理单位的监管,按照动植处、卫生处委派,派员担任组长对顺德一家消毒单位进行现场资质评审。

【动植物检疫】 2021年,佛山海关加强进口粮食储备、加工企业监管,按照进出境粮食检验检疫监督管理办法等相关规定,对辖区内进口粮食储备和加工企业落实进口粮食的初审、运输、储存、加工和使用等环节检验检疫监督职责。严格进口粮食许可证初审,核查加工企业产能证明、生产加工台账,落实粮食调运联系制度,通过粮食调运系统及时审核加工企业的调运申请、检验检疫证明等资料,确保调入粮食无疫情风险。督查企业做好调入粮食入库台账记录并到厂随机抽查,严格后续监管。做好非洲猪瘟口岸疫情防控工作，筑牢疫情防控屏障。加强含猪肉食品出口生产企业非洲猪瘟防控工作，加强对猪肉原料的溯源和检测，对猪肉原料严格落实进货查验制度，确保来自合格供应商，品质检测结果合格符合相关要求。全面落实交通工具检疫查验和消毒处理，严禁来自疫区的猪肉产品进境。对船员自用品，要求船员不要在境外采购猪产品，在境内采购的要索取相关单证；对运输工具上的动植物性废弃物、泔水等，一律在海关监督下做处理。加强疫区国家（地区）进口货物查验，发现有禁止进境的动物、动物产品和其他检疫物的，立即予以封存并严格监督实施销毁处理。对跨境电商等渠道进口猪肉及其制品，落实跨境电商100%过机要求，对来自非洲猪瘟疫区的跨境电商货物全部实施现场查验、检疫；加大开箱查验力度，对查获来自非洲猪瘟疫区的猪肉及其制品，全部退运或做销毁处理。

【食品检验检疫】2021年，佛山海关落实食品安全"四个最严"要求，防范重大进出口食品和商品质量安全事件发生，根据上级海关的统一部署和佛山市食品安全委员会的要求，采取"线上+线下"结合的宣传模式，开展主题为"尚俭崇信，守护阳光下的盘中餐"的食品安全宣传周活动及"进口食品'国门守护'行动"宣传活动。在海关大楼办事大厅、各口岸海关监管现场开展多种形式的进口食品监管政策宣传活动，及时解答消费者关注的进口食品安全热点问题，共制作专题展板15块，张贴宣传画册34张，发放宣传手册280份，播放宣传视频58次。督促指导关区各口岸严格落实各项防控措施，通过组建微信工作群、加强口岸检查等手段，密切与佛山关区各口岸联系，摸清底数，要求各口岸有突发情况及时报告，筑牢防范重大疫病疫情及食品安全防线。加强与政府部门的协调沟通，配合做好疫情防控和重大食品安全事件的应急处置工作，年内参加佛山市食品安全示范城市省级评价验收，根据佛山市关于开展食品安全隐患大排查大整治的通知要求，对食品安全隐患实施全面排查整治。

【商品检验】2021年，佛山海关组织开展法定检验商品外进出口商品抽查检验工作，重点选取LED灯管、儿童三轮车、奶粉盒、洗碗机、文具笔等敏感进出口商品开展抽查检验，共实施18批次抽查检验，检验结果全部录入进出口商品质量安全风险管理系统。加强重点商品质量安全风险监测，"海关总署卫浴陶瓷与水暖产品质量安全风险一级监测点"完成33批进口坐便器、30批进出口智能坐便器、30批进口陶瓷质量安全风险监测；"海关总署家电一级风险监测点"完成26批次出口厨房电器、50组出口包含激光和强光源的美容护理器具、25批次出口体温计专项风险监测。加强技术性贸易措施应对，发挥"陶瓷""小家电""铝型材"三大国家级技术性贸易措施研究评议基地优势，参与技贸应对。年内，家电评议基地提出的三项特别贸易关注在世界贸易组织第84、85次技术性贸易壁垒会议上被采纳为大会议题；支持美的等企业应对沙特能效测评、印度空调产品强制性认证新规，协助万和完成绿色新能源产品企业标准和联盟标准的制发；提交特别贸易关注4篇，维护我国行业正当权益；建筑卫生陶瓷检测实验室获得菲律宾贸工部标准局认可，减低中国产品成本与风险。铝型材评议基地为企业提供367条技贸信息、3期技贸专项培训，定向走访30次；面向全国行业开展征文，累计收到66篇铝材类技贸学术论文。

【法治建设】2021年，佛山海关落实"谁执法谁普法"普法责任制，成立佛山海关机关普法与依法行政工作领导小组，制订年度"普法责任清单"；建立佛山片区联络员机制，创建关区首个执法援助小组，统筹使用佛山法制工作片区法制审核资源，促进各单位加强重大执法决定法制审核管理。组织开展法律学习、宣传，采用"线上+线下"方式，组织关区普法知识讲座两期，邀请法律顾问重点讲解《民法典》《生物安全法》《行政处罚法》，佛山海关及五个办事处共680人次参加学习；联合开展"海关知识产权保护法制宣传进社区活动"，向社区群众宣传专利、商标、地理标志、AEO认证、海关通关等法律知识，形成片区法制工作合力；编辑制作专题普法图文微信推送《请回答2021！生物安全法终于来了！》，登上"中国国门时报"微信公众号；承办广州海关普法办第二期"送法下基层"，开展以案说法、普法沙龙及法制工作片区交流等活动。加强与地方公检法机关交流协作，与佛山市公安局联合印发《关于加强知识产权执法协作的通知》，实现海关知识产权行政执法与公安机关知识产权刑事执法的有效衔接。关区共查获侵犯商标权货物18批次、6.2万件，关区查办的侵权耳机案、侵权香水案等入选"2021年广东省内海关保护知识产权十大案例""广州海关2021年知识产权保护典型案例"和"佛山市2021年度知识产权行政执法十大典型案例"。

【风险管理】2021年，佛山海关加强统筹协调，促进"一关五办"联动，召集"一关五办"分析预警科科领导及业务骨干开展专题座谈研讨，了解掌握风险管理条线上基层职能科室实际履职情况，立足佛山海关职能定位、岗位人员配置的现实特点，探索推进业务风险管理工作。从应用大数据通用分析平台（云擎）入手做实风险分析，年内正式获取"云擎"授权后，主动联系风控分局专家研学系统操作，结合授权情况和实际需求定制数据模型，从重点品类商品入手启动风险监控分析工作。

【政务管理】2021年，佛山海关推进督查督办，推动工作实效落地，年内督办关领导批示、关务会和形势分析会102项，梳理2021年佛山海关重点工作任务为5个方面、18项工作任务、56项细化措施，均无超期事项。立足中心工作，积极作为，做好信息新闻宣传工作，全年被《中国国门时报》《南方日报》《广州日报》《佛山日报》等媒体采编各类稿件165篇次，与去年相比增长13.8%。信息被广州海关以及总署等信息载体采用110条。拍摄国门生物安全教育宣传片《原来你是这样的"小生物"》在佛山电视台及其新媒体平台播放，点击量超过200万次。优化服务意识，做好政务公开工作，年内共接到佛山市12345转办工单68单，答复率100%。改进会风文风，严格控制发文总量并制订年度发文数量计划。定期开展办公业务培训，加强发文必要性审核，提高公文质量，提高办文效率。规范机要保密管理，加强档案管理水平。年内，组织召开2021年保密委员会工作会议，规范加强保密工作，按照涉密岗位要求，组织签订保密责任书并做好新增涉密人员相关材料填报。落实涉密人员保密承诺、重大事项报告、执行保密纪律情况考核、出国（境）审批制度，严肃日常保密纪律，提高保密工作人员业务水平。明确疫情防控期间保密管理要求，严格涉密文件收发、印章印油等保密物品管理。

【督查内审】2021年，佛山海关聚焦监督重点，提升督察工作质效，年内开展数据分析，掌握口岸概况，形成进口再生金属监管情况专项督察工作报告和进口冷链食品监管工作情况专项督察工作报告。创新手段方法，开展科室管理审计，成立联合审计组，综合采用调取资料、个别谈话、审计调研（选取南海办政务服务科、顺德办政务服务科开展现场调研）、党史学习教育、专项整治和履职基本能力集中测试等方式，推进科室管理审计工作。加强统筹协调，做实做细迎审自查，对接职能处室，发挥桥梁作用，加强迎审动员布置和督促指导，牵头组织开展关区专项审计自查、第二季度重大政策措施跟踪督察自查、实验室建设专项审计调研、广州海关2021年总署重大政策措施落实情况自查、配合国家审计工作，以及第三季度重大政策措施跟踪督察自查等工作。夯实内控建设，提升内控质效，推广内控节点岗位清单制管理工作，年内指导机关各处室和两个事业单位梳理建立起本级内控节点岗位清单。

【科技应用】2021年，佛山海关按照业务网客户端信息数据导入管理要求，加强网络传输隔离机制，规范日常业务数据或文件内外网传输管理，完成2021年度保密自查自评工作。依据《中华人民共和国网络安全法》《海关网络安全管理规定》指引，落实远程办公保障工作，加强特殊岗位干部网络应用管理，发放TF卡保障移动办公安全。组织全关处室、单位签订信息系统用户网络安全承诺书，并对全机关人员在用网络设备进行实名登记，网络IP-MAC地址参数绑定，确保网络安全事件时可追溯。落实网络安全管理要求，对关区各核心业务系统、网络设备的安全防御策略进行监测反馈，防范安全风险。对内部网络实时跟踪检查，及时发现存在的风险隐患，收敛互联网输出面，保障关区业务工作网络安全。

【财务管理】2021年，佛山海关落实年度预算支出，结合实际工作业务需求，以"轻重缓急、无列入预算的项目不开支"的原则，逐月安排落实预算执行，完成机关考核指标。及时办理原检资产过户手续等，规范资产管理。规范事业单位及下属企业管理，推动事企脱钩，完成事业单位下属企业——佛山市顺德区卫华消杀灭服务中心的注销工作。增加事业单位经营范围，提高造血能力，拓宽业务范围，为佛山海关技术中心增加"实验分析仪器研发、制造与销售"业务项目。

佛山海关驻禅城办事处

【概况】2021年，佛山海关驻禅城办事处（简称"禅城办"）设有9个科室，包括：1个综合保障科室：办公室（是年4月撤销禅城办人事政工监察科，职能由办公室承接）；6个业务职能科室：技术运维保障科、分析预警科、综合业务科、稽查科、政务服务科、查检科；2个现场业务科室：跨境电商监管科、快件监管科。行政审批点（政务服务科）设在禅城区绿岛湖行政服务中心，负责辖区保税、企管、行政审批类业务。禅城办共有行政编制公务员137人（含特派员），行政编制工人4人，非占编人员15人，退休老干部115人。年内，禅城办争创各层级先进荣誉41项，其中省部级单项以上9项。驻地方行政服务中心窗口连续四年荣获"禅城五星服务窗口"。

【党建工作】2021年，禅城办推进政治机关建设，制发领导班子做到"两个维护"狠抓责任落实的实施意见和全面从严治党重点工作分工方案，结合月度形势分析例会对23项工作任务、37项细化措施落地落实情况持续跟踪问效，均按时间节点完成任务进度。抓好宣传阵地建设，全年编发政工动态简报173期，政工新媒体作品21个，15篇综合信息获总署政工办网站及党史学习教育专栏采宣，广州海关政工办网站信息采用量位居前三。利用"三会一课""百年党史·每周一学"、内网专栏等载体实现全员学史，组织开展专题研讨12场、理论学习中心组学习11次、专题读书班1期，班子成员、支部书记、先进典型代表讲党课28次，形成高质量理论研究文章11篇。紧扣"三个阶段"主题主线，开展"党在我心中"线上知识竞赛和"红歌嘹亮"合唱比赛，实地参观本地7处红色教育基地，并借助网上红色展馆"云"参观60余个红色文化教育点。制定"我为群众办实事"31条工作措施，开展"三进"活动102场次，服务群众近1,700人次，"曲韵悠扬——青年志愿者爱心敬老服务专列"项目被列为佛山市志愿服务十件惠民实事及佛山市"我为群众办实事"重点项目、市委常委深调研项目，"以'科技赋能'助推'陶企破壁'"项目案例成为总署国际司"破解国外技术性

壁垒 护航企业出海"百佳项目素材。推进"强基提质工程",发挥基层战斗堡垒作用,年内改建完善"初心堂"4个,跨境电商监管科党支部成功争创广州海关先进基层党组织和"四强"支部。选用高职级公务员担任督导员,指导和督促所在支部落实重点工作任务,组建"铁军"党员突击队,支援地方大规模核酸检测采样、"双十一"电商大促通关紧急任务。聚焦青年党员队伍培养,"'青年党校'培根铸魂强党性,'三大课堂'守正创新赋动能"课题项目在第九届广东省市直机关"先锋杯"工作创新大赛"机关党建"类比赛中获一等奖。

【党风廉政建设】2021年,禅城办加强组织领导,开展深度自查,根据"现场监管与外勤执法权力寻租"专项整治行动要求,成立专项整治领导小组办公室,细化3个阶段12项任务目标;班子成员、机关纪委委员调研征询27家企业、6名区委监委和监督员代表意见,分析调取数据11.5万条;开展纪法教育专题测试3次,实现参与率、合格率"2个100%",组织干部职工撰写心得体会。坚持立行立改,确保整治质量,班子成员先后现场督导整改工作11次,均已全部整改完毕。逢周末和节假日向干部职工推送"廉政小贴士"46期;开展"回头看",压实责任,防止问题"回潮""反弹"。推进党风廉政建设,落实党风廉政建设责任制,通过班子会议、主任碰头会议和廉政形势分析会等形式,定期专题研究党风廉政建设和反腐败工作18次。组织开展处科级领导干部配偶、子女从业情况自查,抽查11人,均未发现违规情况,围绕干部职工裸官、企业兼职任职,以及处级以上干部高校和科研院所兼职情况排查240人次。联系特约监督员27人次,发放外出执法监督告知单148份、电话抽查回访22次,均未收到不良反应,"好差评"系统好评率为100%。

【队伍建设】2021年,禅城办制定"两清单一目录",优化考核评优体系,围绕政策研究、新闻宣传、业务改革等制订"正面清单"14方面21条指标,通过正向赋分激励营造"比学赶超"氛围。制订"负面清单",实行"一票否决"、反向扣分,促使干部职工坚守底线、不越红线。每季度对照正负面清单下发"参考指标目录",确保干部考核工作贴合实际、发挥考核工作指挥棒和风向标作用。加强荣誉体系建设和先进典型培树,把荣誉体系建设和先进典型培树放在党建工作的突出位置,探索建立"制度规范化、选树年轻化、管理精细化、服务常态化"典型选树工作机制。加强与地方党团工青妇等部门沟通联系,挖掘身边好人好事,宣传海关精神文明建设成果,参与地方荣誉体系建设,扩宽荣誉争创渠道。擦亮志愿服务"金"字招牌,推进"曲韵悠扬"、禅心助学、疫情防控、无偿献血等志愿服务活动,以点带面促进全办干部职工参与,志愿服务队、志愿服务项目先后获评省级荣誉。做好综合服务，让员工感受关爱。年内，组织293名干部职工进行健康检查，为2名干部申请重大疾病救助。建立"爱心妈妈工作台"，为干部解决子女就学难问题，常态化组织生日慰问271次，节日慰问1,143人次，困难帮扶21人次，成立8个运动兴趣小组，开展"金牛送福"线上游园会、健康月等主题活动10场。为老同志、老党员订阅《秋光》《老人报》等杂志199份，定期发布老年人特殊群体疫情防控指引，慰问住院退休干部11人次。

【行政管理】2021年，禅城办贯彻落实中央八项规定精神，加强机关作风建设。抓办文效率、批办质量及重要工作办理质效，每月通报处科级领导办文时效，及时督促提醒，加大会议议定事项及领导批示要求督办力度，全年督办事项90项。把握过"紧日子"主基调，开展节约型机关创建工作。开展督察审计，提升监督实效，着眼重大决策部署的落实监督和关区重点业务领域风险防控，统筹开展专项督察工作6项。综合运用数据分析、视频远程监控、跟班作业等方式，围绕55项核查要点全面开展专项审计自查工作，开展科室管理审计2次。深化内控节点指标体系应用，推广内控节点岗位清单制管理。做好2020年第二轮巡察、危化品进出口监管专项巡察整改后续工作，组织开展自查自纠，制定整改措施10条。推进法治建设，提升依法行政水平。健全完善理论学习中心组学法、领导讲法、法律顾问和公职律师咨询、法律工作小组等法治宣传教育制度，编制2021年办事处普法工作计划及普法责任清单、行政执法音像记录数据保管办法。创新普法形式，创作民法典普法小剧场和国门生物安全政策宣传视频5条，政务服务科及1人分别获评广州海关依法行政先进集体和个人。及时调整完善对外窗口政务公开内容，推动窗口作业标准化、程序规范化，答复禅城区睿智城市服务平台咨询30次，主动公开政府信息21条，依法依规办结政府信息公开申请2宗。

【口岸监管】2021年，禅城办监管进出口货物63.5万吨，货值12.1亿美元，同比分别增长48.5%和17.2%；进出口货物检验检疫2万批次，货值75.7亿元，同比分别增长34.5%和82.7%。为筑牢口岸监管防线，维护国门安全，禅城办落实"人物同防"防控策略，做好口岸疫情防控。办事处领导轮流到三级监控指挥中心开展线上检查和督促指导21次。优化关地联防联控机制，配合地方专班做好粤港跨境运输车辆及司机入境闭环管理，跟进做好白云机场入境人员分流到佛山后续事宜，实现与地方疾控部门检测结果互认、疫情信息和传染病病例报告互通。织密生物安全防控网，开展国门生物安全和病媒生物监测28次，口岸现场卫生监督和食品安全监管8次。加强重点敏感商品监管力度，年内检出1批次不合格进口食品并按要求实施退运，检出不合格进出口危险品31批、进口商品24批。

【打击走私】2021年，禅城办贯彻落实习近平总书记关于禁止"洋垃圾"入境、打击象牙等濒危物种及其制品走私等重要指示批示精神，开展"国门利剑2021"、"蓝天2021"、打击治理"水客"、打击跨境电商进口走私"断链刨根"、"邮包会战"等专项行动，完成邮包案件520起，销毁涉案危化品、侵犯知识产权及商检不合格物资3批次，检出不合格再生金属179批次。强化跨、快领域走私风险研判和现场监管，查获涉含濒危动植物成分物品快件980票，涉含易制毒成分物品196票，查获夹藏枪管9支并经地方公安扩案调查后查获各类枪支弹药等6,000余件，刑事立案10起。保持打私高压态势，完善"打防管控"工作机制，与缉私部门建立联络员制度，对接地方开展打击走私联合执法行动，健全完善案件线索移交接收、案件反馈通报机制，形成全员打私大格局。全年查发涉检案件1宗、"两简"案件20宗。禅城区外贸进出口值1,211.5亿元，同比增长18.6%。

【税收征管与稽核】2021年，禅城办税收入库3.7亿元，同比下降9.6%。签发各类原产地证书4.3万份，签证金额16.2亿美元，同比分别增长6.7%和24.0%，为企业获得境外税款减让5,200万美元。年内，依托税管指令等风险信息，以进口商品归类申报错误为突破口，梳理同类情况加大查发力度，查发涉税相关问题13宗，同比增长200%。利用电话、网络、会议宣讲等方式宣传主动披露政策，提醒企业自查自纠，年内收到主动披露13宗，为企业减免滞纳金十万余元。开展引入中介协助稽查工作，联合地方监管部门开展跨部门"双随机、一公开"联合抽查作业2次，整合执法资源，进一次门，办多件事，减轻企业负担。

【服务外贸】2021年，禅城办深化改革，优化口岸营商环境，推出通关便利12条措施，加强属地纳税管理服务，指导13家企业完成对美加征关税商品市场化采购排除，推广"全国一体化"申报模式，全年一体化税收2.8亿元，同比增长11.8%，占税收总量的74.2%。压缩通关时间，稳步推进"两步申报""提前申报"应用比例，推广移动远程监管模式应用，为企业节省成本300万元。施行RCEP原产地规则和关税减让政策，推广原产地证书自助打印和产地证智能审核模式，年内企业自助打印原产地证书近1.9万份，占全部可自助打印总数66%。加快监管场所智能化改造升级，年内投入使用CT机、X射线机，移动查验单兵设备注册率、执法记录仪联网率均达100%。

依托科技赋能，促进行业综合实力提升。依托中国WTO/TBT-SPS陶瓷评议基地，开展技术性贸易措施预警和通报评议，成功促使菲律宾陶瓷砖强制性认证制度推迟实施。完善广东出口陶瓷与建筑材料公共技术服务平台建设，将其打造成为广东省工业和信息化厅2021年"专精特新"指定服务机构之一，年内为中小企业提供免费和优惠检测3,266批次，减免检测费507万元。深入企业实地教学，为312家企业提供认证服务898批，提升企业应对国外技贸措施风险能力。

【促进地方发展】 2021年，禅城办主动服务，促进地方经济社会发展。发挥人大代表、政协委员在地方经济社会的履职作用，结合海关工作和地方经济发展实际，年内就推进码头迁建和促进跨境电商发展等工作建言献策，提升海关社会影响力。实施"企业升级计划"，采取分级培育、一对一帮扶模式加快培育步伐，指导企业申报中俄海关"绿色通道"项目，辖区企业对俄罗斯进出口值同比增长23.9%；新培育高级认证企业20家，同比增长567%，总数增至44家。促进佛山跨境电商综试区有序发展，推进阿里巴巴全球速卖通大件跨境出口项目发展进程，协助引进希音等知名站点入驻，打造跨境电商独立站出口规范样板。持续跟进外贸码头迁建工作，回应本地外贸企业就近进出口需求，促进外贸高质量发展。结合"我为群众办实事"和我办改革发展实际，年内在《南方日报》《佛山日报》及"学习强国"平台等媒体刊发稿件115篇次。

佛山海关驻顺德办事处

【概况】2021年，佛山海关驻顺德办事处（简称"顺德办"）内设科室16个，辖区内共有一类口岸1个、二类口岸4个、监管点6个，保税物流中心（B型）1个，涵盖货运监管、跨境电商和快件监管、旅客行李物品监管、卫生检疫、商品检验、动植物检疫、加工贸易和保税监管、关税征管、稽查、海关统计等业务。设有顺德新港、容桂、勒流、北滘、国通、顺德客运港等6个监管现场以及派驻顺德区行政服务中心办公点。顺德办在编干部职工254人，平均年龄47岁。其中公务员252人，占编工人2人。退休干部职工102人。年内，顺德办1名干部获"第七批广东省岗位学雷锋标兵"称号；2名干部获广州海关集体三等功，11名干部获广州海关集体嘉奖，1名干部获广州海关个人三等功，1名干部获广州海关个人嘉奖；1名干部获"广州海关三八红旗手"称号；1名干部被评为广州海关"2019—2020年度学雷锋志愿服务"先进个人；顺德办工会荣获广州海关"模范职工之家"称号。

【党建工作】2021年，顺德办把党史学习教育作为一项重大政治任务，制订5项26条具体措施清单，加强组织领导，压实"处领导班子—机关党委—党支部—党员"四级主体责任，组织开展理论学习中心组（扩大）学习、专题读书班等专题研学活动10余次。组织好"党在我心中"全国海关党史知识竞赛活动，开展实地参观革命遗址、党性教育基地等沉浸式党性教育活动及"学史·铸魂"海关红色讲坛等学习活动，每日推送"党史上的今天"，开设"党史故事100讲"，每周推送"党史知识每周一考"，共计34期2,000余人次参与，编发党员学习体会50余篇。深化"四强"支部建设和党建品牌创建，年内北滘监管科党支部、国通监管科党支部获评广州海关"四强"支部、先进基层党组织。开展党支部联学联建20余次，依托"钉钉"平台直播功能定期开展"支部大讲堂"活动，提升基层党建整体水平。丰富"三会一课""主题党日"等组织生活形式和内涵，聚焦"基层党建制度落实中存在的薄弱环节"开展监督检查、自查自纠。统筹原有"党建文化长廊""党建工作室""党员之家"等党建活动阵地，做好"初心堂"建设，加大党建工作宣传质效，年内共维护、发布相关文章620余篇次。严格党员发展程序，统筹做好全年党员发展计划，年内发展2名预备党员，1名预备党员按期转正。坚持党建带群建，优化群团组织设置，制定工会文体协会管理办法，规范群团组织建设。实施青年理论提升工程，成立青年理论学习小组，涵盖40岁以下青年干部，结合党史学习教育开展党史青年讲堂活动。年内，顺德办设立机关党委1个，委员5名；设立机关纪委1个，委员3名；设立党支部18个（含1个技术中心党支部、1个离退休党支部），正式党员295名，预备党员1名，其中在职党员222名（含预备党员1名），退休党员74名，实现"支部建在科上"全覆盖。

【队伍管理】2021年，顺德办加强领导班子建设，严格落实"第一议题"制度，抓好学习研究和落实，年内组织学习"第一议题"制度内容文件、讲话、批示130余篇次，组织其他方面文件学习160余篇次。先后修订完善领导班子议事规则、贯彻落实"三重一大"决策制度实施细则、全面从严治党主体责任清单、关于重大事项议定规则等规章制度。通过加强领导班子权力运行制约、规范党内政治生活、制订责任清单、强化纪检监察特派员作用等方式加强对"一把手"和领导班子的监督，严明政治纪律和政治规矩。全面评估各科室各岗位的工作量，内部挖潜、将人力资源充实到一线岗位，年内安排高职级公务员到科室，结合专项工作小组充分发挥作用。探索建立干部政治表现纪实档案，规范选人用人议事程序，加强执法一线科长队伍建设，选送4名一线科长参与扶贫、巡察等关区重点工作，评优评先向执法一线科长倾斜。加大优秀年轻干部培养和使用力度，建立跟踪培养制度和成长档案，按照"一人一策"为26名青年干部量身定制培养计划。以联学联训为抓手提升干部业务水平，针对性安排不同业务、主辅岗及人才梯队培养结对147对，在行政执法类公务员中推动普及一般资质，建立卫检、动植检、食品、AEO认证等专业人才库，一线科室干部拥有2项以上执法资质占比69%，推进"国门生物安全（进境种苗、木材）业务实训教学点"创建工作。关爱干部职工，坚持以人为本，争取机关和地方政府支持，推进干部住院保障落实和社保清缴工作；与地方政府建立长效机制解决职工子女入托问题。抓好文化建设，创新"线上+线下"活动形式，开展新春送"福"挥春创作、第十届"厨神大赛"等活动及暖心工程，做好机关食堂改造、干部职工年度体检工作、干部职工家属医疗保障等相关工作。年内完成44名退休人员养老待遇核定。

【纪检监察】2021年，顺德办开展"现场监管与外勤执法权力寻租"专项整治，查找干部队伍存在的风险隐患和苗头性倾向性问题，对离职人员、干部配偶子女从业情况、假借海关名义获取不当利益等工作开展专项排查，党员领导干部共带队走访企业14家，发放外部问卷调查110份、内部问卷调查269分，召开特约监督员座谈会1次。抓好有效整改落实，立足"当下改"，制订整改方案，确保发现问题整改到位。推动"长久立"，针对总署检查组实地检查反馈的相关意见及自查发现相关问题，完善配套制度建设，建立健全重要岗位执法、廉政风险及防范措施等规章制度。抓好准军事化纪律部队建设，班子成员、高职级公务员定期到执法一线蹲点调研。严格落实"双随机、一公开"、双人作业、外出执法监督告知、视频监督等制度，严格按规定使用移动单兵、执法记录仪等设备，落实全方位监督，年内共向相关企业发出并收回《外出执法监督告知单》902份，经回访未发现异常情况。加强干部队伍准军意识日常养成，规范对外窗口设置和班前列队要求，每月通过视频检查、平时抽查、实地检测相结合的方式开展内务规范管理工作检查评比并颁发流动红旗，干部队伍纪律作风等情况持续向好，"好差评"系统企业评价满意率100%，对外窗口实现"零投诉"。

【口岸监管】2021年，顺德办坚持"人、物、环境"同防，抓实抓细疫情防控工作，通过加强风险研判，做好疫情信息收集工作；严格水运口岸卫生检疫，推进来往港澳小型船舶船员新冠病毒疫苗接种工作；严格落实进口冷链食品查验监管要求，全年共实施预防性消毒21票，消毒货物42标柜，482.4吨货物。抓好安全防护培训及考核，对48人次实施入境人员卫生检疫和进口冷链食品安全监管的高风险岗位人员开展封闭管理工作，成立疫情防控安全防护工作小组，组建覆盖全办的24名专职安全防护监督队伍，建立健全"五个一"检查督查体系，年内共组织疫情防控专项督查6次、视频检查100余次，对发现的问题建立整改台账，开展新冠肺炎疫情防控应急处置演练3次，提升科学高效应急处置能力。加强对重点商品、重点业务领域监管指标数据分析和监控，提升风险防控效能。建立"企业主体—原产地—中转地—舱单—物流—查验—退运"全链条监管体系，提高口岸实际监管能力和执法统一性，年内对434.1吨被鉴定为固废的货物实施退运。与顺德安全生产委员会、联检单位、码头经营单位等部门单位建立联动机制，共同做好危化品监管工作，依法查处3起危化品伪瞒报行为，及时通报顺德安全生产委员会。织密国门生物安全防护网，完善国门生物安全监测防控体系，全年共计检出有害生物83种、530种次，其中检疫性有害生物8种、31种次。严把进出口检验关，全年共检出进口食品化妆品不合格83批次。集中力量开展"龙腾行动2021"，加强知识产权海关保护，全年共办理知识产权侵权案件10起，涉及侵权货物2万多件。

年内，顺德办共监管申报进出口货运量979.4万吨，同比减少3.9%，货值2,664.6亿元，同比增长23.8%；其中顺德口岸进出口岸货运量482.4万吨，同比增加11.5%，货值648.5亿元，同比增长32.5%。税收累计入库32.56亿元，同比增长16.19%。地区外贸进出口总值2,481.5亿元，同比增长22.5%；出口2,055.5亿元，同比增长20%；进口426亿元，同比增长36.4%。12月，进口整体通关时间为12.68小时，出口整体通关时间为0.67小时。

【海关稽查】 2021年，顺德办推进稽查业务改革，持续提升后续监管效能。率先开展核查领域部门间联合抽查、第三方检验结果采信、企业自查结果认可模式等放管服改革事项，助力企业减负提效。聚焦稽查业务改革方向，增强稽查作业计划性，建立集体讨论集中研判机制，坚持"查、审、处"分离原则，提升作业质量。加强在办作业时效管理，定期开展稽查作业规范性内控检查，规范探索"学习+实战"稽查能力拔高模式，提升稽查队伍查发能力。加强辖区企业进出口数据动态监测，建立健全联合分析研判机制，选取重点企业和关键环节开展风险研判。年内，办结稽查作业64宗，接收核查指令291条，办结率100%，制发核查建议书4份；办结一般程序行政案件914起，行政案件结案数1,264起。

【查缉走私】 2021年，顺德办坚持以舱单管理为主线，完善每日舱单信息综合运用，加强船边装卸监控及吉柜改装夹藏监管，加强H986使用，对敏感商品加大自主分析布控，应用"智慧海关"信息化系统、高清摄像头等辅助工具，对码头监管区开展常态化巡查，对"滞港未提"等货物加强处置。开展"国门利剑2021"联合专项行动，重点打击"水客"、涉枪、毒品以及濒危动植物制品、成品油、冻品等重点涉税商品走私。加强与地方公安执法合作，建立健全联合办案机制，推进打击内河水域走私工作。全年共办理行政立案1,428宗，案值2亿元；刑事立案39宗，案值29.7亿元。开展打击跨境电商零售进口走私"断链刨根"专项整治行动，对某物流公司开展专项稽查，涉嫌虚假跨境电商交易货值346万元。

【税收征管】 2021年，顺德办提升属地纳税人管理和服务水平，加强原产地管理，提高税收征管质量，推广关税保证保险、汇总征税、自报自缴等便利措施，引导生产企业自主进口原料，推动更多本地优质税源合理回流。开展"企业集团财务公司担保"改革试点，年内为16家参与改革试点企业实现税款担保7,917万元。结合RCEP原产地规则、区域累积、关税减让和直运规则等重点，先后联合地方商务部门组织大型政策宣讲会2次，超过200家企业、300余人次参加。

【业务改革】 2021年，顺德办深化加工贸易改革，促进国内国际双循环，将辖区内13家企业优先纳入企业集团加工贸易改革试点，成功办理广州海关关区首个企业集团业务和首票跨关区保税料件调拨。支持顺达电脑开展保税维修业务。核准29家加工贸易企业实施"深化以企业为单元加工贸易监管模式"，占广州关区20%。全年，顺德加工贸易实际进出口值699.8亿元，同比增长37.5%，实际运作加工贸易企业184家，内销征税1.16亿元。深化湾区口岸物流一体化改革，为辖区产业经济发展添加动力。创新谋划推进"湾区一港通""组合港"项目，实现"内河—海运"码头资源的集约优化，助力企业打通国际物流节点。通过改革，顺德进出口货物直接共享一线海港152条物流航线资源，覆盖至全球六大洲，为制造业高质量发展助力。推动"湾区一港通"项目和"蛇口—顺德新港/北滘港组合港"优势互补，促进口岸集群一体化融合发展，同时依托"单一窗口"、物流信息管理平台等手段，综合运用船舶信息、轨迹、视频等数据，实现监管全流程无纸化、系统化。至年底，通过"湾区一港通""组合港"方式运转的进出口集装箱66,182标箱，货运量25.1万吨，货值72.6亿元，超过300家生产型企业、15家船公司、130条驳船主动参与。

【服务外贸】2021年，顺德区外贸进出口总值2,481.5亿元，同比增长22.5%，占广东省外贸总值的3%。年内，顺德办立足海关职能、政策，聚焦优化营商环境、便民便企服务等方面，确定"我为群众办实事"实践活动项目清单事项12项、39条。结合海关"三进"活动，组织开展辖区外贸企业调研800余家次，为重点企业、行业制定"一企一策"服务措施，支持优质食品进口，保障塘鱼、花卉等优势农产品出口，促进本地竹木草生产出口。针对香港往返顺德等码头船舶停航，创新采用"异地入境、属地检验"监管方式支持珠宝产业复苏，服务辖区特色产品新造集装箱扩大出口，为制造业出口纾难解困。协调广东生生农业集团打通"内陆—沿海"互联互通通道，支持湖南内陆特色鲜活水产品通过集团注册中转场接驳运输供应香港市场。

【支持地方发展】2021年，顺德办立足优化外贸结构，支持地区发展。加强与顺德区政府沟通，推进佛山综合保税区申建、顺德临港经济区建设等重点项目，合力推动"临港经济区"项目从概念形成到落地推进，结合"临港经济区"规划，对接辖区特色产业做好跟进服务，在项目引进、产业培育方面主动发挥作用。支持协调佛山综合保税区选址调整至顺德，跟进报批手续流程。支持推动顺德新港扩大开放，承接国家一类口岸货运功能，将顺德新港纳入亚洲国际家具材料交易中心市场采购贸易方式试点的指定申报口岸，支持顺德新港二期开工建设。对接服务地方"十大超2000亩现代主题产业园"项目建设，增强海关工作影响力。深化海关业务改革，协调推动在大湾区内实现风险布控、货物查验、纳税企业管理等业务领域的一体化，促进各类要素自由流动。

【优化营商环境】2021年，顺德办着力优化营商环境，提升跨境贸易便利化水平。深化"两步申报""两段准入"改革，扩展"船边直提"和"抵港直装"模式应用，在各口岸全面实现海关查验信息推送。推进"企业升级计划"，在广州关区率先与地方政府签订《共同促进企业升级合作备忘录》，探索实施AEO企业线上实地认证模式，推动RCEP协定相关政策落地，联合开展"海关进企业""外贸大讲堂"等宣讲活动40余次，覆盖辖区400余家外贸企业，全年共有53家企业通过高级认证作业，完成17家高级认证企业重新评估工作，高级认证企业已达115家。落实广州海关政务服务窗口业务"通办"有关工作，对涉及的广州海关48个"通办"事项进行梳理，让企业、群众少跑腿。支持鳗鱼等顺德特色产品应对国际贸易争端，帮助顺德商品顺畅出口全球。年内，顺德办共获赠社会各界感谢信16封、锦旗10面。紧贴制造业实际需求，促进市场采购和跨境电商健康发展。加强属地管理职责，加大对企业的巡查及稽核查力度，对注册地址失实、涉嫌虚假贸易等风险线索及时移交处置并向地方部门通报，促进新型贸易业态发展。推进跨境电商与制造业结合发展，支持企业运用跨境电商B2B、海外仓等平台扩大海外市场。

佛山海关驻南海办事处

【概况】2021年，佛山海关驻南海办事处（简称"南海办"）内设15个科级机构，设有三山港、九江、北村、桂江、官窑5个监管点和1个综合业务办理大厅，其中一类水运口岸1个、二类水运口岸2个。业务门类齐全，涵盖通关监管、进出口关税及其他税费征收管理、卫生检疫、动植物及其产品检验检疫、商品检验、企管稽查、海关统计、查缉走私等类别。监管商品种类繁多，主要进口货物有汽车配件、再生金属、木材、机械设备、塑料原料、冷冻水产品等，主要出口货物有显示屏、机电产品、铝型材、陶瓷、服装、家具等。南海办共有在职在编干部职工329人，其中公务员291人、行政编工人3人、事业编35人；退休人员121人。下设17个党支部，在编行政编制中共党员228人，占比77.5%。

【党建工作】2021年，南海办推动"第一议题"制度落实，在党史学习教育、基层党建提质增效等重点工作方面走深走实，确保各项举措落地见效。首创重点抓落实闭环管理办法，年内开展督查4次，实施督办57次，制发台账171项，持续推动政治要件常态落实。同时加强党史学习教育，处班子带头开展党史集中学习58次，组队参加佛山市、南海区两级党史知识竞赛分别获第4名和集体金奖；着力推进55项"我为群众办实事"项目清单高质完成，解决问题75个；年内获评南海区"放管服"改革标兵单位，组合港业务获评佛山市百佳重点民生展示项目，"我是国门卫士"志愿服务获评广东省"益苗计划"重点培育项目；在建关30周年之际推动关史陈列馆建设，12月28日，南海办关史陈列馆正式落成。通过抓基层、严基础，抓好基层党建工作，年内开展2轮党组织建设专项整治，发展党员6人。4月，三山港监管科党支部、政务服务科党支部获评广州海关"四强"支部，7月，三山港监管科党支部获评"全国海关基层党建示范品牌"。

【队伍管理】2021年，南海办着力提升干部履职能力建设，细化10类18项处班子在新征程中充分发挥领导作用的落实措施，制定"三重一大"决策制度实施细则，召开处领导班子会、处长办公会63次，落实议定事项146个；结成171对互帮互学对子，组织76次岗位练兵、实战培训，全年共12人考取高级资质，推动全体干部执法能力稳步提升。加强荣誉体系建设，培树全国海关机要保密劳动模范、佛山市抗疫先进个人等荣誉64项。

【纪检监察】2021年，南海办推进"现场监管与外勤执法权力寻租"专项整治，落实整改措施。加强科室巡察整改，借助科室巡察整改契机，开展覆盖各科室的综合检查及科室审计，完善查验规范清单、科室管理手册等规章制度。

【口岸监管】2021年，南海办监管进出口货运量577万吨，同比减少15.8%；进出口货值153亿美元，同比增长14.4%；报关单16万份，同比减少18%；进出口集装箱57万标箱，同比减少8.6%。口岸管理方面，8月16日，顺利启动南海九江—深圳蛇口组合港业务，全年共办理组合港业务403份，集装箱标箱1,470个。8月19日，南海南港码头有限公司终止经营，平洲南港码头关闭，南海办管辖口岸变为三山、九江、北村、桂江、官窑。年内，南海办加强重点商品监管，梳理对照再生金属国家标准、监管执法释疑等执法依据，形成覆盖申报前查看、视频监控、录证等41项节点的操作规范清单，提升查验关员知识技能及查发效能。全年共查获走私进口固体废物案件61宗，责令退运固体废物1,902.6吨，查发濒危物种5宗。持续强化危化品监管，建立"日常巡场+月报"制度，排查监管作业场所内滞留危险品货物，严控超期超范围经营。同时通过优化智能审图制图工作，累计扫描摆放有管制刀具的道具集装箱153次，获取有效刀具图片共4,743幅；对进口再生金属机检历史图像进行标注，向总署报送制图300余幅，提高相关违禁品以及固废的识别能力，深化监管装备智能化应用。加强知识产权保护，年内开展"龙腾行动2021"专项行动，打击进出口渠道侵犯知识产权的不法行为，全年共查获侵犯知识产权8批次，涉案货物4.2万件。

【税收征管】2021年，南海办在税收征管工作中注重开拓优质税源，推动建立香港—三山港进口水果快线，做好电解铜、无纺布、煤炭等异地税源回流工作；协调解决佛山地区药食同源商品进口问题，推动药食同源商品进口。全年税收入库72.71亿元。在减免税政策落实方面，主动对接南海科技强区战略，创新性采取多元化担保、"正面清单管理+技术性能审核"减免税审核模式，支持科研用品减免税进口，为季华实验室等重大科创平台减免税款4,884.6万元，同比增长79.3%。加强原产地管理，推广应用智能审核、自助打印、"两证合一"等服务，全年签发原产地证书3.79万份，为企业减免税款4.58亿元。推动企业合规申报，年内围绕规范申报、归类、价格、原产地等开展专业培训，重点对 RCEP 享惠企业实施有效精准帮扶。

【查缉走私】2021 年，南海办推进及参与"国门利剑2021""邮包会战"等打击走私专项行动，抽调专人组成工作组，共办理移交邮包案件数 120 宗；推进打击跨境电商进口走私"断链刨根"专项整治行动，配合缉私部门成功打掉 2 个跨境电商渠道"水客"走私团伙，案值 3 亿元；修订印发关警联系配合办法，进一步畅顺关警协作配合机制，提升全员打私合力。全年共查发各类案件 603 宗，其中，"两简"案件 361 宗，一般案件 226 宗，刑事案件 16 宗。

【保税监管】2021 年，南海办优化加工贸易管理，以"海关信用管理+技工贸易"为发力点，推进认证企业适用"以企业为单元加工贸易监管模式"，鼓励企业内销集中征税，全年内销征税 8,000 万元，货值超 5 亿元；保税仓库一线进出境货物值 30.72 亿元，同比增长约 17%。年内，推动企业集团加贸监管模式改革，宣传覆盖辖区 150 余家加贸企业，成功引导美泰集团旗下 2 家企业参与试点，并探索企业集团跨关区运作方案，全年辖区企业完成集团间保税物料流转 500 万元。促进保税物流体系升级，引导辖区保税仓库优化布局、扩容增效，发挥检验检测实验室优势。推进重点项目建设，紧贴地方重点需求，创新推行"一项目一专班"的跟进服务模式，围绕保税物流中心（B 型）、多式联运、跨境电商产业园建设开展政策研究和实地调研，推动国家物流枢纽佛山国际陆港项目建设，8 月，佛山国际陆港保税物流中心（B 型）获广东省人民政府同意设立。

【统计分析及政策研究】2021 年，南海办着力抓好统计分析，加强政策研究，年内报送各类论文 25 篇，其中 1 篇获广东分署、广州海关学会"推进外贸高质量发展"主题征文活动一等奖，5 篇论文分获广州海关 2020 年度优秀论文二三等奖。做好建言献策，主动围绕支持南海科技发展、助力打造一流营商环境、推动 AEO 高级认证、外贸形势分析研判等专题，全年报送各类专报 29 份。

【企业管理与稽查】2021 年，南海办推进政务服务改革，创新推动"关地协同""全区通办""线上海关"3 种模式，实现 131 项海关政务服务事项在线办理，行政审批事项 100% 实现网上受理，并将 8 项海关高频查询事项嵌入"南海通"App，59 项海关服务事项办理嵌入"南海政务智能柜台"；将政务服务窗口单点辐射至辖区 6 个监管口岸窗口延伸服务"触角"，推动实现 50 项事项"全区通办"和广州关区 7 地市"跨市通办"，成为地方"放管服"改革标兵单位。全年共依托线上海关办理企业备案 1,293 宗、变更 811 宗、注销 348 宗，在监管现场窗口快速受理"全区通办"业务 37 宗；与天河海关、驻禅城办"跨市跨区"通办业务 6 宗。同时施行"企业升级计划"，主动对接"十百千"工业企业培育计划，联合南海区经促局深入7个镇街对350家企业开展政策宣讲，筛选关区优质进出口企业150余家，培育康德福医疗、舒驰容器等34家企业通过海关高级认证，同比增长8.5倍。在提升稽核查效能工作中，年内开展两轮进口再生金属行业专项稽查行动，覆盖73家企业。

【风险管理】2021年，南海办优化三级监控指挥中心实体化运作机制，建立"处领导每周轮值督导+定期专项督导+专人每日视频检查"制度，对辖区口岸疫情防控、内务规范、安全生产、查验作业规范性等重点工作进行检查，1—11月，累计开展29次专项督导检查，自主下发核查联系单21份；强化视频监控运维，新增、修改查验场地、卡口、堆场、围网等区域摄像头102个，约占广州海关总数的11.6%，在线率99%以上。

【督查内审】2021年，南海办着重抓好内控节点岗位清单基层示范点建设，以三山港码头构建基层单位内控节点岗位清单示范点为契机，探索构建综合内控节点岗位清单体系，全年开展内控专题培训3次，制订科室内控节点岗位清单15份，建立内控节点388个；推动基层内控复核台账记录的规范化管理，建立控制清单管理台账163份。抓好科室审计，年内对下设的查检科、三山港物流监控科、南海机检集中审像科开展审计。

【卫生检疫】2021年，南海办加强口岸疫情防控，完善常态化联防联控机制，坚持"人、物、环境"同防和"多病共防"，全年共检疫进出境船舶4,710航次，船员核酸采样1,697人；共实施进口冷链食品风险监测371批次，累计采样379个集装箱，采集核酸样本8,241份；开展疫情防控实时或视频检查125次。加强口岸卫生检疫监督，全年共实施餐饮服务单位卫生监督33次，储存场地卫生监督16次；指导口岸实施病媒生物监测53次，截获输入性病媒生物鼠类2次，均为广州关区首次截获。

【动植物检疫】2021年，南海办加强进境动植物检疫，紧盯高风险动植物及其产品检疫，对进境观赏鱼、种子种苗、水果、粮食、皮张羽毛等大宗、高风险的动植物及产品，持续做好口岸检疫、运输、隔离检疫等环节监管，全年共监管进口各类观赏鱼2,534批次，从进境货物中检出及截获疫情185批次，其中检疫性有害生物25批次；检出广州海关关区首批来自美国的不合格鱼溶浆粉。做好进口粮食调运后续监管，年内全面排查出入库台账、粮食运输、储存、装卸加工和下脚料处理情况，对企业及周边环境（包括运输装卸点和运输线路）进行全面外来生物及杂草监测，发现并要求企业铲除长芒苋、薇甘菊、假高粱等6种外来检疫性杂草。

【食品检验检疫】2021年，南海办共完成进出口食品化妆品国家安全监督抽样

480批次，检出进出口食品不合格共12批次，其中进口食品退运9批、销毁1批，2批次出口食品不合格不予出口。

【商品检验】2021年，南海办检验进口旧机电产品233批次，检出不合格40批；检验进出口危化品1,381批，其中进口不合格3批、出口不合格14批。落实法检目录外抽查工作，共抽取进出口商品17批次，其中进口不合格8批、不合格率为57.14%。

【政务管理】2021年，南海办做好政务公开及信访工作，不断提升自身网站建设能力水平，政务运行平台建设连续三季度获机关评级为A类（优秀）。提高办文办会质量，着力提高"三办三服务"水平，优化会议统筹管理，增设季度综合研判会，优化形势分析及工作督查例会等会议机制。

【财务管理】2021年，南海办着力抓好财务保障，抓好节约型机关创建，严格控制"三公经费"和"五项经费"支出，做到"只减不增"；大幅压减能耗支出，倡导低碳环保办公。落实涉案财物处置，年内共移交走私冻品3,553吨、走私货物390项、涉案船舶26艘等一批；销毁涉案酒品250瓶、"三无"船舶29艘、侵权香水等货物29,121件、邮包案涉案财物近万件。

佛山海关驻三水办事处

【概况】 佛山海关驻三水办事处（简称"三水办"）是隶属广州海关辖下佛山海关派驻佛山市三水区的处级办事处，处领导1正2副。2021年1—10月，内设科室9个，11月精简为8个，分别是：办公室、综合业务科、分析预警科、政务服务科、三水港监管科、跨境电商科、稽查科、查检科。同时佛山海关综合技术中心在三水办设立三水综合技术服务部，承担三水办内务和后勤保障等工作。截至年底，三水办实有人员81人，包括公务员61人、事业编制人员6人、合同制职工14人。2021年，三水港监管科党支部被评为广州海关"四强"支部和先进基层党组织，18人次获广州海关或地方各类荣誉。

【政治机关建设】 2021年，三水办以班子建设为重点，加强政治机关建设，严格落实"第一议题"制度，年内领导班子以班子会、主任办公会、形势分析会等形式累计开展"第一议题"制度学习45次；加强政治机关意识教育，年内召开专题民主生活会1次，研究全面从严治党主体责任、意识形态及党建工作4次，班子成员、党支部书记上党课19次。贯彻落实"三重一大"决策制度，健全党建工作机制，深化基层党组织规范化建设，巩固拓展"强基提质工程"成果，加强基层党建荣誉体系建设，完善正面激励清单，激发干部干事创业热情。

【党史学习教育】 2021年，三水办以党史学习教育为主线，加强干部队伍党性培养。开展党史学习教育，综合运用中心组理论学习、读书班、"三会一课"、主题党日等形式，推动党史学习教育融入日常、抓在经常，形成长效机制、发挥长效作用。全年组织开展中心组学习13次，参加读书班2次。规范"初心堂"党员活动阵地建设，用好海关和地方红色资源，定期组织党员干部开展党史学习专题研讨、理论研究及党性教育基地参观学习等主题活动，传承红色基因，践行初心使命。

【专项整治】 2021年，三水办以"现场监管与外勤执法权力寻租"专项整治为抓手，加强清廉海关建设。在落实广州海关党委要求开展专项整治活动中，领导班子扛起主体责任，规范履行"一岗双责"。

推进纪法教育和警示教育，对80余次外出执法执勤进行监督检查和电话回访。全面开展整改工作，对总署检查指出的问题，剖析原因和责任，进行排查和整改落实，基层执法权力运行更加规范。

【政务及后勤保障】2021年，三水办增强财力保障，提升地方综合保障水平。合理压减支出，制订过"紧日子"工作方案，落实压减经费、控制消耗性开支等4方面8项措施，年度财务预算总体平衡，保障各项工作有序开展。聚力民生工程，落实为群众办实事，听取干部职工意见建议，结合业务发展及民生保障需要，对办事大厅、档案室、党建活动室、职工之家、食堂强弱电及花园绿化等项目进行提升改造，改善办公生活条件，解决群众后顾之忧。

【口岸监管与优化营商环境】2021年，三水办申报口岸货运量337.6万吨，同比增长40.3%；进出口岸货运量222.1万吨，同比增长63.9%；全年监管进口再生金属7.12万吨，监管进口小麦等粮食9,506.07吨。共验放跨境电商直购进口清单17.35万票，总值1.48亿元，首次监管新造集装箱出口，开设出口新箱特快专窗，助力6,445个（95批次，货值4,016.85万美元）新造集装箱出口。首次拓展供港澳砂石出口业务，验放68.07万吨出口香港砂石。助力提升大湾区物流运转效率，"湾区一港通"、组合港口岸通关建设项目均顺利完成首票出口，通过此模式出口货物已达7,600标箱。支持广州关区保税仓储企业首次开展葡萄酒贴标加工业务，监管进口入仓小标签葡萄酒31.27万瓶，已加工完成16.82万瓶。按照总署改革部署，推进"提前申报""两段准入""两区优化""两步申报"等措施，加快通关效率，年内三水办采用"提前申报"模式申报共4.3万份报关单，应用占比达77.62%；采用"两步申报"模式申报共有3,045份报关单，应用占比达22.53%。12月，三水办进口整体通关时间8.59小时，出口整体通关时间0.32小时。

【税收征管】2021年，三水办加强综合治税，确保税收安全，深化属地纳税人管理，引导属地税源回流，企业属地纳税占比89.58%。结合实际深入开展税政研究，形成调研报告12篇，完成实际税收入库17.72亿元，增长23.13%。加强税收征管指标核查，每月定期监控业务现场相关指标完成情况，确保税收应收尽收。

【查缉走私】2021年，三水办加强风险管控，依托大数据资源精准靶向开展风险监控分析，加大重点商品专项风险监测分析力度，增强精准分析布控能力。落实"国门利剑2021"、打击"水客"及跨境电商进口走私"断链刨根"等专项整治行动部署，打击"洋垃圾"、重点涉税商品、涉枪涉毒、农产品、象牙等濒危动植物及其制品走私行为，实现全链条打击治理，提升反走私"打、防、管、控"整体效能。全年共查发案件308宗，其中移交刑事立案11宗，办结涉检案件2宗，办理"两简"案件135宗。

【企业管理和稽查】2021年，三水办加强事后监管，稳步推进稽核查工作，依托核查领域改革提升监管效能，推进核查领域部门间联合作业改革，探索"互联网+"风险分析，发挥第三方机构专业技术优势，完成12种作业类型核查作业75宗。加强企业信用管理，推进"企业升级计划"，成立办事处主任为组长的工作攻坚组，加大调研和政策宣讲力度，建立待培养认证企业库。通过设立AEO企业服务优先窗口，深入推进高级认证企业免担保业务，提升企业获得感。年内完成高级认证11家，增长78.6%。推进"互联网+主动披露"改革，加大政策解读宣讲力度，提升后续监管效能，年内主动披露作业7宗，减免滞纳金3.11万元，平均办结时间7.26天。助力三水出口物流发展，支持粤港澳大湾区三水至南沙"一港通"和三水至深圳蛇口"组合港"口岸通关建设，拓宽三水出口物流渠道，出口货物从申报至结关时长缩短超10天。帮扶企业充分享惠，年内共签发各类原产地证书8,653份，签证总金额4.17亿美元，同比分别增长10.75%和25.55%，帮助企业获得关税减免1,842.67万美元。免除查验没有问题吊装、搬移、仓储服务费150.98万元，同比增长93.84%，惠及企业516家。助力辖区企业抢抓RCEP窗口期，结合实际制订重点企业RCEP对口帮扶方案，为企业获得RCEP成员方关税优惠7,894.54万元。丰富关企沟通渠道为企业纾困解难，搭建关企线上沟通平台，提供24小时在线服务为企业答疑解惑，精准帮扶企业享受改革红利。推进原产地证自助打印及联网核查等政务服务事项在线办理，通过数据"多跑路"，实现企业"少跑腿"。

【检验检疫和疫情防控】2021年，三水办加强检验检疫，维护国门安全，压紧压实属地管理责任，卫生检疫、商品检验、食品安全、动植物检疫和病媒生物监测等工作按年度计划完成。年内首次检出广州关区内进口牙刷检验不合格案例；检验进出口危险化学品155批，检出并规范整改10票不合格案例；监管供港生乳209批，3,999.77吨，同比增长近13.7倍，其中检出不合格并规范处置3批；运用CAAS远程监管121票，提升监管效能。加强疫情防控工作，把好口岸疫情防控关，成立疫情防控专班，细化制定12个疫情防控工作制度，坚持以"最全面、最严格、最彻底"的措施，做好疫情防控工作。重点加强来往港澳小型船舶船员的防控管理，依托地方联防联控机制，实现全员核酸检测等纳入地方保障；加强口岸码头前沿区域分区管理，堵塞入境船员闭环管理工作漏洞；强化"人物同防"工作，定期对查验场地及码头前沿泊位进行喷洒消毒；年内组织开展13次口岸疫情风险隐患排查工作，发现并规范整改问题16个；共监管进出口船舶1,855航次。做好内部防控管理，加强办公区出入管理，建立密闭空间定期消毒、饭堂分时分批就餐制度，实时掌握干部职工健康状况，确保内部防控安全。

佛山海关驻高明办事处

【概况】佛山海关驻高明办事处（简称"高明办"）是副厅级隶属海关派驻机构（正处级），业务范围涵盖进出境监管、税收征管、查缉走私、编制海关统计、进出口卫生检疫、进出口商品检验等方面。驻高明办共有正科级科室8个：办公室、分析预警科、综合业务科、稽查科、查检科、珠江码头监管科、食出码头监管科、卫生检疫科（人事政工监察科于11月1日撤销）。年内在编公务员74人。

2021年，珠江码头监管科党支部获广州海关"四强"支部和先进基层党组织称号，多人次获评广州海关优秀共产党员、优秀党务工作者。多个集体和个人荣获"佛山市先进集体""广州海关三八红旗手""佛山市创建全国文明城市先进通报表扬个人""佛山市最美家庭"等多项荣誉。

【党建工作】2021年，高明办严格落实"第一议题"制度，组织开展中心组理论学习12次，将学习贯彻中共十九届六中全会精神与学习领会习近平总书记重要讲话重要指示批示精神结合起来，形成以处班子为车头、科领导为重点、党员干部为基础的"三级联动"学习机制；成立青年理论学习小组，将40岁及以下干部均纳为组员，组织开展理论学习研讨。迅速传达学习两级海关工作会议、全面从严治党会议精神，因地制宜明确重点任务共5个方面、20项工作任务、84项细化措施，在全年工作中统筹推进落实。

【党史学习教育】2021年，高明办成立党史学习教育领导小组，制订工作方案，细化任务清单5大类22项，打造"2+6"党员活动主阵地，在机关大楼、珠江码头建设高明特色的"初心堂"，组织各支部开展专题学习12次、专题党课10次。将"我为群众办实事"实践活动作为开展党史学习教育重头戏和发力点，制订工作清单35项，年内完成机关大楼洗手间修缮、天井玻璃棚改造、大院绿化补种等民生工程；推进创建广东省无烟党政机关，初步通过市级抽查评估；推动垃圾分类落地落实，工作成效获佛山电视台专题报道。围绕国门安全、便民利企、关爱基层等方面开展"三进"活动116次，其中"广州海关聚焦'急难愁盼'问题，助力岭南特色水果走俏国际市场"入选总署第三批"我为群众办实事"百佳项目。

【廉政建设】2021年，高明办坚持全面从严治党主基调，制定全面从严治党工作会议重点工作任务分解表和推进党风廉政建设和反腐败工作重点工作任务分解表，健全制度、完善内控、推进规范发展。配合开展市场采购专项监督调研，组织领导干部配偶、子女及其配偶从业情况抽查18人次，未发现异常情况；每月开展内务规范检查评比，纠正不规范行为30余次。以"党史+廉政"为切入，组织"学史·铸魂"海关红色讲坛、警示教育月、参观廉政教育基地等活动，运用"三会一课"、科务会、小课堂等形式收听收看警示教育影视。

【专项整治】2021年，高明办针对"现场监管与外勤执法权力寻租"专项整治工作，围绕"权力""寻租"2个关键点，严格对照80个重点内容，核查外勤反馈单等1,159份，调取分析系统数据685条，组织开展个人申报70人，完成调查问卷75份，深入企业调研收集调查问卷56份。

【关心关爱干部】2021年，高明办打造"活力明关"工会品牌，以保障心理健康为重点，建立科室健康联络员机制，以点带面开展防疫"星课堂"33人次，指派专人每周对一线及封闭管理人员进行心理疏导，组织封闭管理人员收看心理疏导网上课程6人次。通过问卷调查等形式收集意见建议25条，围绕干部职工需求，组织开展网球、瑜伽、气排球等文体活动122次。组织全体干部利用人事信息管理系统对个人荣誉事项进行核对补充，调阅档案补充完善57人次个人奖励。

【口岸疫情防控】2021年，高明办派员参加地方专班，与边检、卫健、定点转运医院实现快速协调联动，加强与港口、高明区经科局、发改委及支援医院沟通合作；帮助解决医疗垃圾清运、防疫物资支持、专用场所设置、入境人员管理、封闭管理定点隔离等问题。严格执行卫生检疫岗位人员封闭管理，自7月1日启动以来，完成人员轮换14批次30人次，进出境船员及高风险岗位人员核酸检测569人次，登临船舶检查72艘次；处置7起27人次因突发疾病亟须诊治等突发情况；落实入境船员和入境分流旅客"三查三排一转运"，实现入境人员从"国门"到"家门"全链条管理。敦促码头经营单位每日消杀处理医疗垃圾，落实监管现场分区分级管控制度，优化改造设备设施、标志标识、视频监控系统等，合理进行污染分区。

【安全防护监督与内部防控】2021年，高明办成立督察组，一把手任组长，设置卫生监督员12人，每周至少开展一次检查，围绕安全防护内控、人防、物防、实验室防护等4个方面开展督导检查。建立职能科室提醒指导、督察组检查督导联动机制，指导脱卸防护装备、消毒除污、应急处置等，确保每个作业班次均开展监督，切实落实"岗前检查、工作巡查、全程督查""双人作业、互相监督"的安全防护监督要求。紧盯高风险岗位和现场作业关键环节，创新应用录音复读提醒模式，在2个作业现场加装音频设备，作业过程同步播放预录制的标准脱卸流程音频，推动落实安全防护规范化、标准化。坚持"学练考"同步结合，开展职业暴露、发现染病船员等突发事件应急演练10场，组织一线关员安全防护相关培训、测试共19次417人次。严格落实入门测温亮码、分批就餐、核酸检测等措施，做好外出审批、外来人员登记、办公场所消毒、健康日报表等7台账1报表。规范防疫物资管理，制定处、科两级账目，保证物资专人负责、集中调配、统一管理，确保防疫物资储备充盈。

【外贸发展】2021年，高明办制定企业反映问题及异常数据处置工作办法，应对新冠肺炎疫情影响，为企业纾困减负。年内，高明辖区外贸值、货运量、税收均持续增长，外贸进出口总值269.8亿元，同比增长24.4%，增长速度排五区第二；税收入库12.4亿元，同比增长91.5%，其中再生金属原料纳税征税7.4亿元，占税收超五成。广泛开展调研，引进多元业务，争取出口农产品、调味品、花卉苗木，进口再生资源商品等项目成为高明外贸新增长点，引导辖区粮食企业回流纳税超2,000万元。扶持跨境电商等外贸新兴业态，形成以鞋类、手表、箱包等商品为主要特色的跨境电商业务，进口货物达15.8万件，货值近1.2亿元。

【口岸营商环境】2021年，高明办成立"企业升级计划"专项工作小组，优化企业协调员机制，从内部控制、财务规范、贸易安全等方面上门指导服务企业80余次，对符合条件的10家企业量身定制个性化培育计划，新增高级认证企业7家，同比增长70%。执行"免除查验没有问题外贸企业吊装移位仓储费用"政策减免费用922.9万元，惠及企业957家次。落实"提前申报""两步申报""汇总征税"等多元化通关模式，进出口整体通关时间分别为17.9小时、0.32小时，较2017年12月分别压缩88.5%、95.2%。

【业务改革】2021年，高明办成功推动稽核查领域联合区市场监管局开展"双随机、一公开"监管，为广州海关首宗核查领域部门间联合抽查作业。首次试点实施核查领域第三方检验结果采信制度和企业自查结果认可模式，减轻企业负担，惠及关区33家企业。推广应用"线上申请、智能审核、自助打印"签证模式，实现企业自助打印原产地证书共22,567份，占适用自助打印证书总份数的70%。9月，"高明—蛇口"组合港项目正式启动，推进"港区一体化"，提高物流效率，直接受惠外贸企业逾40家。利用"单一窗口"和"互联网+海关"业务平台，引导企业在网上办理相关业务，执行海关政务服务48种事项"一窗通办"，为企业提供涵盖"线上""线下"多元办事服务渠道，年内为企业办理无纸化注册、备案等海关业务184宗，办理"一窗通办"业务135宗。

【进出口监管】2021年，高明口岸再生金属原料进口持续增长，高明办多次组织研讨部署加强监管，落实各项监管要求；实行处领导"不打招呼"式巡察，通过数据分析、视频监控、现场监督等方式，对实货查验环节开展实时监控、全程记录与后续监督；设置进口再生金属专用查验区，增设高清监控摄像头、查验雨棚等，强化全流程视频监控；定期监控分析再生金属原料货运量、价格水平等数据，及时掌握货物异动情况，防止"洋垃圾"通过口岸漂移偷运进境；向一线监管科室补充4名干部，梳理查验人才库、查验岗位职责，建立一线关员联学联训常态化机制，年内开展执法释疑、再生金属检验标准、监管执法疑难点、案件处理等业务培训14次，开展政策宣讲12次。全年高明辖区监管进口再生金属原料25万吨；退运不合格再生金属原料104批次、5,489.1吨，货值1,114.2万美元；退运禁止进口固体废物34批次、1,263.2吨，货值366.1万美元；开展进口再生金属行业、固体废物加工企业专项稽查行动5宗。

是年，高明办监管进出口货物343.3万吨、货值30.9亿美元，同比分别增长25%、34.5%；监管进出境船舶3,430艘次，船员11,783人次；完成进出境检验检疫13,805批次，货值27.2亿元，检出进出口危险化学品及包装7批次、不合格进口旧机电产品6批次、不合格出口食品6批次，全部按要求进行技术整改或者不予出口处理。开展稽核查作业70宗，全年共立案办理行政案件417起，办结"两简"案件141起。

【大湾区"菜篮子"工程】2021年，高明办结合党史学习教育"我为群众办实事"实践活动，建立一对一帮扶制度，辅助企业优化出口鲜果冷处理、热处理等关键技术，推动建设无疫生产点，提前研判进口国贸易风险，为企业规避风险提供精准咨询服务，在田间管理、加工包装、仓储运输等各环节落实输入方检疫要求，推动辖区企业扩大出口。在全球疫情形势严峻的背景下，帮扶辖区特色商品顺利出口，调味品海外竞争力持续提升，出口目的国逆势增至102个；水果出口量价齐升，实现出口2,772.4吨、793.2万美元，同比分别大幅增长29%、42%，实现多种类水果突破欧美等发达国家技术保护壁垒，蜜柚、火龙果、哈密瓜在广州关区首次出口；高明区作为佛山市唯一供港活猪辖区，2月顺利恢复供港出口，逾2,400头活猪供应香港市场，供港澳冰鲜禽肉出口总量稳居关区前列，实现供应港澳连续18年零事故。

【重点项目建设】2021年，高明办帮扶佛山高富中石油燃料沥青有限公司加强出口监管仓和保税仓库监管；5月，助推广州关区顺利开展首票国产保税船用燃料油直供业务，全年监管直供船用燃料油17万吨，货值5.1亿元，为企业带来逾3,400万元的出口退税政策红利。针对运输渠道"一柜难求"的状况，扶持企业转型开展新造集装箱出口业务，实现首次出口新造集装箱近600个，高明口岸"缺柜荒"得到一定程度缓解。配合推动宜家供应链华南区总部项目落地高明，提前做好AEO认证、设备进口减免税、"两仓"建设等准备工作，年内完成宜家供应链（佛山）有限公司海关注册备案手续。争取大型监管设备H986调配高明，促进物流和仓储业发展。配合珠三角枢纽（广州新）新机场规划建设工作，加强与区政府联系配合，通过政协提案、业务座谈等方式为打造综合保税区、临空经济区建言献策。

广州白云机场海关

【概况】广州白云机场海关（简称"白云机场海关"）是隶属于广州海关的副厅级海关，设正处级机构10个，分别为办公室（党委办公室）、人事政工处（党委组织宣传部）、财务装备处、审核业务处、物流监控处、查验一处、查验二处、旅检一处、旅检二处、值机处；正处级派驻机构1个（驻跨境电商监管中心办事处），正处级事业单位1个（广州白云机场海关综合技术服务中心），定编660人（含在编职工）。

白云机场海关共设有12个主要工作场所（场地），包括1个行政办公场所（南行政办公楼）、2个旅检通关作业场地（广州白云机场T1航站楼、广州白云机场T2航站楼）、9个监管作业场所〔白云机场国际1号货站、广州白云机场国际航空货运站、广州白云国际机场快件中心、南航白云物流跨境电商（出口）处理中心、广州白云国际机场联邦快递监管作业场所、广州白云机场综合保税区（南区）空港物流监管中心、联邦亚太转运中心、机场综保区（查验中心）、广州新运国际货运代理有限公司指定监管场地〕。

白云机场海关为客货并重的偏口岸综合型海关，主要负责白云机场口岸空运进出口普通货物、快件、跨境电商货物监管，进出境运输工具、旅客行李物品监管，保税监管，企管稽查，出入境卫生检疫查验和卫生监督，出入境动植物及其产品和其他检疫物的检验检疫和监督管理，进出口商品、食品化妆品的法定检验和监督管理，以及税收征管、缉私、统计等业务。在疫情防控、税收征管、打击走私、口岸监管、知识产权保护等领域成绩突出，年内获得省级以上集体荣誉4项、个人荣誉3项。

2021年，白云机场海关税收入库共计144.7亿元，同比增长10.5%；经机场口岸进出口总值3,867.4亿元，同比增加37.4%，占广州关区比重24%；监管进出境航班40,622架次。

【党建工作】2021年，白云机场海关把学习贯彻习近平新时代中国特色社会主义思想作为首要政治任务，制定做到"两个维护"、狠抓责任落实的8个方面29项具体措施。落实"第一议题"制度，全年共开展党委班子"第一议题"制度学习研讨77次，理论学习中心组学习24次。抓好关键少数，健全党委议事规则与决策机制。制发贯彻落实"三重一大"决策制度实施细则，落实民主集中制，自觉接受派驻纪检组监督。全年共召开37次党委会、50次党委碰头会，对129项议题进行集体研究决策。完善党委成员调研与督办工作机制，明确党委成员每周至少1次深入一线业务处室开展实地调研、跟班学习。全年党委成员结合企业群众诉求、痛点堵点问题以及基层一线执法管理情况开展调研180余次。推进全面从严治党，压紧压实党风廉政建设主体责任。修订印发问责工作指引，细化对"一把手"和领导班子监督的具体措施25项。加强廉政纪律教育，坚持开展违纪违法典型案例"每月一讲"，编发廉政微信56期，结合中秋国庆工会慰问发放"家庭廉洁共建倡议书"。

【思想建设】2021年，白云机场海关完善理论学习研讨机制，建立健全"关、处、科（支部）、封闭管理班组"四级联动工作机制，形成领学、促学、研学、跟学的良好氛围。充分发挥青年理论提升分学堂作用，举办红色配音秀等学习活动70余次。抓好党史学习教育，党委班子带头学习研讨百年党史经验和中共十九届六中全会精神，细化工作方案；各部门主要负责人轮流分享学习心得14人次；开展"微党课"、"红色讲坛"、党史经验交流会、与口岸单位联建、红色基地打卡等活动，持续巩固党史学习教育成果。梳理"我为群众办实事"清单44项，逐月逐项跟进、挂账销号，全部按期完成。成立11个党员突击队，推动"国门安全工程""便民利企工程""暖心聚力工程"落地。

【组织建设】2021年，白云机场海关建立健全基层党组织架构，严格按程序补选机关党委委员5名、机关纪委委员2名，新成立6个党支部，在疫情一线建立7个封闭管理临时党支部。提升支部规范化水平，梳理明确支部常态长效学习机制、组织生活及党员发展等工作标准，每季度制发基层党支部组织生活指引，健全党务工作常态化自查和年度全覆盖抽查机制，夯实党建基础。全年按程序接收预备党员13人，预备党员转正29人。突出打造党建品牌，1个党支部通过全国海关党建培育品牌复核，1个党支部被评为"广东省直机关先进基层党组织"，3个抗疫一线党支部被评为"广州海关先进基层党组织"，1人被评为"广东省优秀共青团干部"，34人被评为"广州海关优秀共产党员"，6人被评为"广州海关优秀党务工作者"。

【干部能力建设】2021年，白云机场海关分类做好人才培养管理，制定执法一线科长工作行为规范，加强日常管理及平时考核，年底评优向执法一线科长倾斜，2人参评2021年度"百名优秀执法一线科长"。制定加强特殊资质人才队伍建设的6项措施，组织243名资质报考人员开展结对互学，危化品资质人员较上年增加3.6倍。制定激励高级主办发挥作用的若干措施，结合个人特长及意愿为高级主办匹配3大类9项专项职责任务，提升其干事创业活力。

关心关爱干部，发挥群团组织作用，成立互助队，着力解决封闭管理人员存在的困难和问题，定期进行人员轮换，确保队伍思想稳定。开设心理咨询热线，提供"一对一"心理咨询服务，通过电话、上门走访等方式，慰问封闭管理人员2,185人次。开办急救、心理等知识讲座，并在工作区配置2台除颤仪，为广大干部职工提供应急救援便利。配置智能书柜，提供实体书及音视频资源，丰富群众业余文化生活。争取荣誉激励士气，全关获评个人三等功26人次、获个人嘉奖163人次。

【督察审计】2021年，白云机场海关深化巡视整改及督察审计，主动配合审计署等上级机关开展审计5次、实地督导21次。围绕口岸卫生检疫、进境高风险货物风险监测与预防性消毒、巡视整改等重大政策措施落实方面，细化15项督察重点项目清单，配合完成12项重大政策落实跟踪督察。对货管5个查验科室自主开展科室审计。开展"现场监管与外勤执法权力寻租"专项整治，组织全关1,117人参加专项整治工作，并主动开展专项问效监督"回头看"。从严做好干部监督，开展"裸官"和违规在企业兼职（任职）排查工作。

【疫情防控】2021年，白云机场海关针对疫情防控形势变化，构建"1+7"组织架构，完善"一口对外"的议事协调和督办反馈机制，确保工作推进有序。梳理比对各级疫情防控文件159份，修订、印发疫情防控操作指引、思维导图34份，为现场执行提供最新参考。提升疫情防控工作效能，协调将所有国际航班及旅客统一在T2航站楼入境。推进卫生检疫全流程智能化改革，现场试运行情况良好。加快推进机组专用通道、洗消间等改造和作业流程优化，确保每名机组人员检疫时长不超过2分钟、6小时内推送检测结果。紧盯关键环节防范风险漏洞，密切关注德尔塔、奥密克戎等变异株传播形势和特性，严格卫生检疫和航空器消毒监督，推动航司消毒处理，厘清医疗垃圾处置环节的监督职责，形成海关与地方"齐抓共管、分工管理"的全链条监管模式。规范开展冷链货物采样，指导企业加强进口冷链食品、高风险非冷链集装箱货物预防性消毒等工作，确保口岸环节安全和通关效率。

【内部管理】2021年，白云机场海关严格落实高风险人员封闭管理，组织干部职工、地方医护3,465人次实施封闭管理，严格落实封闭管理要求，分班组轮换作业，保持队伍持久战斗力。全面开展应急演练，细化完善各类应急预案47个，开展职业暴露、高温中暑、样本撒溢等应急演练45场。完善安全防护监督检查与考评机制，坚持值班关领导视频督导、封闭管理指挥长现场带班监督制度，用好三级监控指挥中心、安全防护专班、专兼职安全防护监督员三支力量开展常态化监督检查，健全安全防护考核机制，加强正面激励和负面通报。加强干部队伍健康管理，严格干部职工外出审批和日常健康监测，落实疫情排查、健康管理措施，按照"应检尽检"要求组织全员参与机场核酸检测。

【正面监管】2021年，白云机场海关把好国门生物安全关，关注沙漠蝗、非洲猪瘟等重大动植物疫情动态，开展"国门绿盾2021"专项行动，严防有害生物入侵，全年共截获植物有害生物35种139批次。开展关区风险防控，建立健全多方风险联合研判机制，对关区数据异动、虚假贸易、价格低报等风险开展全面分析，针对性提交风险布控规则20条。加大知识产权保护力度，落实"龙腾行动2021"专项行动，建立知识产权查验信息数据库，提升知识产权状况确认效率，全年共查获侵权货物370批次。提升税收征管质量，打击价格低报瞒报、不实贸易等违法行为，维护安全公平有序的贸易环境。

【打击走私】2021年，白云机场海关加大打私力度，推进案件统筹归口管理，综合运用案审会、关警联席会等机制，加强对查发案件的审核把关，提升案件办理质效，开展各类专项行动，推进"国门利剑""蓝天"专项行动，严厉打击治理"水客"走私、打击跨境电商进口走私"断链刨根"专项整治、打击治理电信网络新型违法犯罪等工作，打击跨境赌博相关案例被总署作为典型案例进行通报。全年自主查发刑事案件31宗，办理"两简"案件2,091宗、行政大要案1宗；查发走私毒品、象牙、"洋垃圾"等各类案件680宗；查获禁止进境的动植物及其产品713批次、1,071.8千克。

【安全生产】2021年，白云机场海关推进安全生产体系建设，完善关区安全生产4项制度，制订8个专项应急预案，组建专项应急预案专家组，统筹做好安全生产工作。全年组织开展涉危场所、消防安全等专项检查16次。深化实时监督实效，运用三级监控指挥中心作用，通过"自查+互查+督查"，围绕重点领域梳理41类224项风险隐患排查要点，动态更新"两个清单"，督促各现场做好风险隐患查摆整改工作。理顺逾期危化品排查和清理机制，推动"批批验核+抽批检测"监管新模式落地，全年妥善处置在仓滞留危化品83票。

【促进贸易】2021年，白云机场海关优化业务监管模式，落实"一企一策"，研究外验模式，打通光刻胶等冷链危化品华南空运进口渠道，帮助解决冷链药品查验率畸高、生产原料紧急投产等问题。推进国际物流联动合作，支持南沙大湾区机场共享国际货运中心启用，搭建"免税品"粤琼物流通道，推动机场口岸进出口总值大幅增长。促进跨境电商新业态发展，吸引优势产业集聚。在粤港澳地区空港口岸首创出口货站运营出口跨境电商业务模式，支持希音等新型平台企业发展，推动注册海外仓企业2家，机场口岸成为全国首个超千亿元跨境电商空港枢纽。推动航空产业发展，年内验放"异地委托监管"保税进口飞机22架，货值113.8亿元。支持医药产业发展，推动地方政府增设进口药品综合服务窗口，实施"一证多批"创新做法，经机场口岸进口药品148.2亿元，同比增长2.4%。推进"企业升级计划"，建立55家重点培育企业信息库，开展"量体裁衣"式信用培育，全年13家企业通过海关认证，同比增长3倍。

【科技应用】2021年，白云机场海关加快推进"智慧海关"建设，完成"智慧指挥"监控设备项目升级改造，推进关区监管数据动态展示工作。"快件线上服务应用2.0"通过职能部门统一验收，智慧物流完成功能和接口开发，进入系统联调测试阶段，"智慧旅检"开展视频转网前期排查工作。推动实现园区货物直流，借助空运物流智能化监管系统，大幅缩减舱单分拨车辆流转时间及快件、跨境电商业务耗时，相关做法入选广州海关深化跨境贸易便利化改革、优化口岸营商环境十大典型案例。

【重点项目】2021年，白云机场海关凝聚口岸发展合力，就助推综保区高水平开放高质量发展、口岸通关便利化分别与空港委、广东省机场集团签订合作备忘录，并与空港委、南航集团、省机场集团等部门共同签订合作框架协议，推进打造一流国际航空枢纽、推动临空高端产业集聚发展。助推综保区建设发展，督促地方政府加快推进综保区相关地块建设验收和升级改造，联合地方税务部门成功申报增值税"一般纳税人"资格试点，在综保区南区打造中欧班列保税物流集散中心，提升综保区服务保障能力。机场综保区进出口300.3亿元，增长30%。支持机场三期扩建工程建设，提出口岸规划、场地设置、用房分配、设施设备等9个方面的优化建议。

【综合保障】2021年，白云机场海关政务运行平稳有效，优化口岸营商环境、支持跨境电商等新兴业态集聚发展等工作成果在央视《新闻联播》播出，相关先进事迹被省部级以上媒体报道百余篇次。政研课题入选广州海关关级课题2个，参与署级课题1个，政研文章被采用23篇次，刊载量和报送量在广州关区处于领先地位。开展普法活动70余次、行政执法专题规范化培训4期，扎实推进法制工作北部片区法治宣传教育，普法微视频获海关影像采用。综合保障精细推进，开源节流、综合理财。妥善完成综合技术服务中心脱钩工作，进出口环节涉企收费更加规范，支持事业单位经营创收和实现年度平衡。

广州邮局海关

【概况】 广州邮局海关（简称"邮局海关"）是广州海关唯一承担邮递物品监管任务的正处级隶属海关，主要负责广东（除深圳、珠海、汕头、江门、东莞以外）、甘肃、河北、宁夏、青海5个省、区的进出境邮递物品、印刷品和音像制品，全国其他省、市经本口岸进出境的国际邮袋的转关监管，以及进出境货物、快件的监管工作。邮局海关下设9个科级机构，分别为：办公室（党委办公室）、人事政工科（党委组织宣传部）、财务装备科、分析预警科、综合业务科、邮递物品审核业务科、邮递物品监管科、印刷品和音像制品监管科及快件监管科。

2021年，邮局海关机关党委获评广东省直机关先进基层党组织；2个党支部获评广州海关"四强"支部；荣获全国"扫黄打非"先进集体、广东省直机关先进基层党组织等集体荣誉10项；获评"广东省平安建设先进工作者"、广东省"优秀共青团员"等先进个人16人次。

2021年，邮局海关共监管进出境邮递物品6,986.8万件，同比下降44.77%；监管进境快件102.6万件，同比下降52.45%；征收税款总值5.23亿元，同比下降5.5%；监管进出境印刷品音像制品424.9万件，同比下降5.5%；查获毒品及精神药品情事合计231起，同比下降40.1%；查获象牙等濒危物种及其制品进境情事277起，同比增长29.4%；查获违禁印刷品音像制品29万件，同比增长4.5%；查获侵犯知识产权案件5,018批次，同比增长105.8%；截获各类涉检物品1,149批次，同比下降8.4%。

【政治建设】 2021年，邮局海关完善"第一议题"制度，制订关党委、党委书记、党委委员"月、季、年"三级任务清单年度重点工作任务、全面从严治党重点工作任务清单并动态更新，制订理论学习中心组学习计划，推动各项决策部署和全面从严治党各项任务落实到具体事、具体人。加强组织建设和制度建设，进一步完善党委工作规则、议事规则和决策程序，制定贯彻落实"三重一大"决策制度实施细则和党委议事清单，做到每半年与派驻纪检组共同专题研究全面从严治党工作；

组织科级领导干部述职述廉述党建，对全关支部书记全覆盖开展党建述职评议，实施科级领导班子能力提升工程，健全执法一线科长廉政档案，制定执法一线科长行为规范。

【党史学习教育】2021年，邮局海关成立党史学习教育领导小组，制订党史学习教育任务清单、庆祝中国共产党成立100周年活动计划任务清单、"我为群众办实事"项目清单"三张清单"，共计推进上述三张清单对应的"29+21+40"项工作任务。开展"我为群众办实事""党旗在基层一线高高飘扬""我的岗位我负责"等主题实践活动；开展海关"三进"志愿服务活动3次，组织开展"学史·铸魂"海关红色讲坛暨青年理论学习小组读书研讨会4次，撰写学习心得百余篇，建成涵盖"初心堂""党史宣传走廊"等的立体式红色教育阵地体系；开展党建实务培训、现场情景教学等形式促进党建和业务深度融合发展，推动"强基提质工程"提质增效。

【专项整治】2021年，邮局海关制订"现场监管与外勤执法权力寻租"专项整治工作实施方案及整改方案，做好规定动作、自选动作，按要求完成违规事项个人申报、畅通举报渠道、内部问卷调查、全面自查、谈心谈话、企业调研、廉政风险排查等规定动作，修订专项整治整改方案及整改措施分解表，明确责任人、时间表和线路图，制订整改实地检查计划，落实评估和销账工作；在全关范围内开展专题警示教育活动，以"身边案例"强化以案示警、以案促改。

【队伍建设】2021年，邮局海关坚持严管厚爱，抓好日常养成，创新开展"入关第一课"教育培训，编撰新入关人员培训手册，鼓励年轻干部参与重大改革项目和课题研究或担任兼职教师，承担"好邮菜"工作室编辑、"邮关之家"讲解员等工作，着力培养"一专多能"的干部人才队伍，发挥"冯洁平工作室"专家团队"带动效应"，做好"传、帮、带"工作，壮大邮关查缉骨干力量。加强执法一线科长和业务专家型人才培养，制定加强年轻干部人才队伍建设五方面措施，推进"星火"青年理论学习提升工程、联学联训工作"双管齐下"，巩固"以干代培""支部共建"等特色做法，印发推进青年理论学习提升工程实施方案和联学联训工作实施方案，结合工作实际开展知识技能结对互学并建立学习档案，不断提升干部政治理论素养和专业技能。

【打击寄递渠道走私】2021年，邮局海关围绕中国共产党成立100周年主线做好"扫黄打非"工作，紧盯"七一"等重要时间节点、港台等重点地区，防范历史虚无主义等错误思想和政治性有害出版物向境内渗透。推进"国门利剑"、打击治理"水客"走私、"龙腾"等专项行动，打击毒品、涉恐涉暴、象牙等濒危物种及其制品、重点敏感商品、侵权物品等走私。落实"国门绿盾"行动要求，加大对外来物种防控力度，截获外来物种166批次，同比增长2.95倍。加强"全员打私"常态化机制，优化完善风险管理协同联动机制，紧盯伪报品名、低报价格、分散寄递走私等风险，积极配合缉私部门做好"邮包会战"专项行动。

【业务改革】 2021年，邮局海关加强进出卡口管理，优化运输工具监管机制，实施业务车辆与其他车辆分离分流；优化监管场地功能布局，推动海关100%过机审图与邮政预安检环节整合，规范进出境邮件的单向有序流动，减少人工干预并提升场内邮件流转效率。建立面单抽查核对机制，验核原始面单、申报信息、实物是否"单单相符""单货相符"，防范邮件调换风险。开展智能审图算法分类部署试点，发挥科技辅助作用，提升实战应用成效。推进"关邮e通""适老化"改革设计，优化通关业务办理流程，完善"关邮e通"线上服务平台各功能模块设计等内容17项，形成"现场+线上"相辅相成的服务闭环。支持邮政企业探索构建多式联运新运邮模式，年内疏运出境邮袋12.98万袋，重量达1,919.3吨，有效缓解企业运能紧张等问题。

【"三智"项目建设】 2021年，邮局海关开展与港澳海关、邮政合作，运用"AR+AI"、5G、RFID等技术建立全自动分拣线及智能监装监卸泊位；开展与深圳皇岗、港珠澳大桥海关等口岸海关的联系配合，应用跨境智能锁加快运输工具流转效率。全年通过"穗港、穗澳进境邮件智慧监管"模式验放港澳进境邮件达288.43万件，项目获评总署"三智"国际示范合作项目。

【安全生产】 2021年，邮局海关推进安全生产专项整治三年行动，对安全责任区域实行网格化管理，明确安全生产责任主体归属，加强业务现场和办公区安全管理等重点领域安全风险防控；开展月度安全生产风险隐患排查，联合派驻纪检组采取"四不两直"方式开展安全生产专项检查，动态更新问题隐患和整改措施"两个清单"，及时消除安全隐患。开展应急演练处置，不定期采用双盲式演练突出实战应用，建立"日常演练—评估效果—完善预案"模式，巩固演练备战实效，累计开展应急演练90余次，提升应急处置能力。

【政务运行】 2021年，邮局海关优化会议制度，调整优化形势分析会等会议召开形式，聚焦风险问题分析研究，发挥会议分析研究、部署落实、推动工作等效能；开展档案管理、保密、应急值班等基础工作，整理优化邮局海关档案存放，落实好涉密人员、场所、载体管理制度以及值班培训；以督察审计、内控管理为抓手，加强内部管理，突出问题导向，制订督察重点项目清单，堵塞政务管理、执法等方面的漏洞及风险。依托新海廉平台、督审监控预警平台等线上监督手段，强化提示警示、监控分析等预警监控功能应用，提高应用成效。

【调查研究】2021年，邮局海关组建政策研究小组，定期开展写作研讨，确定研究课题，报送涉及大湾区建设、践行"三智"倡议推动邮政业发展、邮递渠道涉检行政处罚实施、高质量开展党史学习教育等内容13篇，3篇论文被穗关"政策研究"栏目采用，1篇论文获《上海法学研究》刊发，充分发挥信息服务决策作用。

【法治建设】2021年，邮局海关制订全年普法工作计划及责任清单，以法学人才为基础力量，集结老中青业务骨干，组织邮局海关法治队伍成员落实普法任务。年内组织开展新《行政处罚法》解读、涉检案件办理等专题法治课程培训，提升全体干部的法制理论水平，同步开展"三项制度"落实情况检查；将"以人民为中心"的发展理念贯穿普法工作始终，坚持同步推进系统内普法和社会普法，开展普法进社区、进企业活动，向邮政企业员工、社区群众宣讲进出境邮递物品通关政策、禁限物品目录等与生活紧密相关的海关政策；结合总署新公告的规范性文件，把企业关注、对企业有重大政策利好的规定作为普法重点开展针对性宣讲。

【财力保障】2021年，邮局海关制定"促进增收节支、增强财力保障"若干工作措施，落实过"紧日子"要求，部署年度增收节支和预算执行工作，梳理路线图、时间表，科学制订资金使用计划，重点监控预算执行质量，提高资金使用效率；制定节约能源资源管理办法和工作实施方案，完善节约能源资源相关管理制度，提高能源资源管理利用效率。严格规范固定资产管理，确保账实相符。成立涉案财物清理小组，按时间节点加快处置涉案财物，年内共完成销毁20票、拍卖3票。

海珠海关

【概况】海珠海关是受广州海关直接领导的正处级隶属海关，主要负责滘心码头、华南生物材料出入境公共服务平台等海关监管工作，办理海珠区和生物岛进出口企业的企管、加贸、稽查等后续管理业务以及口岸缉私工作，同时进驻广州市政务服务中心琶洲分中心。

海珠海关现有正科级科室10个，包括：办公室、人事政工科、技术运维保障科、分析预警科、综合业务科、属地外勤科、政务服务科、生物岛监管科、滘心监管科、医药产业监管科；另有广州海关缉私局查私处查私五科驻点。现有干部职工编制95人。设党支部12个（含派驻纪检组党支部及离退休党支部）。

【践行"两个维护"】2021年，海珠海关深化政治机关意识，把坚决维护以习近平同志为核心的党中央权威和集中统一领导落实到政治工作各方面全过程。将党史学习教育作为重大政治任务，制订党史学习教育任务清单，年内开展党委理论学习中心组学习10次，组织专题党课17次。通过"互联网+党建"、参观学习、与内港海事局共建等丰富学习教育形式，引导全体干部对"国之大者"心中有数，坚守理想信念。开展"我为群众办实事"实践活动，形成共32项内容的办事清单持续推进解决，关党委委员到三个办公点现场蹲点办公，密切联系现场一线，为30余家企业解决减免税、AEO认证等问题。

【基层党建】2021年，海珠海关选强配齐基层支部班子，新选举支部书记、支部委员5人次，设离退休党支部1个。推进"四强"支部建设，保质保量开好"三会一课"、主题党日等，营造比学赶超、向上看齐的工作氛围。年内发展预备党员1名、入党积极分子1名，生物岛监管科党支部获评广州海关先进基层党组织，2人获评优秀党务工作者，9人获评优秀党员。

【选人用人和群团工作】2021年，海珠海关开展一线干部与机关结对"联学联训"94人次，通过真学真干提升人员能力素质。用心做好党团工青妇工作，加强离退休同志关怀，开展春节期间留穗外地青年慰问，上门慰问员工遗属2次，支持脱魂"学习研讨会、开展退休党员学史系列活动5次,组织4期身边典型讲党课,开展"辉煌百年、与党同行"融合式党史学习知识竞赛、党史学习专题城市定向赛、"一支部一特色"实地研学等学史活动50余次,组织撰写党史学习100个小故事、学习简报等材料200余篇次,促进党史学习入脑入心。制订"我为群众办实事"项目清单72项细化措施,开展"三进"普法宣传114次,服务企业2,500余家次,惠及群众7万余人次,收到企业感谢信、锦旗19件。

【"强基提质工程"】天河海关坚持组织引领,党委委员零缺席参加支部"三会一课",落实基层联系点制度,推动落实党建重点任务,2个支部获评广州海关"四强"支部。编发支部工作指引12期,举办党务工作培训2期,定期开展支部党务工作检查,推进标准化规范化建设。开展支部联合学习贯彻中共十九届六中全会精神专题学习研讨4次,推动基层党建向高质量迈进。坚持文化引领,总结提炼文明单位创建工作案例,作为广州海关唯一代表参评"广东省直机关党建工作100例",党建引领文明建设的事迹在《中国国门时报》《跨越》杂志刊载。

【队伍建设】2021年,天河海关制定天河海关执法一线科长行为规范,选优配强执法一线科长,指导科长履行支部书记、科长职责,激励执法一线科长勇于担当、积极作为,政务服务三科科长被推优参评总署"全国百佳执法一线科长"。深化年轻干部培养措施,突出"选育管用",积极选派青年骨干承担总署、广州海关的专项任务和课题研究,由青年干部编辑的30篇微信被推送至"金钥匙杂志""海关爱创作"微信公众号等平台刊登。明晰高职级公务员工作职责,在政务服务、政研等工作中充分发挥高职级公务员管理水平高、业务能力强的优势。突出择优导向,摸清各科室人力资源配置情况,合理进行人员调配,采取"联合执法、混合编队"模式统筹使用人力资源,缓解各科室人员阶段性短缺问题,做到人岗匹配、人尽其用。从培养"本职领域精通、相关领域熟悉、全领域了解"复合型人才入手,聚焦业务交叉部探索跨科室联合执法互学实训,组织30人参与商检领域岗位练兵,鼓励干部参加各类组织考试,增加各类资质人员11人次。党委委员主动与干部谈心谈话,及时掌握干部思想动态,每半年专题分析政治生态形成专题报告,开展队伍思想动态问卷调查4次并定期召开队伍思想动态工作例会进行通报。因地制宜开展特色主题集体生日会、插花比赛、趣味运动会等工会活动15场,增设便民驿站、图书角等场所设施,开展心理讲座纾解干部职工压力,开展党内帮扶和工会慰问13人次,天河海关工会获评广州海关"模范职工之家"称号。

【党风廉政建设】2021年,天河海关党委会专题研究党风廉政建设工作8次,坚持党风廉政工作逢会必讲，抓好廉政教育和酒驾醉驾常态化教育，推送"廉政小贴士""清风颂廉"教育提醒95期。开展"现场监管与外勤执法权力寻租"专项整治，党委专题研究21次，实地督促检查140余次，与派驻纪检组共同研究、检查17次，调研近1,000家企业；针对重点关注单位制定17项防控措施并建立健全3项制度。

【**税收征管**】2021年，天河海关成立RCEP实施研究小组，选派业务专家参与总署RCEP原产地管理系统开发上线，研究提出业务需求及系统优化建议，确保业务系统平稳升级；优化原产地签证服务，推广自助打印改革措施，深度参与总署"智能审核"改革项目，筑牢RCEP实施基础。签发出口原产地证书12.308万份，货值41.62亿美元，同比分别增长25.89%、30.6%。聚焦"十四五"税收优惠政策，支持科技创新发展，为广州市高校、科研院所、技术开发机构等科研单位进口大量科教实验设备提供保障，助力国内最大的海洋综合科考实习船"中山大学"号试航成功；创新推行减免税设备"挂牌管理"，将监管期内的减免税设备信息生成标准统一的二维码标识牌，应用远程视频连线开展减免税日常管理，提升管理效率，在中山大学对1,400台科研仪器开展试点。年内，出具《准予办理担保通知书》1,898份，准予办理担保货值19亿元；出具《征免税确认通知书》715份，审核货值1.21亿美元。加强税源涵养做好属地税收征收，服务重点企业，做好申报指引，引导本田贸易等大型企业在关区申报，累计税收入库1.17亿元，同比增长9.76%。引导属地税源回流，制订工作方案，选取25家企业逐一调研，专人对接协调解决企业问题，提升属地服务水平，引导18家属地企业回流广州关区各大口岸申报纳税9.3亿元，同比增长47.6%。强化属地纳税人管理，建立5家属地纳税企业底账，制订差别化属地纳税人合规管理服务方案，促进企业依法纳税。

【**稽查核查**】2021年，天河海关加强信息共享、联学联训、协同监管，查检、稽查部门联合开展风险研判和涉检稽查，年内共开展联合行动20余次。积极推进核查改革试点，对1家高级认证企业实施企业自查结果认可模式试点、第三方检验结果采信制度试点8次，积极推进核查领域部门间联合抽查，与白云区市场监督管理局建立跨部门协同监管工作机制，对出口化妆品和出口备案食品生产企业开展联合抽查4次，提升执法效能，切实减轻企业负担。全年办结稽查作业52起、核查作业232起。

【**企业管理**】2021年，天河海关推进"企业升级计划"，筛选重点企业，分行业、分类别开展靶向宣讲辅导，企业认证辅导培训8场，辅导企业130家，成功培育极飞科技等21家企业成为高级认证企业。实施守信激励和失信惩戒促企信用提升，密切联系税务部门，挖掘优质出口退税企业，实施海关税务联合激励；根据市场监管部门异常信息企业名单，开展信息核对，下调17家企业信用等级，清理已在市场监管部门注销的企业581家。积极落实报关企业由"许可"改为"备案"，推行"通用+特定"两个资质注册备案一次核验，联合市场监督局共同推进企业备案"多证合一"改革。全面推行行政审批事项网上办理，实现全天候受理，受理行政审批4,925宗。

【加工贸易和保税物流】2021年，天河海关推进企业集团加工贸易监管改革，指导试点企业广州伟易士皮具有限公司实现集团内企业间料件结转36票，货值共795.9万元；引导企业将加工贸易成品出口到综保区仓储流转，享受出口退税、缩短货物及资金流转时间。加工贸易进出口额3.79亿美元，同比增长17%。优化对广物国际出口监管仓服务，首批拼装货物搭乘"穗满俄"中欧班列在大朗顺利发运，促进中欧班列业务增长，出仓货物货值1,427万美元。

【稳外贸促增长】2021年，天河海关扎实推进跨境贸易便利化专项行动，细化形成14项16条任务措施，举办3场跨境贸易便利化专项政策宣讲会，大力宣传推广"两步申报""提前申报"等改革措施。全力压缩整体通关时长，落实报关单"日清"机制，安排专人每日监控跟进处置，进口通关时间压缩至1.06小时，同比压缩约70%。深入重点企业开展调研，关党委委员带队，对辖区30家重点企业开展实地调研走访，定期对属地重点企业开展远程调研，共调研企业1,219家次，协调解决海关业务问题42个。加强统计监测和分析服务，及时根据地方外贸形势发展提出针对性意见建议，报送专报17篇次。加强政策宣讲，强化属地申报理念，鼓励本地水果企业和化妆品企业自主办理进出口业务，促进白云区水果进口同比增长36.8%，助力白云区化妆品出口同比增长42.4%。

【政务服务窗口建设】2021年，天河海关发挥政务服务枢纽作用，总结"通办"经验，细化内部操作指引和企业办事指南，对48项"一窗通办"事项进行梳理和评估，配合职能部门研究拓展跨关区"一窗通办"覆盖地域和业务范围，4月，与黄埔海关率先"通办"首票跨直属关区进出口货物收发货人注册登记业务。年内，办理"通办"业务2.01万宗，约占广州关区98.5%。结合"我为群众办实事"实践活动，以"规范政务公开""注重群众评价""强化业务培训"为主要抓手，加强政风行风建设，着力解决好企业和群众"急难愁盼"问题。全年驻市政务中心窗口受理业务20.2万件，好评率100%。将4项高频政务服务事项上线"广州政务晓屋"，依托5G+VR远程技术为企业群众提供"手把手"办理指导，提供可视化"咨询—辅导—办理"的全流程线上服务。利用地方政务终端"点多面广"的优势，将8项海关自助服务事项纳入广东省政务服务网自助终端，将11项业务上线"穗好办"，将11项政务服务事项上线白云区智慧政务终端，努力打造10分钟海关政务服务圈。持续参与白云区"令行禁止、有呼必应"平台，推送48条海关政策，对辖区38家重点外贸企业实现惠企政策智能精准推送；与交警部门探索建立海关监管车辆信息交互共享机制，优化海关监管车辆的进出境领销牌照业务办理流程。

【非贸监管】2021年，天河海关推广应用"互联网+电子关封"，促进外交物品通关便利化，指定专人对接波兰、希腊等中东欧国家驻穗总领馆通关业务，及时解答使领馆通关类业务咨询，办理进出境公自用物品核准。全年共办理各国驻穗（总）领馆通关类核准5,425宗，同比增长147.49%；办理留学生购免税车核准、签注等2,054宗；办理其他非贸业务1,048宗。

【检验检疫】2021年，天河海关按要求对供港澳活猪开展疫情疫病监测，对进境粮食、种子等开展外来有害生物监测，严防动植物疫情疫病传入传出。优化查验取样送检工作流程，保障农产品足量、安全、快速投入市场，年内共检验监管进出口动植物产品3,202批。加强进出口食品化妆品监管，全过程监管备案企业生产流程，严格按要求开展监督抽检和风险监测；对属地出口化妆品快速查验、快速送检、快速出证，实现"即报、即审、即检、即放"快速通关；持续加强出口危化品检验监管，加强与地方应急主管部门联动，规范查检执法作业流程，建立台账、动态管理，全面掌握辖区内企业进口情况。全年共检验监管进出口食品化妆品和商品等1.43万批，检出不合格139批。推动查检与稽查、核查等业务深度融合，建立联合编队，开展联学联训，提升综合查发能力，延伸拓展查检工作效能。推行移动远程查验和收发货人不到场查验等监管模式，结合企业分类和产品风险分级等应用移动远程监管开展查验275批次，降低行政成本、外勤廉政风险和疫情感染风险。

【内部疫情防控】2021年，天河海关逐层梳理明确"关党委—科长—干部职工"三级责任链条，关党委书记组织召开指挥部会议14次，动态完善内部防控制度30余个；成立内部防控应急处置指挥部，逐级完善各环节各岗位应急工作责任人，规范应急处置程序。坚持"零报告、日报告"制度，严格执行人员外出管理。确定窗口政务服务、属地外勤作业2个风险环节，将高频政务服务事项加入市政务中心预约系统，引导企业群众分时分段预约，预约率超60%；属地外勤工作人员出发前提前评估外勤风险，严格做好个人防护，探索应用远程监管，最大程度减少人员接触。建立"各科内部防控兼职监督员日常检查—职能科室联合检查—关领导随时抽查—派驻纪检组监督检查"的四级常态化检查机制，成立专门"挑毛病专家组"，做到每月一自查、每季度一督查，采取"四不两直"方式开展检查10次，建立"发现问题、整改措施、完成情况"三个清单，发现问题立即整改，并以"回头看"的方式巩固整改成果，形成工作闭环。组织25名干部参加第二梯队跟班轮训，重点就个人防护开展技能实训和实操考核，提升"即时出战、安全出战"能力。

【政务管理】2021年，天河海关优化信息新闻工作机制，加强写作队伍建设，加强与职能处室和兄弟海关的联系合作，定期在选题策划、写作交流等方面开展交流。进一步加强政策研究工作，报送专题政研论文14篇。推进基层海关政务公开标准规范化，作为关区内唯一一个试点单位，在政务服务"样板间"基础上，开展政务公开标准化规范化建设试点，顺利完成试点任务。

【法治建设】2021年，天河海关制发全面推行"三项制度"的实施方案，规范行政执法公示工作，推进落实执法全过程记录制度，加强重大执法决定法制审核管理，推进严格规范公正文明执法。组织开展政策宣讲，擦亮"马大姐工作室"普法品牌，应用"广州政务大讲堂""广州普法"抖音公众号开展普法政策宣讲114场次，惠及企业2,591家次，服务群众7万余人次，荣获"2016—2020年全国普法工作先进单位"称号。

【内控管理】2021年，天河海关跟进国家审计及总署审计，结合审计自查提升管理水平，开展科室审计，分析查找执法和管理上存在的薄弱环节，针对性提出8条审计建议。成立内控工作领导小组，细化职责分工，完善内控复核台账和内控节点体系，运用台账常态化开展复核，提升科室自控能力。紧盯重点项目开展跟踪督察，把贯彻落实中央重大决策部署作为内控工作重点，聚焦工作实际和改革形势开展专项督察12次，确保重点工作落实到位。建立常态化检查机制，组织开展安全生产检查10次，常态化更新问题隐患和制度措施"两个清单"，4条安全生产工作经验被广州海关安全生产工作领导小组办公室采用。

广州车站海关

【概况】广州车站海关（简称"车站海关"）前身为广州海关驻车站办事处，始建于1979年4月4日。车站海关为口岸型海关，涵盖货管、旅检等业务，主要负责对广州东站粤港直通列车进出境人员及行李物品的监管检疫和京九、沪九直通列车中途监管；负责广州市中欧班列货物的监管和检验检疫工作；负责口岸进出口普通货物、快件、转关货物，加工贸易项下进出口毛坯钻石的检验监管；负责口岸免税店、运输工具免税店及免税品的监管；查缉本口岸走私违法活动等。

2021年，车站海关下设10个正科级机构，分别为：办公室（党委办公室）、人事政工科（党委组织宣传部）、财务装备科、综合业务科、分析预警科、卫生检疫科、旅检一科、旅检二科、旅检三科、监管科。同时有天河海关综合技术服务中心1个事业单位，另有缉私局外派驻点的1个缉私科。行政人员编制数为114人。

【基层党建】2021年，车站海关组织党委理论学习中心组学习13次，党委会学习29次，月度形势分析会学习12次。细化制定15个方面工作措施133条，抓好落实质效。把学习融入日常，抓在经常，组织学习贯彻党的十九届六中全会精神，按照党委理论学习中心组学习计划，全面从严治党工作会议重点任务分工方案如期开展、及时检查，全关树立讲政治见行动的鲜明导向。发挥"四强"支部旅检一科党支部的示范引领作用，对标"六有"标准打造"一支部一品牌，一方法一特色"；组织4次知识培训，提高各支部党建业务素质；升级完善"初心堂"，为开展党内组织生活提供必要保障；坚持抓典型强信心，年内5名党员获评"广州海关优秀共产党员"，1名党员获评"广州海关优秀党务工作者"，1个支部获评"广州海关先进基层党组织"。开展党史学习教育，坚持把"我为群众办实事"实践活动贯穿全过程，党委持续落实"下沉式"解决问题机制，排查解决群众热难点问题超过30条；党委委员作为普通党员参加组织生活会34次，班子15次走进政府、进出口企业调研交流，委员到分管科室、联系支部开展调研20次；刊发党史学习教育专刊19期，制作新媒体1篇，2篇专题信息被总署政工办刊载，制作文化长廊系列板报6篇；深化志愿服务，做好"海关进校园、海关进企业、海关进社区"品牌，开展艾滋病防治、国门生物安全知识宣传6次，各类活动服务群众万余人。

【支援抗疫】2021年，车站海关派出36人前往白云机场海关疫情防控一线参与轮训支援；借调9人在广州海关疫情防控专班集中工作；抽调27人组成第二梯队。

【联学联训】2021年，车站海关在执法一线科室建立3个学习机制，内部结对互学75人，跨科室关联岗位结对26对、覆盖52人，跨部门结对互学5次、覆盖47人次；实现"线上+线下"优质学习资源共享，邀请专业人员授课，开展具体岗位实操，结合二级培训开展实训5班次。创建"旅检业务实训教学点"，构建车站海关特色现场教学实训体系，集"教、学、练、战"为一体，发挥全国岗位练兵技能比武一等奖、全国岗位练兵技能比武三等奖获得者等业务骨干作用，充实教师队伍。聚焦一线岗位加强荣誉建设，积极参评广东省巾帼文明岗，1个科室获评广州海关巾帼文明岗，1人获评学雷锋志愿服务先进个人；荣立三等功4人，荣获嘉奖21人次；14名疫情防控一线人员获三等功及嘉奖。

【专项整治】2021年，车站海关成立"现场监管与外勤执法权力寻租"专项整治工作领导小组，开展专项整治行动，分解17项重点工作任务；对照排查要点，细化各业务条线整治措施，组织开展纪法教育测试2次，人人合格；召开典型案例警示教育专题会议5次，发放《制度选编》114份；畅通举报渠道，设立专门举报箱3个；多形式开展调研，纸本调研9次，实地调研7次，让辖区内企业均了解专项整治工作。推动整治成果转化，研究制订整改措施。

【疫情防控】2021年，车站海关紧密保持与口岸办、联检单位及铁路部门对接联系，启动"天河铁路客运口岸应对重大疫情卫生检疫设施改造"基础建设项目，对入境旅客现场的负压排查室进行扩建；协商用地置换工作，增加转运通道，打牢复运工作基础。发挥科技作用，连接总署的摄像头在线率保持在99%以上，通过视频监控，强化对现场作业人员个人防护方面检查，及时联系经营方进行通报整改。保障防疫物资，坚持三级审批、领用台账制度，精准配发防控物资，一线岗位应配尽配，定期开展库存盘点，账实相符。实行现场分级管理，对口岸4个环节、4个区域实行承包责任制，防控责任细化到人；压缩来访人员数量，严格体温检测登记手续，对接专业公司开展4,000平方米办公监管区域内的消毒。提升应急处置能力，组建62名同志的党员突击队、90后青年（党团员）突击队及广州海关预备队；结合排查情况制订"红码、黄码情况处置预案"。

【促外贸稳增长】 2021年，车站海关落实总署支持中欧班列发展10条措施以及广州海关支持中欧班列发展工作方案要求，服务中欧班列运行保持增长，开展"一企一策""一事一策"政策指导，关企无缝对接；指导优化场所管理，内部挖潜提高集装箱存放量；定期与出境地口岸海关沟通，跟踪转关货物出境核销，做好后续监管。年内，关区进出口中欧班列共发运128列，发运标箱12,768个，货重6.74万吨，货值37.98亿元，同比分别增长15.32%、22.23%、22.99%、18.17%。开拓班列新业务，年内班列新增西欧和黑海2条出口线路；拓展海铁联运开通"韩国—广州—波兰"中欧班列过境线路；实现首次进口乌兹别克斯坦棉纱、俄罗斯板材等货物；启用广物国际物流出口监管仓，指导企业规范经营、扩展规模，利用保税制度优势助推班列业务不断充实纳入天河区外贸统计的数据。

【口岸营商环境】 2021年，车站海关做好班列市场培育，及时了解春运暑假旺季情况，关注华南地区港口拥堵态势，指导做好货物分流发运；加强新闻信息宣传力度，打造"广货广出"班列品牌，形成6出2进常态化运营态势，发运频次由每周1~2列发展到高峰期的每周3~4列，重箱率长期保持100%。推动广州铁路集装箱中心站建设，对班列布局、发展趋势等方面调研，研究形成多套作业方案，进行业务测试与系统调试，为中心站投入使用做好准备。开展数据监控分析，建立3个数据业务分析监控模型，定期开展对商品、企业、贸易国等的分析研究，做好统计监测预警；每季度开展中欧班列统计分析，提交报告4份辅助关党委决策；建立通关时效数据提醒制度，每日监控通关时效和超长报关单。班列出口通关时长压缩至0.38小时。

【国门安全】 2021年，车站海关组织骨干参加2021年度广州海关"邮包会战"。开展口岸卫生工作，受理国境卫生口岸卫生许可1份，开展食品安全监管3轮次，实施食品安全监管"双随机"工作1次，开展生活饮用水监管2轮次；坚持开展口岸鼠、蚊、蜚蠊的病媒生物监测与国门生物安全工作，布放鼠夹1,280夹次，鼠笼216笼次，布放诱蚊灯64次，布放诱卵器440个次，布放粘蟑纸330张次，捕获蚊类、蜚蠊、实蝇等共计3,326只/头。加大知识产权类案件查缉。跨科室开展综合研判，关注高风险商品、企业，专岗紧盯统计数据检控，年内查获2宗申报不实简易案件、查获1宗中欧班列侵犯知识产权类案件。

【综合保障】 2021年，车站海关形势分析及工作督查例会等会议质效进一步提升，会议布置工作全部按时完成。推进信息新闻宣传工作，紧跟重大决策部署、工作重点，在各大媒体中刊登超80篇次，被"人民日报客户端"、"学习强国"、新华网等各大媒体刊载12篇次，其中"学习强国"平台上相关报道点击累计超23万人次。落实保密工作领导责任制，开展保密检查3次，全年无泄密等情事发生。开展值班应急工作，进一步完善突发事件应急预案，年内开展口岸核生化反恐桌面推演、口岸疫情防控应急演练5次。做好安全生产管理，坚持"每日一检查、每周一通报"工作机制，强化督查督导，建立"回头看"长效机制，开展风险隐患月度抽查、季度排查共7次，排查发现6个隐患全部立行立改。

番禺海关

【概况】番禺海关是受广州海关直接领导，按授权负责广州市番禺区范围内海关各类管理工作的正处级隶属海关。2021年，番禺海关设正科级机构15个，事业单位1个，包括：办公室（党委办公室）、人事政工科（党委组织宣传部）、财务装备科、技术运维保障科、分析预警科、综合业务科、稽查科、政务服务科、查检科、卫生检疫科、沙湾监管科、珠宝园监管科、莲花港监管科、莲花港跨境电商监管科、莲花港旅检科、综合技术服务中心。全关行政编制211名（含在编职工），实际在岗干部职工206人；综合技术服务中心人员编制44名；事业编制人员在岗16人。

2021年，番禺海关以政治建设为统领，优化监管服务，统筹口岸疫情防控和促外贸稳增长工作，统筹发展和安全，推动整体工作稳中有进。年内，番禺区外贸进出口总值1,260.2亿元，比上年同期增长25.5%，占同期广州市外贸总值的11.6%。其中，出口806.3亿元，同比增长17.8%，占广州市出口总值的12.8%；进口453.9亿元，同比增长41.9%，占广州市进口总值的10.1%。

【党史学习教育】2021年，番禺海关学习推进党史学习教育，建设"初心堂"党建阵地，设立党史学习驿站，通过支部书记讲党课、支部交流共建、编发政工简报等方式营造良好学习氛围，组织党委理论学习中心组学习、专题研讨8次，印发"我为群众办实事"项目清单，明确14项重点项目和47项具体举措，各党支部结合企业、群众的需求形成支部"微心愿"清单16份，走访调研企业82次，推动54家企业问题清零，在区政府领导调研中多次受到企业好评。

【专项整治监督】2021年，番禺海关落实全面从严治党主体责任清单，与派驻纪检组推动"两个责任"同向发力，建立健全相关制度，严格落实中央八项规定及其实施细则精神，着力整治群众身边腐败和作风问题；与番禺区纪委监委、广州海关特约监督员建立联动机制，打造清廉海关。深化"现场监管与外勤执法权力寻租"专项整治综合效果，制订专项整治整改工作方案，配套实地检查整改清单、自查发现问题整改清单、廉政风险防控清单；推进督察项目清单式管理，聚焦疫情防控、国门安全、优化营商环境等重大政策措施落实情况，通过"走访监管现场+视频监控+云擎系统大数据"组织开展专项督察自查12次；配合做好国家审计、关领导经济责任审计和专项审计，建立健全"制度+科技"防控体系，依托三级监控指挥中心，加大对一线科室监管作业的监督检查力度。

【基层党建】2021年，番禺海关开展清明节"红色传承"祭英烈、组织党员干部参观反腐倡廉教育基地等活动，推动红色文化入脑入心。开展"四强"支部争创活动和创建交流会，年内人事政工科党支部获评广州海关"四强"支部。深化"强基提质工程"，落实党员党费收缴及组织关系排查，把好党员入口关，年内发展3名党员，2名预备党员按期转正，为18名老党员发放"光荣在党50年"纪念章。打造"学党史 知党情 跟党走"庆祝中国共产党成立100周年专题展，组织参加广州海关"永远跟党走 青春献国门"庆祝中国共产党成立100周年五四演讲比赛获评文字作品三等奖，参加区直机关工委"学习百年党史 凝聚奋进力量"知识竞赛活动获二等奖。

【队伍建设】2021年，番禺海关开展基层业务联学联训，结合21项二级培训计划，开展跨科室结对互学65对，围绕珠宝玉石鉴定、查验现场采样等强化培训，与缉私分局首创"双向跟班"学习制度，加强案件交流学习，夯实人才队伍建设基础。推进荣誉体系建设，组建"小番茄"新媒体工作室，挖掘先进典型，学雷锋志愿服务分队获评"广州海关学雷锋志愿服务先进集体"，多人次分别获评"广州海关优秀共产党员""广州海关优秀党务工作者""广州海关学雷锋志愿服务先进个人""番禺区文明家庭""番禺区最美退役军人"等。做好精神文明建设和群团工作，落实内务规范强化月活动要求和内务督察实施细则，开展8次内务规范管理检查"流动红旗"评比，推动准军事化作风养成，年内顺利通过全国文明单位复查；结合青年理论学习小组工作方案，组织开展"永远跟党走 青春献国门"青年理论学习活动，派员参加第九届广东省市直机关"先锋杯"工作创新大赛；深入开展"职工之家"建设，建好、管好、用好工会服务阵地。关心关爱离退休干部，积极开展节日帮扶慰问送温暖活动。

组织走进番禺区东兴小学、阳阳实验幼儿园开展"海关课堂进校园"活动，在广州长隆野生动物世界开展国门生物安全法治宣传教育，通过"真情关爱 同庆六一"关爱特殊儿童活动筹集捐款1.19万元、2021年扶贫济困日爱心捐款活动筹集捐款8,530元。

【口岸监管】2021年，番禺海关共监管进出口货物403.1万吨、货值278.7亿元，其中进口142.6万吨、货值175.5亿元，出口260.5万吨、货值103.2亿元。年内，番禺海关保持打击走私高压态势，深入开展"国门利剑2021"、打击跨境电商零售进口走私"断链刨根"专项整治行动，紧盯"洋垃圾"、冻品、濒危物种及其制品等重点敏感商品，开展全员打私、专业打私和综合治理，创新监管打私"番禺模式"，接连破获"汇航18船"走私冻品、"奋斗22"保健品走私、"926"集装箱夹藏走私等典型案件，推动构建"打防管控"新格局。2021年刑事立案33宗，案值15.97亿元；行政立案1,089宗，案值8,621万元，其中"两简"案件908宗，案值3,150万元；查扣红油571吨、冻品1,478吨；查获立案进口固废案件19宗，退运不符合标准再生金属6,922.41吨、固废200余吨；快、跨渠道办理简快案件1,067宗，其中查获精神类管制药品走私案件6宗，共计94.1克；查获进境夹藏银行卡案件1宗，涉及银行卡6张。开展安全生产专项整治三年行动集中攻坚，结合安全生产工作要点，修订完善口岸突发事件应急预案等9个相关规章制度；结合全国两会、中国共产党成立100周年等重要时间节点，联合港务局等7个安全管理部门开展口岸安全生产大排查，组织职业暴露、生物涉恐等应急演练5次；对进出口危化品实施"批批验核+抽批检测""预约检验、当日出证、快速放行"监管模式，减少危化品滞港风险，实施528批次进出口危险化学品及其包装查验，出具危包证书974份，检出不合格18批次。

【税收征管】2021年，番禺海关开展税源调研，深入55家企业收集解决通关问题44个，加大贸易便利化、市场化采购排除、RCEP等政策宣讲，建立属地纳税人管理台账加强管理。依法科学征管，深化集团财务担保改革，年内办理退税2,137万元，年内汇总征税率24.37%、电子支付率76.31%、自报自缴率94.46%，同比大幅提升，全关税款累计入库24.94亿元。优化原产地管理，签发出口原产地证签证1.58万份，助力企业享受进口国关税优惠2.86亿元。促进企业扩大内销征税，年内销征税税款9,027.69万元，同比增长21.99%。

【检验检疫】2021年，番禺海关抓好口岸疫情防控，年内检疫出入境船舶4,707艘，船员2.8万人次；严格联防联控形成监管合力，处置境外船员突发疾病入境紧急救助，转运发热入境船员1人，实施人道救助6人次，协同番禺区疫情防控水路专班实施入境船员新冠病毒疫苗接种575人次；优化疫情防控人力配置，抽调22人成立第二梯队参加机场海关跟班轮训，组织12批次24人参加口岸高风险岗位人员封闭管理工作，开展岗前培训18期，疫情防控专业能力现场实操训练21次。加大国门生物安全防控，完善"境外信息收集—口岸防控拦截—有害生物监测"监管链条，年内非贸渠道截获外来物种 13 种 159 批次；货运渠道截获检疫性有害生物 5 种 9 批次、一般有害生物 58 种 152 批次，做好国门生物安全检疫性实蝇监测、口岸红火蚁普查监测等，科学实施进出口食用农产品和饲料安全风险监控；加强进境粮食检疫监管，规范粮食加工储备企业管理，办理粮食初审 33 批、8 万吨，粮食调运 6.2 万吨；提升口岸公共卫生核心能力建设，实施口岸食品、饮用水采样实验室检测 95 份、食品快速检测 78 份，截获各类病媒生物 561 只。加大进出口商品食品检验监管。严格进出口商品检验检疫，年内完成进出口机电产品、消费品、工业品检验监管 1,186 批次，检出水性涂料挥发性有机化合物超标、标签说明书不符合我国标准等不合格 69 批次；严把进口食品安全质量关，保障供港澳食品农产品安全稳定供应，精准实施监督抽检和风险监测计划，重点关注进口蜂产品、植物源性食品及日本水产品等高风险产品，年内完成进出口食品化妆品监督抽检 405 批，检测 4,442 项次，检出不合格 160 批。成立进口冷链食品新冠病毒核酸采样及查验工作专班，参加番禺区市场和进口冷链食品疫情防控工作专班、市场监管局检测阳性样本溯源、进口冷链食品出入库管理规范制定等，对 72 批进境货物进行新冠病毒核酸采样 1,482 个，检测结果均为阴性。

【口岸营商环境】2021 年，番禺海关开展"提前申报""两步申报"改革，紧盯再生金属、药食同源商品、冻品和供船保税油等重点商品，加大通关时间异常报关单监控处置力度，12 月进出口平均整体通关时间分别为 13.25 小时、0.5 小时。建立供油地和受油地海关线上审批协调机制，实现保税油供船申请、油料出库、核销结关等环节全流程无纸化。深化实施免除查验没有问题外贸企业吊装、移位、仓储费用试点工作，年内免除查验费用 425 万元，惠及企业 4,525 家。年内，结合番禺区政务服务中心商事登记大厅集约化改革，进驻番禺区 5G+VR"政务晓屋"，依托"云坐席"功能，推进海关企业注册备案全程网办和"开办进出口贸易企业一件事"联办，实现"一次办、全覆盖"，线上办理企业海关备案 1,279 家、便利化注销 398 家。深化"企业升级计划"，与番禺区科工商信局联合签署《促进番禺区企业升级合作备忘录》，成功培育 20 家高级认证企业及 5 家一般认证企业，并依企业申请开具 32 份资信证明。推动粤港澳大湾区建设，服务辖区灯光音响产业集群发展战略，助力广州市珠江灯光科技有限公司入选"国家文化出口重点企业"名单，培强 LAX、PR 民族品牌，引导企业依托发光材料、智能互联等专利优势开拓文化贸易国际市场，助力番禺区成为广东省唯一入选第二批"国家文化出口基地"地区；指导华立科技建立自用型保税仓，助力动漫游艺设备产业经营发展，节约境外高额仓储、物流费用 250 万元，企业年内进出仓货值 3.28 亿元。支持文化旅游产业发展，为广州长隆集团定制个性化"船边直提"通关模式，提升物流速度，打造立足广州、辐射粤港澳大湾区、参观量达百万级的科普教育基地。

【促外贸稳增长】 2021年，番禺海关共监管进境B类快件清单133.1万票，货值3.6亿元，计征行邮税税款1,170.9万元；跨境电子商务进境电子清单49.9万票，货值4.9亿元，计征税款4,720.4万元。年内，该关完善邮、快、跨业务运行机制，完成快件监管区、跨境电商出口及出口退货监管作业场所的整体升级改造。支持全国最大的快时尚跨境电商企业希音集团在穗发展，成立希音公司进出口业务扶持专班，加强税收优惠、AEO认证等政策帮扶指导，目前该企业已在番禺海关注册外综服企业，正有序组织推进"外综服+跨境电商"新业务模式测试。培育地方特色产业优势，助力珠宝保税产业链整体升级，结合穗、港两地珠宝产业"前店后厂"合作发展模式，创新"异地入境、属地检验"监管模式，通过增加深圳、白云机场入境物流新通道畅通珠宝原材料进口，依托企业协调员机制服务成品高效出口，全年番禺区珠宝类货物进出口总值460.68亿元，同比增长64.28%。重点扶持本地钻石切割打磨特色行业，深化"互联网+海关"应用，促进金伯利进程业务发展，年内办理金伯利进程业务60票，监管进出口毛坯钻石15.57万克拉，货值3.6亿元。增加广汽财务公司集团被担保企业数量，节约企业成本41万元，全力保障广汽乘用车、广汽爱信自动变速器有限公司共28批次、货值2,895万美元进口成套设备生产线的整体验收，助力自主品牌汽车发动机国产替代项目落地投产。支持高精度光刻机维修保税仓发展，满足广州科学城、深圳坪山和珠海高新区等地芯片制造企业备用维修需求。精准施策保障中药材、"老字号"月饼、国产锂电池等扩大出口，推动番禺区外贸发展稳中提质。推动钻石进出口一般贸易通关和税收优惠政策落地，提前对接做好政策落地准备，探索拟定监管方案、保障方案等制度，提前谋划广州钻石交易中心场地选址、配套设施规划，加快推动广钻中心保税仓注册和开展业务。

【综合保障】 2021年，番禺海关细化实验室安全管理，提升检测人员业务技能，拓展内控检测社会化服务、场地预防性消毒、涉案财物鉴定等业务，承接番禺区市场监管局2021年食品销售和餐饮两项委托检测项目，年内顺利完成CNAS复评审工作。

南沙海关

【概况】南沙海关成立于2009年3月25日。2021年,该关辖区面积803平方千米,辖内有一类开放口岸13个:南沙港务码头(一期)、南沙海港集装箱码头(二期)、广州港南沙港集装箱码头(三期)、南沙粮食通用码头、南沙汽车码头、南伟码头、南沙货运码头、小虎石化码头、广州港发石油化工码头、广州港鸿业石化码头、广州华润码头、南沙客运港、广州中船文冲船舶修造码头;海关监管作业场所10个:南沙海港集装箱码头、广州南沙东方新造集装箱堆场、南沙粮食通用码头、南沙汽车码头、南伟码头、广州天航快件监管场所、南沙新港合业通快件海关监管作业场所、南沙货运码头、南沙港海新冷链查验中心、南沙港务码头;指定作业场地11个:南沙粮食通用码头进境粮食指定监管场地、南沙港二期码头进境粮食指定监管场地、南沙港海港集装箱码头进境水果指定监管场地、南沙港海新进境水果指定监管场地、南沙港进境植物种苗监管场地、南沙港中可诚进口肉类指定监管场地、南沙合捷进口肉类指定监管场地、南沙港海新冷链查验中心进口肉类指定监管场地、普福南沙新垦物流园进口肉类指定监管场地、南沙港二期码头进境原木指定监管场地、南沙南伟码头进境原木指定监管场地。南沙海关主要监管业务涵盖国际航行船舶(含邮轮)及来往港澳小型船舶监管、海运货物监管、内河及陆路转关运输货物监管,进出境旅客监管及跨境电商、快件行邮物品监管等。3月,广州普福南沙新垦物流园进境肉类指定监管场地获总署批复同意设立为进口肉类指定监管场地。该关内设科级机构35个:办公室(党委办公室)、人事政工科(党委组织宣传部)、纪检监察科(11月撤销)、财务装备科、技术运维保障科、分析预警科、法制科、政研室、综合业务科、稽查科、政务服务科、查检科、自贸区和特殊区域发展科、大南沙审核业务科、小南沙审核业务科、快跨审核业务科、案件处置科、物流监控科、锚地监管科、跨境电商监管科、旅检科、邮轮监管科、货港监管科、天航快件监管科、小虎石化监管科、小虎汽车监管科、散货码头监管科、南沙港查验科、南沙港运输工具监管科、海新冷链查验科、南沙机检集中审像科、南沙港快件监管科、南沙港物流区监管科、南沙港加工区监管科、卫生检疫科。

2021年，南沙海关获得"全国青年文明号""广东省五一劳动奖状"等荣誉称号，集体和个人共计获得市级以上荣誉199次。1个支部连续两年被评为"全国海关基层党建示范品牌"，2个支部被评为广州海关"四强"支部。1个"我为群众办实事"项目入选全国海关"'我为群众办实事'百佳项目"。建成多功能"职工书屋"，获评广州海关"模范职工之家"。年内，南沙海关监管进出口集装箱320.4万标箱，同比增长20.4%，占广州海关总量49.8%；货运量5,187万吨，同比增长12.6%，占广州海关总量70.3%；累计税收入库219.97亿元，同比增长7.2%，占广州海关总量35.5%。南沙区进出口总值2,600.3亿元，同比增长14.7%，约占广州市外贸总值四分之一。

【疫情防控】2021年，南沙海关落实"三查三排一转运"，实行"一船一方案"开展精准防控，开展"分区分级分梯队"作业，完善登临检疫、船员换班等闭环管理链条，加强关地联防联控机制，畅顺关地信息双向推送渠道。全年检疫监管进出境船舶1.31万艘次。坚持"人物同防"，通过预审证措施加强进口冷链货物来源地等信息验核，压实高风险商品进口场所经营主体责任，严格落实"三区二通道"，建立健全集中封闭管理长效机制，船舶登临检疫、冷链货物查验实行"14+7+7"工作模式，先后组织326人次参加封闭管理，确保口岸监管人力调配顺畅，建立三级安全监督检查机制，狠抓安全防护和规范操作监督检查。

【口岸国门安全】2021年，南沙海关持续打击"洋垃圾"进境，严防"以废充旧""以废冒充再生原料""以渣充矿"。落实食品安全"四个最严"要求，开展进口食品"国门守护"行动，加强食品进口检测力度及安全风险监测。抓好源头把控，全年监管供港蔬菜2,190吨、供港活鱼814吨。加强进口农产品、木材等关键商品检疫，全面开展一般贸易、跨境电商、寄递渠道生物安全监测，细化落实"国门绿盾2021"，全年截获有害生物多种类种次。落实进出口危化品监管要求，推进危化品堆存及查验场设施整改，加强安全隐患排查和巡查，查获夹藏1类危险品烟花爆竹情事，消除口岸重大安全隐患。加强知识产权保护和普法宣传引导，加大市场采购、跨境电商、出口转运等领域知识产权保护力度，入选广州海关年度知识产权保护十大典型案例2个。

【打击走私】2021年，南沙海关建立风险、监管、缉私等多部门联系配合机制，开展"国门利剑2021"专项行动，查发跨境电商"掌上游戏机"归类申报不实等违规情事。推动建立海关、公安、边检、海事及烟草等多部门联系配合机制，解决冻品处置、"三无"船舶认定、涉案货物移交及扣押货物处置等掣肘难题，开展珠江口水域打私联合行动。

【创新示范区建设】 2021年，南沙海关支持培育南沙进口贸易促进创新示范区25项措施，培育进口规模、提升通关便利、优化贸易结构，推动南沙打造大型先进技术设备进口核心基地、民生消费品集散中心、大宗商品国际分拨枢纽等项目。加强国际航运枢纽配套，以货物集聚带动航线挂靠，全年南沙港区净增外贸班轮航线21条，总量达135条。创新大宗商品快速通道，实施"边检边卸""不登轮查验""两段准入"等系列措施，助推口岸粮食进口190.3亿元，同比增长1.1倍，推动南沙跃居全省第一大粮食进口口岸。扩大冷链商品聚集优势，运用预审证、提前申报等措施前置申报、审核环节，压缩整体通关时间，协调总署在南沙港三期设立进境肉类、水果、植物种苗综合性指定监管场地。主动对接香港科技大学（广州）、中山大学附属第一医院等科研医疗机构和高新技术企业，提供先进技术及设备进口政策支持。服务广州市获批保税燃油加注许可，推进保税燃油混兑业务等重点业务发展。

【综合保税区建设】 2021年，南沙海关支持全球人道主义应急仓库和枢纽建设。对接"三步走"建设方案，推进各阶段仓库建设，支持货物按状态分类监管，实现货物24小时智能便捷通关，满足应急物资采购、存储、运输特殊需求。支持华南保税医药平台建设，打造"一次进境，分批清关"药品进境监管模式，全年药品类外贸进口25.4亿元，同比增长59.5%。支持大湾区文化保税创意中心建设，创新文化产品保税监管模式，开辟文化艺术品入境、出区保税展示绿色通道，年内进出口文化产品货值24.8亿元，同比增长1.1倍，"创新文化保税业务"入选广东自贸试验区第五批制度创新案例。支持保税加工业务功能拓展，推动开展南沙综合保税区保税维修、饲料加工等项目，全年保税加工进出口25.52亿元，同比增长4.02%。

【自贸试验区建设】 2021年，南沙海关开展海关全业务领域创新改革，累计推出53项自主创新举措，其中5项在全国复制推广，36项在广东省内复制推广，"'智慧海关'助力南沙通关大提速"入选广东自贸试验区最佳案例，"创新文化保税业务"入选广东自贸试验区第五批制度创新案例。落实综合保税区RCEP试点工作，推动自境外入区货物免于实施商品检验、签发未再加工证明等RCEP有关措施在南沙综合保税区先行先试。推进加工贸易改革，开展广州关区首个跨直属关区企业集团加工贸易监管改革试点，完成广州关区首个残次品管理改革试点。

【通关物流网络与"智慧海关"建设】 2021年，南沙海关叠加"内外贸同船运输""启运港退税"等创新举措，推进

"湾区一港通"改革，以南沙为母港联通珠三角10个内河码头；实施飞机租赁"南沙注册企业、机场异地监管"模式，拓展至深圳宝安机场，全年累计开展保税融资租赁异地委托监管业务飞机17架，其中纳入南沙外贸12架；创新"保税+会展"汽车进口模式，打通南沙与西南地区4条商品车海铁联运出海通道，推进与天津、海南等地特殊监管区域汽车"区区流转"业务。拓展多式联运体系，支持湾区机场国际货运共享中心落地运作，打造便捷的航空出口通道，支持南沙港铁路开通，连接中欧班列与海运通道。推进"智慧海关"建设，聚焦实货监管，优化查验辅助机器人、移动远程监管等重点应用，推进智能审图，承建的22个应用项目不断完善，打造全天候智能通关模式，叠加"两步申报""两段准入"等改革，让更多企业"无感"通关。推动通关信息化系统集成联动，依托海运物流智能化系统、关港通系统实现关港信息交互，推动"单一窗口"连接码头、船代、报关企业，解决口岸运作系统"蜂窝煤"状态，配合地方政府建设及试运行溯源辅助信息系统。

【口岸营商】2021年，南沙海关开展查验服务费改革，率先将口岸检验检疫作业没有问题的货物吊装、移位、仓储费用等纳入改革范围，全年免除口岸查验配套服务费6,050.58万元，惠及企业8,950家次。实现海关业务全流程线上办理，全面简化进出口报关单随附单证，取消企业提交办理证明81种。推广"直装""直提"创新，支持进口货物抵港卸货、码头直提，出口货物工厂发货、直通码头，进口提箱最短压缩至1.5小时、出口集港压缩至1~2天。2021年12月，南沙进口整体通关时间为22.59小时，较2017年压缩75.1%，出口整体通关时间为0.94小时，较2017年压缩96.81%。助推南沙在"中国营商环境评价"跨境贸易指标中排名全国新区第一，广州海关推进智慧通关在南沙落地相关项目被纳入国务院发展研究中心《优化营商环境条例》创新举措并全国推广。

【服务企业】2021年，南沙海关与南沙区建立"总对总"重点企业通关保障机制，推动出台支持企业扩大进口扶持政策，吸引异地企业外贸数据落地、属地企业入驻回流，新增注册企业824家，全力推进"企业升级计划"，全年培育高级认证企业31家，同比增加52.5%。通过"互联网+海关"平台开展主动披露，企业全程"零接触、零跑动"，全年受理主动披露55宗。聚焦RCEP原产地规则和关税减让政策，通过政策宣讲会、政务专窗等方式覆盖宣传400余家企业。灵活运用税收担保政策，推进"一保多用"，扩大关税保证保险、企业集团财务公司担保、企业增信担保等改革，推进综合保税区一般纳税人试点，充分释放改革红利，降低企业资金周转压力。加强同地方知识产权保护机构执法协作机制，与区法院合作设立知识产权纠纷调处中心,对侵权纠纷提前预防、诉前化解,降低企业维权成本。年内,南沙区一般贸易进出口1,184.5亿元,同比增长34.8%,加工贸易进出口373.5亿元,同比增长17.3%。"一企一策""一行一策"滚动式优化稳外贸措施,吸引粮食、冻品等重点商品聚集南沙进口。跟进南沙区外贸目标调整,加强外贸运行监测,每月定期向区领导报送外贸分析要报,在年底外贸冲刺阶段加强与区口岸办、区商务局等相关部门沟通对接,紧盯飞机融资租赁、市场采购等重点项目,确保全年任务目标顺利完成。

越秀海关

【概况】越秀海关成立于2019年1月7日,是受广州海关直接领导的正处级隶属海关,辖区内无通关口岸。职能方面,负责办理广州市越秀区范围内进出口企业海关业务各类管理工作,集约化负责广州关区稽查行动管理、指挥统筹参与重大稽查行动、协调跨关区稽查联动等业务。人员机构方面,行政编制70名,内设科级机构9个,分别为办公室(党委办公室)、人事政工科(党委组织宣传部)、技术运维保障科、分析预警科、综合业务科、属地外勤科、政务服务科、机动稽查一科、机动稽查二科。

【党史学习教育】2021年,越秀海关抓好总署、广州海关各项重大决策部署在关区的落地,细化"两个维护"责任清单,明确8方面16项内容;进一步规范"第一议题"制度,制发执法一线科长行为规范,明确队伍建设、党风廉政建设、业务建设及行政管理4方面33条要求;不断完善"三重一大"决策机制,重新修订党委议事规则规范决策程序;严格落实中央八项规定精神,制定全面从严治党重点工作任务;针对关区工作基础薄弱环节,启动组织力工程、创文工程、篱笆工程、成长工程等四项工程,全面落实责任提升工作质效。在越秀海关网站主页设置"党史学习教育"专栏,持续深化学习教育;开展党委专题学习和中心组学习研讨、互动交流15次,班子成员讲党课4次,开展支部书记党课"大比武"及支部书记谈党建活动;依托越秀区31处红色史迹资源,开展"红色党课"实地研学;联合技术中心食品包装材料实验室开展"学党史、强信念、跟党走"党史知识竞赛;全力推进"我为群众办实事"实践活动,设立"急难愁盼"问题库,落实为群众办实事210件,为260多家外贸企业纾困解难;作为广州海关代表单位,向总署党史学习教育巡回指导组和广东省直工委宣传部展示"越秀越精彩"党建成绩。

【专项整治】2021年,越秀海关开展"现场监管与外勤执法权力寻租"专项整治行动,机关党委下设的10个支部对照现场监管与外勤执法领域典型违纪违法案例进行学习，联合广州海关企业管理与稽查处围绕主题深入研讨，剖析违纪根源，查找工作漏洞，提出风险防控建议；运用谈心谈话、座谈了解、问卷调查、企业调研及数据分析等方式，查找风险和问题。对照广州海关风险清单，建立廉政风险防范长效机制，完善关区廉政风险清单，促使整改工作常抓不懈。全年没有收到相关信访举报。

【政务服务】2021年，越秀海关成立"企业升级计划"工作专班，提高企业认证作业效率；积极开展AEO远程培育、"无接触"认证服务。全年共开展守法规范性培育活动76家次，16家企业"升级"为高级认证企业，比2020年同期增长3倍；截至2021年12月31日，辖区共有高级认证企业40家，比年初增长69.6%。积极推进报关企业"许可"改"备案"改革，支持行政相对人通过国际贸易"单一窗口"、"互联网+海关"、"粤商通"提交备案申请，实现海关政务服务事项指尖办、在线办，全年共开展企业备案登记作业692家，截至12月31日在册企业5,381家；28家属地企业实现"通办"企业海关资质业务；进一步压缩注销办理时效至11个工作日，联合越秀区市场监管部门，对未注销海关手续的企业开展清理工作，共清理4批次120家企业。

【属地申报】2021年，越秀海关进一步提升通关效率，全年进口整体通关平均时长为8.3小时，较上一年压缩10%；引导辖区企业实现"越秀报关、全国通关"，指导辖区企业规范申报行为，帮助企业协调解决口岸通关问题，降低企业通关成本；加强与辖区47家重点通关保障企业沟通联系，进一步落实汇总征税、自报自缴等便利措施，联合越秀区商务局举办面向辖区40家高级认证企业的RCEP政策宣讲会。全年属地申报纳税开单数3.15亿元，同比增长26.54%；税收入库2.93亿元，同比增长26.52%。

【支持外贸】2021年，越秀海关联合荔湾海关向辖区相关市场主体开展市场采购政策宣讲和调研，推动流花服装批发市场成为2021年新增市场采购拓区试点单位。全年越秀区共有新大地服装城、万菱广场、流花服装批发市场3家市场采购贸易拓区试点单位。年内，越秀区市场采购出口37.2亿元。

【属地外勤】2021年，越秀海关强化稽查核查联动合力，年内新开稽查作业16宗，办理"主动披露"2宗；全力推进"国门利剑2021"联合专项行动，查获以刷单拆单方式走私进口、伪瞒报成交价格、未如实申报特许权使用费等案件。持续做好特殊物品移动远程后续监管试点工作，探索开展进口机电产品远程视频查检作业，创新开展EMS广东政务服务专线快递"入境货物检验检疫证明"服务，不断提高查检工作效能。全年共完成特殊物品后续监管 74 票，平均通关监管时长缩短至 0.5 小时；共完成进口货物目的地检查 1,131 票，货值 1.52 亿美元，涉检行政处罚 1 票。

【专项稽查】2021 年，越秀海关推进跨关区稽查，发挥稽查尖兵的引领作用，牵头组织广州海关相关隶属海关稽查部门实施固体废物、再生金属、跨境电商、濒危植物制品等 10 个行业 142 家企业的专项稽查，查发问题企业 118 家，涉及货值 20.14 亿元。在"断链刨根"专项整治行动中，派员实施跨关区稽查，联合成都海关稽查部门查发成都某公司进口的跨境电商物品存在涉嫌伪报贸易方式、低报价格和支付单造假情事，涉及货值 1.07 亿元。组织实施"围网行动"，专项稽查企业 17 家，查发问题企业 11 家，涉及货值 6.83 亿元。大力开展涉检专项稽查，构筑国门安全防线，查发 2 起涉嫌违报濒危材质逃证骗税情事，涉及货值 2,683 万元。

【疫情防控和安全生产】2021 年，越秀海关细化内部管理具体措施，及时排查并整改风险点，完善越秀海关疫情防控工作专班、安全防护监督员、疫情防控应急处置小组及疫情防控党员突击队多级责任主体；动态调整本关内部疫情防控措施，全年制发本关内部疫情防控通知 14 份；强化监督检查，全年接受广州海关视频督导 1 次、外出台账检查 2 次、"三个清单"检查 1 次；组织 20 名干部分 10 批分赴机场口岸一线参加疫情防控第二梯队跟班轮训。认真贯彻落实新修订《安全生产法》；强化信息系统安全管理，年内无发生重大网络安全及运维故障情事；联合广东省科学院内各单位开展消防安全演练，强化联防联控水平；加强与食品接触材料实验室沟通联系，签订内部安全联防联控备忘录。

【制度建设】2021 年，越秀海关结合关区业务实际，制定、修订越秀海关关党委工作规则、越秀海关工作规则，以及机要保密、应急管理、节能减排等方面工作规范性文件，为"强基提质工程"夯实制度基础；通过各科自查、专项工作小组汇总、分析预警科检查评估的方式，从审批流程、工作闭环、跨科室业务衔接、主要节点及风险点等方面着手，制定工作手册，明确各科室涉及业务全流程项目清单，重点加强对业务结合部的运行监督，切实推进业务操作规范化。

【综合协调】2021 年，越秀海关落实法治建设"第一责任人"职责，做实做细"谁执法、谁普法"的普法责任制，突出重要时间节点开展法治宣传，持续推进"三进"活动，全年共开展"三进"活动 52 次；加强保密法律法规学习，全年无泄密情事发生；持续完善相关机制，承接广州海关督办事项 2 项已按时办结；规范开展政务公开工作全年共通过门户网站主动公开信息 13 条，完成依申请公开 1 宗；与越秀区商务局签署共同促进区域企业升级合作工作机制，与越秀区市场监督管理局签订加强知识产权保护合作协议。完善经费支出管理制度,努力实现财务自主平衡。开展动态监测分析并定期考核评估执法活动数据,梳理内控节点;定期开展日常复核自控工作以及自查和监督,夯实基层自控、职能监控、专门监督"三道防线"。

荔湾海关

【概况】荔湾海关成立于2018年12月14日，辖区范围为广州市荔湾区，按授权负责广州关区市场采购贸易方式集约化管理以及广州市荔湾区范围内海关各类管理工作。主要职能：负责党的基层建设和干部队伍建设；办理辖区具体海关业务，反馈执法作业结果；统筹承担广州海关关区市场采购贸易具体监管业务，推进并组织实施关区市场采购"互联互通"模式，协调地方政府及相关部门对市场采购进行协同监管，建立健全市场采购贸易价格管理机制等相关事项。该关内设正科级机构9个：办公室（党委办公室）、人事政工科（党委组织宣传部）、技术运维保障科、分析预警科、属地外勤科、政务服务科、综合业务科、市场采购监管一科、市场采购监管二科。

2021年，荔湾海关市场采购监管一科党支部获评广州海关2019—2021年度先进基层党组织；"广萍工作室"获广州海关2021年度"巾帼文明岗"称号；1人获评"广东好人"及广州海关学雷锋志愿服务先进个人；5人次获广州海关优秀共产党员、优秀党务工作者表彰。

【政治建设】2021年，荔湾海关党委中心组、机关党委、各党支部共组织学习15场次，分组讨论3场次，党员干部撰写学习心得22篇。联合中山大学文献与文化遗产管理部党委，邀请马克思主义理论专家做党史学习教育专题讲座。建设规范化、常态化党建阵地"初心堂"，举办各类党建活动100余次；创新开展"五个一"活动（每日一学、每周一诵、每月一讲、每季一测、每年一评），推送每日一学"党史微课堂"202期，举办每周一诵"红色家书诵读会"13期，每月一讲"党史讲堂"8期，每季一测4次，结合党建述职开展年度党员评议1次。围绕"企业关切、群众期盼"，制订"我为群众办实事"重点项目清单，为企业解决最急最忧最盼问题。

【党风廉政建设】2021年，荔湾海关制订全面从严治党主体责任清单及任务分解表，召开2次党风廉政建设工作会议暨廉政形势分析会。落实中央八项规定精神，开展"现场监管与外勤执法权力寻租"专项整治工作,对照总署第六检查组实地检查反馈意见指出的问题,制定具体整改措施,分类施策、逐项落实。保持反腐败高压态势,围绕"围猎与反围猎"斗争,加强日常监督,推进清廉海关建设。建立岗位节点清单,强化督察职能作用。

【疫情防控】2021年,荔湾海关成立内部防控工作组,建立"发现问题、整改措施、完成情况"三个清单。响应广州海关党委号召,按照"三个优先"原则做好疫情防控"第二梯队"支援人员选拔和培训,以突击队员为班底组织10批次18人支援白云机场海关一线,先后18人次获机场海关表彰。参加荔湾区联防联控机制,在本土疫情发生后,根据荔湾区工作要求,派员26人次支援社区工作,支援荔湾区石围塘街道社区支援大规模核酸检测工作,顺利完成任务。荔湾海关支援抗疫相关先进事迹先后获"学习强国"和《中国国门时报》刊载。科学调整疫情防控期间工作模式,关心关爱队员身心健康,对支援一线抗疫的党员每期均开展"云慰问",适时开展"疫情防控微课堂"培训,提升抗疫技能水平。

【市场采购】2021年,荔湾海关履行集约化管理市场采购试点职责,统筹花都、顺德两个"国家级市场采购贸易方式试点",助力推动形成"双循环"发展新格局。形成统一服务、统一监管的管理机制,组建跨科室专家团队,摸清底数,开创"两个试点申报,数据后续集约核查"新模式。推进监管监控体系智能化、信息化,创建实时在线监管系统,通过大数据监控,精准识别和管控风险;定期开展监控,对发现的不实申报现象,第一时间提请职能部门处置,保障外贸数据准确安全;2021年牵头开展机动查验65票,自主查发知识产权案件6宗。主动查发"两简"案件172宗;向职能部门提交涉嫌重复申报报关单138份,货值3,570.6万元,涉及发货人6家、申报单位4家、关联集装箱68个。跨部门协同,齐抓共管,联合税务、外汇等部门成立市场采购贸易方式企业综合服务小组,为企业提供备案、退汇、通关等"一站式"服务;打造跨部门全链条监督管理制度,构建监管闭环;与商务部门联手清理"僵尸"企业30家。拓展市场采购贸易方式试点,积极支持花都试点集聚区拓展至广州市区内5家专业批发市场——新大地服装城、万菱广场、中港皮具城、环球商贸(步云天地)中心、流花服装批发市场;推动商务部门定点培育1家外贸综合服务企业;完善拓区市场的监管服务机制。荔湾海关共集约化监管市场采购货物555.2万吨,出口货值2,565.1亿元,占全国市场采购出口值的27.6%,其中花都试点出口值1,501亿元、顺德试点出口值1,064.3亿元。监管市场采购报关单64.2万份,约占广州海关报关单的15%。

【属地查检】2021年,荔湾海关监管货物1,445批次,其中进口858批次,出口587批次。检出不合格食品2批次、食品标签不合格2批次，均依法依规进行处置。研究"一带一路"国家标准及国内外新冠肺炎疫情对烟草出口影响，引导广东中烟工业有限责任公司响应国家"一带一路"倡议、深化与沿线国家客户合作，扩大出口市场空间，年内检验检疫监管出口烟草98批、6,317吨，货值8,951万元。监管与服务花卉产业，落实通关便利化措施，专人对接，及时解决疫情防控期间企业报关问题，设置"绿色通道"，及时做好花卉出口的报关单审核、检疫、出证、放行，前移检疫监管，压缩抽样检测时间，加快出证放行速度，确保出口"零延迟"。把好出口检疫关，密切关注国外相关标准要求，定期开展外来有害生物监测，指导企业强化种植加工、病虫害监测等环节的管理，及时、准确掌握种植场病害生物情况，通知企业及时完善除害措施，从源头保证产品安全符合检疫要求。年内，检验检疫监管出口木制品203批，货值14,034万元；花卉苗木144批次，988万株，货值1,404万元；水草62万余株，货值86万元。监管与服务水生动物产业，严格落实进境观赏水生动物检疫审批许可制度，隔离检疫期间，海关关员对进境观赏鱼进行全天候视频监控并定期到场监管，关注其食用饲料、水质卫生以及健康等情况，按规定开展疫病监测工作，落实各项检验检疫措施。开展进境观赏水生动物隔离检疫537批，对进境观赏水生动物共抽样监测228批次、抽取样品513个，先后3次从进境观赏刺尾鱼、鲉鲤鱼、海藻虾中检出国家二类动物疫病。

【企业管理】2021年，荔湾海关制定实施促进跨境贸易通关便利化的18项具体细化措施，持续压缩货物通关时间，推动荔湾区外贸高质量发展。加强与荔湾区发改、商务、市场监管、信用办等部门联系，建立重点企业台账，落实"首席服务官"机制，及时掌握地方重大项目或政府扶持企业动态情况，探索信用分级分类海关监管机制，推进"优先办理、信任监管、免担保、创新监管、联合激励和专属服务"等22项AEO企业便利化措施落地见效。紧贴荔湾区医药港建设、专业市场转型升级等重点项目，找准定位，把海关政策送上门，组织开展新信用管理办法、RCEP、加工贸易、保税监管等政策宣讲8次，为50多家外贸企业进行政策解读和答疑解惑。建立微信平台咨询答复轮值机制及"24+16"医药类和地方政府重点关注企业的调研台账，协调解决企业问题30多个，支持国际医药港打造省级综合试验区的新标杆，帮扶芳村茶叶市场开拓出口外贸市场。年内，关区注册企业共计2,859家，培育AEO认证企业8家，办理企业通用资质业务903家，办理特定资质备案51家，接待现场办理业务的企业人员400多人次，受理各类业务咨询和热线800多个，做到零差评、零投诉。

【稽核查工作】2021年，荔湾海关按

照属地管理原则,结合辖区实际摸清底数,开展稽核查行动,办结核查作业51宗,稽查作业14宗,办结行政处罚案件4宗。

【缉私工作】2021年,荔湾海关推动集约化管理通关监管模式,统筹实施花都、顺德两试点市场采购贸易"快速办理案件"办理,破解两试点间案件线索移交难题,统一办案标准,梳理作业流程,保障案件查、办流转无缝衔接;成立案件办理小组,案件的立案、处罚由小组集体研判决定,制约自由裁量权,同时加强案件复核,及时更正案件办理纰漏。荔湾海关共办理市场采购"两简"案件172宗,涉检行政处罚4宗,口岸查验查获并做"两简"案件处理共28宗,合计204宗。

【综合治税】2021年,荔湾海关加大属地企业纳税管理,梳理关区主要税源企业情况,安排专人专责制定税收调研情况表,采用"线上+线下"模式,实地走访、微信、电话了解关区纳税情况,一对一、点对点解决企业的疑难和通关堵点。宣传海关通关政策,引导企业运用"两步申报""两段准入""汇总征税"等便利措施,宣讲属地申报属地纳税政策,破解企业疑虑,提升企业属地纳税意愿,做好通关服务工作。加强存量挖潜,提升税收质量,对辖区企业税收情况进行每周梳理,并进行监控分析,对新增税源企业进行辅导涵养,提升属地纳税信心,规范申报率名列关区前茅。年内,荔湾辖区本部(5115)受理一体化进口报关单1,017份,出口报关单1,083份。关区税收入库9,001万元,同比增长82%;税收开单数1.13亿元,同比增长1.24倍。

肇庆海关

【概况】肇庆海关是受广州海关直接领导的正处级隶属海关，主要负责肇庆关区海关监管工作，进出口关税及其他税费征收，出入境卫生检疫、出入境动植物及其产品检验检疫，进出口商品法定检验，海关风险管理，国家进出口货物贸易等海关统计，实施上级海关科技发展规划、实验室建设和技术保障规划和完成上级交办的其他任务。肇庆海关下设14个正科级机构，包括办公室（党委办公室）、人事政工科（党委组织宣传部）、财务装备科、分析预警科、综合业务科、政务服务科、稽查科、查检科、三榕港监管科、四会港监管科、高要港监管科、新港监管科、跨境电商监管科、技术运维保障科；2个事业单位，分别是综合技术中心（肇庆国际旅行卫生保健中心、肇庆海关口岸门诊部）和后勤管理中心。缉私分局为处级编制的海关缉私警察，主要查办辖区内的走私违法案件。下设6个科室（办公室、侦查科、法制科、海缉六中队、云浮缉私科等）。肇庆海关、肇庆海关缉私分局共有在职干部职工239人。设党支部18个（含派驻纪检组党支部）。

【基层党建】2021年，肇庆海关坚持"第一议题"制度，先后44次召开党委会、党委中心组理论学习会，学习习近平总书记系列重要讲话精神，不断增强"四个意识"、坚定"四个自信"、做到"两个维护"。制订党委及成员履职清单，梳理99项工作事项，清单式压紧压实主体责任。党委委员每月至少2次深入科室跟班蹲点，深入一线调研500多人次，掌握实情，解决企业和干部职工"急难愁盼"问题。班子工作作风得到干部群众肯定，满意率达99.8%。坚持抓两头带中间，以"四强"支部三榕港监管科党支部为引领，开展党建工作交流会2次，蹲点帮扶，组织党务知识专题培训、督导检查4次，促进支部共同进步、平衡发展，推动党建和业务同频共振、深度融合。强化党建引领作用，通过党员责任区、示范岗、攻关项目等有效载体，组织党员干部当表率、做贡献，"一支部一品牌"局面初步形成，党支部书记抓党建、带队伍能力得到提高。科级领导干部工作能力和作风评价获得"好"的占比98%。

【思想建设】 2021年，肇庆海关针对干部队伍中存在制约关区事业发展的安于现状、甘居下游、活力不足、不懂不学、不会不干现象，开展"肇关三问"，引导全体干部职工围绕"是否还铭记入党誓词和初心使命？""作为关员，是否希望肇庆海关明天会更好？""作为党员、关员，是否要为肇庆海关做些什么？留下什么？"三个问题深入思考，疏通思想堵点，激发干部干事创业活力。坚持知人善用、人尽其才，全面摸底队伍专业特长、性格特点，对51名干部进行岗位交流。成功争创"广东省三八红旗集体""广东省五四红旗团支部"等集体荣誉23项，"广东省五一劳动奖章"等个人荣誉84人次，队伍精气神总体评价获得"好"的占比91%。

【廉政建设】 2021年，肇庆海关统筹推进"现场监管与外勤执法权力寻租"专项整治工作，组织131名一线关员撰写心得体会。对自查发现的问题，深入剖析问题成因，分类施策，精准施治，压实管党治党责任。通过"以案说法"警示教育、发送"廉政小贴士"、组织前往廉政教育基地学习，督促绷紧纪律弦。

【党史学习教育】 2021年，肇庆海关党史学习教育强化组织领导，细化56项具体工作措施，明确党委委员、机关党委、党支部3类主体任务台账，实现挂账推进、可查可控。组织各支部拍摄《我想对党说》短视频、"打卡"红色地标、"光荣在党50年"纪念章颁发等活动，相关信息被"金钥匙""海关爱创作"等载体采用200多篇次。深入践行"我为群众办实事"活动，细化48条措施，先后18次对接地方各级党委政府，就提升地方贸易便利化水平、产业整合等提出18项建议措施。

【岗位资质管理】 2021年，肇庆海关面对因现有岗位资质人员不足、实操能力不强、与岗位需求不匹配、执法不当多发频发等问题，陷入"人力大关、人才弱关""高质量发展之困"的现实难题，坚持问题导向，明确以岗位资质考试为切入点，通过"小切口"助力解决发展"大问题"。通过采取先解决数量、再提升质量、后形成机制"三步并作一步走"策略，推动岗位资质人才队伍从"存量不足"到"数量增长"再到"质量提升"的转变，年内共有122人报名参考，111人考取各类岗位资质，执法一线科室具备资质人员比例提升至75%。将资质考试与考核评优、荣誉推选、党建考评相关联，提升关员考取资质积极性，今年以来对积极考取资质的16人予以季度考核优秀，7人推荐参评并获得表彰奖励。

【内控管理】 2021年，肇庆海关加强内控工作，组织开展科室管理审计等检查，提升规范管理水平。梳理科室内控节点，并应用节点开展内控复核。加大HLS2017新海廉系统应用力度，及时处置督审监控预警平台有关提示数据，加强业务管控。

【群团工作】2021年，肇庆海关联合专业机构对封闭管理人员进行心理辅导、干预13次，慰问各类干部职工44人，组织56名女职工参加公益保险项目。组织"健康月""三八妇女节"、篮球比赛、游园摄影、徒步健身等群众性文体活动，在广州海关庆祝中国共产党成立100周年五四演讲比赛中，荣获三等奖。擦亮"海关三进""蓝色行动""薪火相传"等志愿服务品牌，开展社区结对帮扶等志愿服活动20余次，青年战疫突击队获评肇庆市优秀战疫志愿服务组织，1名同志获评肇庆市"五星级"志愿者、广州海关2019—2020年度学雷锋志愿服务先进个人。

【行政综合】2021年，肇庆海关落实过"紧日子"要求，开展安全生产检查，细化物业管理，成立膳食委员会，妥善完成肇庆兴龙检验检疫服务有限公司清算注销工作，提升资产清理效率。聚焦辖区内、重点业务条线工作，报送各类信息、新闻稿件被采用300多篇次，全年信息得分位列所有隶属关第一名，全年新闻得分位列同组第三，创历史最好成绩。政务平台建设连续三个季度获得优秀。加强政研队伍建设，向上级机关投稿13篇，被采用4篇；向海关学会投稿5篇。组建"肇关普法志愿服务队"，进企业、进学校、进社区普法活动10余次，受益600多人次。认真落实"龙腾行动"工作方案，与5家重点企业"一对一"建立知识产权海关保护关企长效合作机制，与地方市场监督部门合作开展知识产权保护专题宣讲、假冒伪劣产品集中销毁等活动3次，综合施策推动普法工作取得实效，1个集体和1个个人分别荣获广州海关2019—2020年度依法行政先进集体和先进个人。

【风险管理】2021年，肇庆海关发挥联络员队伍作用，深化风险、监管、稽查、企管等部门间配合，针对各条线、各领域梳理执法、管理和廉政方面主要风险点，制定具体防控措施。结合"智慧海关"建设，协助高要推进CAAS个性化项目建设落地。完成货运渠道人工分析查验报关单145票，发现涉嫌侵犯知识产权、申报不实影响出口退税、漏缴税款、锡矿精辐射超标、进口固体废物等6票。

【业务改革】2021年，肇庆海关推进"智慧海关"CAAS项目建设，项目成果被推荐参加第九届广东省市直机关"先锋杯"工作创新大赛，10月被正式列入广州海关"智慧海关"项目群。推动起运港退税、"湾区一港通"模式、粤港澳大湾区组合港"肇庆高要—深圳蛇口"项目在肇庆口岸顺利落地，有力推动物流和监管智能化。顺利启动企业自助打印报关单功能试点工作并成功办理全国首票业务。关区无纸化应用率为100%；"两步申报"为30.1%。

【综合治税】2021年，肇庆海关建立109家属地企业异地纳税情况台账，对异地纳税超10万元的53家企业一一走访、了解情况，引导绝大多数企业税源回流。

开展再生金属、高端电容等重点商品税政调研，促进国家有关标准管理部门发布相关国家标准。日通报、周监控、月分析机制，提高科学征管效能，各项税收征管指标完成进度持续向好。全年累计税收入库7.34亿元，同比上升22.33%。共引导64家企业税收回流、新增税源近亿元。

【重点商品监管】2021年，肇庆海关从严抓好重点进口敏感商品再生金属监管，规范取样送检、查验设备保管使用、查验集装箱摆放，加强人员培训，规制取样自由裁量权；引导企业从配备H986设备的肇庆新港进口，提升监管效能和通关效率。共监管进口再生金属97,685吨，货值24,817万美元，退运处理不合格33批，查获固体废物6票。

【服务外贸发展】2021年，肇庆海关实施一县区一方案产业调研，支持综合保税区、保税物流中心（B型）申建和跨境电商综合试验区建设，协助地方引入龙头企业。建立海关联络员制度，专人联系广东风华高新科技股份有限公司、广东金田铜业有限公司等重点企业，协调解决通关问题，促进优质项目建设、投产。推动首批"就地申报、直通香港"新模式粤港澳大湾区肇庆（怀集）绿色农副产品集散基地蔬菜顺利供港，切实服务农民增收。签发各类原产地证书9,679份，签证金额为4.804亿美元，同比分别增长7.75%和24.46%，为辖区内企业获得关税优惠2,882万美元。开展企业专题辅导42次，确定AEO高级认证企业培育名单19家，成功培育12家，同比增加300%，顺利完成"企业升级计划"任务。

2021年，肇庆海关为33家农产品出口基地（企业）"点对点"办理出口备案，监管农副产品出口5.48万吨、10.33亿元。提供政策、法规等相关咨询服务，指导企业加强对原料、成品自检自控，及时协调解决通关问题，促进辖区蜂蜜产品、"佛跳墙"、新能源锂电池等首次出口海外；德庆贡柑首次出口欧盟。顺利完成美国农业部对输美鲇鱼等效性评估检查，指导企业继续获得出口美国资质，共监管出口冻叉尾鮰鱼鱼片4,681.44吨、3,209.55万美元，同比分别增长26.48%、40.82%。

【检疫防控】2021年，肇庆海关检疫查验进出境人员13,189人次，新冠病毒核酸检测零感染。优化疫情防控"三个梯队"，组建入境人员卫生检疫专项小组，严格实施"14+7+7"封闭管理，对来自重点地区集装箱，严格按指令要求进行采样和消毒处理。严格落实"日报告、零报告"制度。截获旱雀麦、弓背蚁属等有害生物33种56次；监管供港澳活猪约31,720头、生乳约13,527吨、新鲜蔬菜约8,300吨、冰鲜禽肉566万只，保障港澳市民"菜篮子"安全稳定。

【打击走私】2021年，肇庆海关制订实施方案，严厉打击"洋垃圾"、涉枪涉毒、成品油等重点涉税商品走私，全年立案各类案件303宗，案值19,086万元。查获涉嫌侵犯国内自主专利权风扇电机3批次、5.3万台，涉案货值124.7万元。参加地方打私办联合会议3次，配合开展联合执法2次。

【稽核查作业】2021年，肇庆海关对23家原进口固体废物加工利用企业、21家进口再生金属企业共开展3轮专项稽查，查发漏报境外加工费、低报价格等违法违规情事11家。实施稽查作业46宗，主动披露作业6宗。利用网上核查、第三方检验结果采信、企业自查结果认可等开展核查20起，与市场监管、税务等部门开展联合抽查4次，实现"进一次门、查多项事"，降低行政成本。办结核查作业253宗。

韶关海关

【概况】 韶关海关是受广州海关直接领导的正处级隶属海关,主要负责韶关市范围内海关各类管理工作,包括办理通关监管、税收征管、进出口企业资质管理、信用管理、加工贸易保税监管、进口目的地检验、出口产地/组货地检验检疫和跨境电商直购进口商品、进出境快件的现场综合业务、查验、运行监控等业务,并向广州海关反馈执法作业结果,同时完成广州海关交办的其他工作。

韶关海关共有正科级科室9个:办公室(党委办公室)、人事政工科(党委组织宣传部)、技术运维保障科、分析预警科、综合业务科、查检科、政务服务科、稽查科、监管科。干部职工66人。设立纪检组党支部、办公室党支部、人事政工科党支部、分析运维科联合党支部、综合业务科党支部、查检科党支部、政务服务科党支部、稽查科党支部、监管科党支部、综合技术服务中心党支部、退休人员党支部共11个党支部。

【政治机关建设】 2021年,韶关海关以争创"四强"支部为抓手,研究制定《中共韶关海关党委关于加强业务建设的意见》《韶关海关党委关于做到"两个维护"狠抓责任落实实施意见》,推动科室支部政治能力和业务能力建设,查检科党支部获评广州海关"四强"支部和韶关市"市直机关模范机关创建先进单位"。规范基层党建,每半年开展1次党建工作督导检查。积极发展党员,新发展党员2名,组建党员突击队、后备队,进一步发挥党员先锋模范作用。对照广州海关"初心堂"建设参考标准,升级改造韶关海关"初心堂"3处,为开展党内组织生活提供保障。开展基层业务联学联训,实现全员覆盖。全年组织20人次通过岗位资质考试。参加2021年韶关市国家机关"谁执法谁普法"履职评议活动,以总成绩第一获得"优秀"等次。

落实"第一议题"制度,全年召开党委会20次、形势分析会12次,学习贯彻习近平总书记考察调研重要讲话精神和关于疫情防控、安全生产、统计工作等方面重要指示批示精神,多次召开专题党委会学习习近平总书记在党史学习教育动员大会、庆祝中国共产党成立100周年和中共十九届六中全会上的重要讲话精神，组织学习研讨交流，制定针对性贯彻落实措施，细化督办事项34项，确保各项措施落实到位。

【队伍建设】2021年，韶关海关制定执法一线科长工作行为规范，为一线科长工作行为提供执行标准。全年本级党委在管理权限内按程序完成1名试用期干部转正定级和1名事业编干部退休工作。完成2人次跨部门调动，3人次定岗安排，优化调整2名干部岗位。组织4名事业编干部申报专业技术职称评审，完成事业单位全体干部聘任工作。通过地方渠道推报综合业务科获评广东省"巾帼文明岗"，2名干部分别获评韶关市优秀共青团员和"韶关好人"称号。

【从严治党】2021年，韶关海关对照2012年以来现场监管与外勤执法领域存在的问题线索和风险隐患高发点，党委书记主抓，党委委员分工落实，采取举措，梳理排查出风险点。针对总署和广州海关实地检查反馈的问题，针对性制定具体整改措施。加强外出执法廉政反馈制度，开展利益冲突专项核查，加强纪法教育和警示教育，引导干部做到警钟长鸣，依托新海廉等系统对执法领域加强预警监控分析，综合运用"科技+人工""线上+线下"审计方式开展科室管理审核，以廉政、酒驾醉驾问题日常教育提醒为切入点，加强"八小时之外"教育监督管理，及时解决苗头性、倾向性问题，防范违反中央八项规定精神及"四风"情事发生。

【党史学习教育】2021年，韶关海关开展党史学习教育，推行"日周旬月季"学习机制，开展"100句名言回顾党史100年""党史故事青年说""红歌传唱""重走长征路"以及拍摄《我爱你，中国》快闪微视频等活动，组织中心组和青年理论学习小组学习研讨，全员参加全国海关党史知识竞赛活动，平均分98.9分。开展"我为群众办实事"实践活动，党委委员带队走进地方政府、进出口企业及基层科室开展调研60余次，制订10个方面25项具体项目任务清单，安排专人逐项跟进落实，推动办实事落地见效。全年就关区贸易形势向韶关市委市政府报送专报建议6份、统计分析文章10多篇，推动关区外贸总量和税收征管双突破。

【疫情防控】2021年，韶关海关与广州海关、韶关市保持全时响应，制订完善疫情防控处置预案和工作指南，年内下发7版内部疫情防控工作通知，开展5次桌面推演、1次应急处置演练和6次督查检查，调配2人支援广州海关疫情防控专项集中工作，加强人员管理和物资保障，严格落实全员核酸检测、"应检尽检"，确保广大干部群众"零感染"。

【促外贸稳增长与税收征管】2021年，韶关海关引导关区外贸企业紧紧抓住RCEP、"一带一路"倡议实施契机，深挖进出口货物享受惠通关、原产地证书申领、自主声明开具等政策改革红利，助力韶关地区首次开通国际快件监管业务。关区全年对欧盟进出口13.6亿元；韶关市外贸进出口总值首次突破200亿元，达到220.5亿元，同比增长18.1%。对关区39家主要属地企业进行逐一数据调取分析画像，掌握税收基本情况。全年税收入库10.22亿元，超额完成韶关市确定的年度税收征管任务。

【优化口岸营商环境】2021年，韶关海关推出"开门辅导""企业协调员"等举措为企业通关答疑解惑，年内组织召开企业座谈会98次，覆盖企业126家次，帮助辖区解决问题98个。着力打造多元化办事服务渠道，推广使用"互联网+海关""单一窗口""粤商通"等平台办理行政许可及特定资质备案业务，全年企业通过各种线上平台办理业务200余宗。推广"提前申报""两步申报"等通关便利化措施，有效压缩通关时间，通关时间稳居广州关区前列。创新采用"优化备案、资质共享"模式，强化政务服务事项流程时限管理，实现行政审批"全好评"及"零超时"，年内"好差评"系统评价获得100%好评。

【业务改革】2021年，韶关海关归纳辖区20余项重点出口商品原产地证申领条件、税率优惠等项目，制成表格供企业参考，稳定企业获惠预期。顺利签发地区首份出口日本RCEP原产地证书，全年共签发原产地证书4,200份，帮助企业获得进口国（地区）关税优惠6,200万元。支持韶关开展快件监管业务，1月12日，韶关进出境快件监管中心获总署审批同意，3月30日正式运营，全年监管快件6车2,948件，货值80.3万元，征收税款2.1万元。

深化以企业为单元加工贸易监管改革试点，总结前期工作经验，按照"优势互补、便利企业、有效监管"原则，继续向信用等级为一般认证及以上企业推广有关改革措施。整合以企业为单元加工贸易监管和联网监管两种监管模式管理方式和监管手段，通过指导更多加工贸易企业参与试点，促进企业自律，改进监管服务，精简和规范作业手续。2021年，韶关市加工贸易进出口值56.3亿元，同比增长22.5%。"两仓"进出仓货值45,774.15万元，同比增长99.27%。

【企业信用管理】2021年，韶关海关继续将信用度较高、在地方影响力较大的大型骨干企业、新型业态企业被纳入海关AEO信用企业培育名单，多次召开AEO政策宣讲会、关企座谈会，深入重点培育企业集中县区举办专题辅导会4次，对高级认证企业开辟"绿色通道"，推动认证企业便利化措施落地见效，增强AEO企业获得感。全年，成功培育高级认证企业13家，截至2021年底共有高级认证企业28家，认证企业进出口值占全市外贸进出口总值九成以上。

【惠农特色产业】2021年，韶关海关

恢复供港活猪业务，同时开通供澳活猪业务，相关企业年底前获得供港活猪自营出口许可，成功办理广州海关关区首宗供港澳冰鲜猪肉养殖场备案。全年新增8家备案企业入选粤港澳大湾区"菜篮子"生产基地，韶关地区"菜篮子"生产基地备案企业达到41家，另有14家企业被评为"广东省出口农产品示范基地"；推进粤港澳大湾区"菜篮子"韶关配送中心建设，开展产品抽样检测工作，助力韶关优质农产品依托该配送中心实现加工出口，活猪实现首次供澳和首次自主报关供港。2021年，监管供港冰鲜禽肉（鸡、鸽子）注册饲养场供货250.47万羽，同比增长30.3%，货值844.24万美元，同比增长41.6%；供港澳活猪9,673头、货值372万美元；出口米粉727.24万美元，同比增长45.9%；出口蔬菜（含食用菌）1,439.2万美元，同比增长30.9%。

【国门安全】2021年，韶关海关顺利完成供港蔬菜种植基地、供港冰鲜鸡养殖场、活猪饲养场疫病监测和抽样任务，为韶关农产品畅行大湾区提供保障。承接珠三角化工产业转移，安全检验进出口危险化学品及包装912批。开展危险品检验监管领域风险排查，严格落实出口危险品属地查检要求，安全检验出口危险化学品359批，检验出口危险货物包装524批；进口危化品29批。完善突发事件处置等7项应急预案，梳理更新7个台账，每月更新问题隐患和制度措施"两个清单"，协调开展安全检查和消防应急演练，确保关区安全。

【打击走私】2021年，韶关海关树立"守土有责、全员打私"意识，保持打私高压态势，全年立案9宗，其中快简案件5宗；立涉检行政案件4宗，案值102.2万元。8月6日，在派驻纪检组、专职监察员和韶关市烟草专卖局共同监督下，依托韶关市烟草专卖局公开销毁假冒伪劣烟草专卖品现场组织实施，韶关海关公开销毁涉案走私烟1.28万支、雪茄烟48支、电子烟1,169条。

清远海关

【概况】 清远海关是受广州海关直接领导，按授权负责清远市范围内海关各类管理工作的正处级隶属海关。关区面积1.92万平方公里，为广州海关关区管辖面积最大的隶属海关。辖区内有清远港、清远车检场2个监管作业场所。

2021年，清远海关内设办公室（党委办公室）、人事政工科（党委组织宣传部）、财务装备科、分析预警科、综合业务科、查检科、政务服务科、稽查科、清远港监管科、跨境电商监管科10个科室和清远海关综合技术服务中心1个事业单位，广州海关党委设第十六派驻纪检组派驻清远海关履职监督。

2021年，清远海关一批先进集体和个人获评"广东省三八红旗集体""广东省岗位学雷锋标兵""广州海关2019—2020年度依法行政先进集体""清远市最美家庭"等荣誉称号。

【政治建设】 2021年，清远海关邀请专家学者讲党课，开展支部书记讲党课；组织党史知识竞赛、走访慰问老党员、新老党员座谈会等庆祝中国共产党成立100周年活动；组织参观学习秦皇山革命根据地等红色资源，开展"红歌嘹亮学党史""红色舞蹈亮光彩""红色电影周展播"活动；加强海关史研究，以清远海关建关30周年为契机，制作关史图片长廊；完善"一支部一品牌、一单位一特色"建设标准，举办支部党建品牌巡展；探索"党建1+1"结对共建模式，推进与广州海关乡村振兴定点帮扶镇（横石塘镇）党建共建机制。组织"爱心一元捐"志愿服务品牌项目，前往阳山县小江中学开展捐资助学，助学98人次，发放助学金2.8万元。

【人才培养】 2021年，清远海关开展联学联训，通过"互学、互帮、互训、互战"方式，解决一线执法难题30余个，打造岗位资质教学点5个，参与联学联训累计超100人次；动员参与商检条线岗位练兵技能比武，加强特殊资质人才储备，促进业务复合型人才培养，年内新增新冠病毒核酸采样、进出口危险货物及其包装检验监管等资质人员超35人次。

【专项整治】 2021年，清远海关开展"现场监管与外勤执法权力寻租"专项整治，通过召开警示教育大会、开展廉政主题党日、组织警示教育片"云上看"、纪法教育闭卷考试以及纪检委员工作座谈会等方式，丰富廉政教育形式，综合研判干部监督过程中所发现的苗头性倾向性问题。

【口岸监管】2021年，清远海关优化清远港货运口岸检验监管流程，对进口铁矿石等低风险矿产品实施"先放后检"。指导经营单位科学设置车辆进出闸口、规范运输工具场内行驶路径，实现水泥首次在清远港出口，重1,591吨。严格落实报关单"日清"制度，及时关注解决口岸通关难题，持续巩固压缩通关时间成效。12月，清远海关进口整体通关时间7.80小时，较2017年（71.66小时）压缩89.12%，出口整体通关时间0.33小时，较2017年（6.3小时）压缩94.77%。全年，清远关区监管进出口货运量35.9万吨，其中进口23.9万吨、出口12万吨；进出口集装箱（标准）57,962箱次。原始舱单入库5,276票，全部完成核注；进口考核查验225票，出口考核查验57票；关区在用H986设备1台，日均机检量超20个自然箱。将检验检疫作业纳入政府支付查验服务费改革范围，降低诚信企业通关成本，年内共免除费用16.7万元，惠及企业约132家次。

【税收征管】2021年，清远海关落实各项税收优惠政策，推广"自报自缴""汇总征税""关税保证保险"等便利措施；为企业减税降负，实施对美加征关税商品市场化采购排除及其他排除清单政策，受惠商品货值达9,400余万元，免于加征税款1,200万元。建立属地重点税源企业底账，加强税政调研，为关区300余家企业开展政策宣讲和培育辅导，确保属地纳税比率保持在90%以上。常态化开展税收周监控、月分析、专项自查复核，采取政策宣讲、业务培训、实地调研等措施提升企业合规申报质量。全年税收入库13.48亿元，同比增长39.8%。

【打击走私】2021年，清远海关开展"国门利剑2021"、打击治理"水客"走私等专项行动，严厉打击"洋垃圾"进境走私、象牙等濒危物种及其制品走私、货运渠道伪瞒报及非设关地偷运走私；开展打击跨境电商进口走私"断链刨根"专项整治，查发1起跨境电商走私案件，移送起诉时案值为3.08亿元。加强与清远市打私办、公安局、市场监督管理局等部门联系配合，建立行政执法交流与培训机制，形成打私合力。全年刑事立案7起，案值1.1亿元；一般案件53起；办理"两简"案件336起。

【促外贸增长】2021年，清远海关为地方政府提供数据支持和政策建议，年内报送清远市外贸运行情况分析报告10篇，撰写《清远海关千方百计服务对外开放发展大局 清远外贸逆势增长成功实现"六连增"》《清远海关下好稳外贸"四盘棋"助力清远市外贸值提前超越去年水平》等多篇分析专报。优化口岸营商环境，聚焦再生金属进口、小家电出口等清远特色产业，制定个性化措施帮扶引导，鼓励符合标准要求的企业扩大进出口。全年清远市外贸进出口总值537.1亿元，同比增长25.7%，实现自2015年以来"七连增"。根据《2021年广东省营商环境评价报告》，清远市跨境贸易指标较上年上升8名。

【企业管理和稽查】2021年，清远海关与清远市商务局签署共同促进清远企业升级联合工作机制，建立40家重点培育企业信息库，以"全覆盖宣讲+重点培育+精准辅导"分级培育等"线上+线下"灵活方式，推动辖区企业对标AEO标准不断完善提升内部管理水平；落实AEO企业合规管理和"退出机制"，掌握辖区AEO高级认证企业的管理状况、业务发展，对信用状况出现异常情况的按规定及时开展核实、复核及情况报送等工作，年内成功培育AEO高级认证企业16家，截至年底清远地区共有AEO高级认证企业40家。推进核查领域部门间联合抽查，开展企业自查结果认可模式改革试点和第三方检验结果采信试点工作。开展"我为群众办实事"实践活动，聚焦清远重点项目、重点企业实地调研80余次，为企业群众办实事43项。组织对辖区进口再生金属行业企业开展专项稽查行动。

【加工贸易监管】2021年，清远海关共有7家企业实施"深化以企业为单元加工贸易监管"模式，完成关区2家加工贸易集团企业申请、试运行，全年加工贸易进出口180.4亿元，同比增长6.2%。鼓励企业灵活内销，推广内销集中纳税模式，简化企业内销手续，全年内销申报总值17.21亿元，同比增长68.71%。推动出境加工业务，5月顺利完成清远关区首票首批出料加工成品进口业务。

【卫生检疫】2021年，清远海关执行"三查三排一转运"，做好进境交通工具登临检疫、消毒监督工作，全年监管来往港澳小型船舶416艘次，排查船员2,707人次。落实入境人员卫生检疫岗位工作人员封闭管理，组建4个封闭管理组、1个预备队，注重加强心理疏导和人文关怀，确保一线人员始终保持战斗力；做好卫生检疫区域设置，通过视频监控、现场督查，采取"四不两直"方式强化督导检查、问题整改落实。严格监管作业场所巡查，督促码头经营方履行责任。实施"一船一方案"，优化口岸防控措施。做好全球疫情风险监测，与地方卫健部门共同开展回顾性流行病学调查。做好口岸病媒生物监测。

【动植物检疫】2021年，清远海关开展"国门绿盾2021"行动，全年口岸截获有害生物10批次。加强备案养殖场监管，查发1起养殖场鸭肝样品含有国家禁止检出的药物雌二醇成分情事。派员45天24小时驻种猪隔离场监管，做好929头进境美国种猪入境通关后隔离检疫。保障供港活猪安全稳定供应，全年监装供港活猪

883批次，共33,985头，均未发现非洲猪瘟等传染性疫情。严格辖区19家进境粮食备案企业日常管理，防止外来有害生物传入定植，全年对进境粮食开展后续监管58.7万吨，同比增长81.2%。

【食品检验检疫】2021年，清远海关加强进口食品监督抽检，根据查验指令及抽样表单落实目的地检验、抽样送检工作，严格抽样、送检、上报和处置程序。完善食品安全风险预警机制，加强食品安全信息收集、分析和应用，对存在风险的进口食品批次从严审核监管。严格核验原产国及输出国家（地区）官方出具的检验检疫证书，通过国外企业注册、进口商备案等环节加强进口食品源头管理。严格供港冰鲜禽类禽流感病毒检测，全年供港冰鲜鸡363批、831.2吨。推进粤港澳大湾区"菜篮子"产品清远配送中心建设，清远海关综合技术服务中心获批成为检测机构。年内，共退运不合格进口食品8批次，重23.28吨；全年清远出口农产品3.4亿元，同比增长16.4%，共有粤港澳大湾区"菜篮子"生产基地40家、加工企业2家。

【商品检验】2021年，清远海关加强旧机电相关产品到货检验，严把进口设备质量关。加强进口一般化工产品、进口金属材料检验监管，落实出口稀土产品100%取样送检工作，保障进出口商品质量安全。梳理辖区进出口危险化学品归类和特性，落实企业资质核查、货物包装检查、自检能力抽查，针对性实施全方位、立体式企业监督管理。推进危险化学品安全综合治理方案，对辖区27家出口危险化学品及其包装企业开展风险隐患排查，通过政策宣讲、排查登记、问题整治等行动，及时堵塞监管风险漏洞，提升企业安全意识和管理水平。年内，共检验监管进出口危险化学品2,441批、33,040.4吨，货值20,905.2万美元；完成出口危险货物包装使用鉴定3,281批，性能检验534批。

【法治建设】2021年，清远海关开展"4·15"全民国家安全教育日、"实验室开放日活动"、"4·20"知识产权宣传周、"6·26"国际禁毒日、"8·8"海关法治宣传日、《行政复议法》实施20周年宣传周、"12·4"宪法宣传周、民法典学习宣传贯彻活动等主题系列宣传活动，推动普法宣传取得实效。全年参与集中普法宣传超30场次，覆盖辖区400多家企业。

【风险管理】2021年，清远海关建立科室间风险研判会议制度，专题分析研判企业风险情况，提出风险稽核查建议。根据打击跨境电商进口走私"断链刨根"专项整治行动要求，查询近三年跨境电商进口数据，对存在盗用他人身份信息进行虚假贸易风险的企业下达稽核查建议。开展关区内控培训，全面梳理各科室岗位职责和风险节点，推广内控节点岗位清单制管理。

【政务管理】2021年，清远海关加强信息新闻舆论工作，新闻各类媒体采编

100余篇次，电视媒体取得新突破，中央电视台采用4篇次，广东电视台采用1篇次，清远电视台采用9篇次。落实值班应急工作，修订突发事件应急管理暂行办法和9个专项预案。加强保密意识教育，规范建设保密室，挖掘整理关史档案资源，做好档案室"一库一账"和"每日一巡"管理。加强政务公开工作，落实"以公开为常态、不公开以例外"。发挥实验室技术优势，支持事业单位清远海关综合技术服务中心与各县（市、区）相关部门、企业建立的"检测业务合作"，全年受理委托检测1,418批次，同比增长58%。

花都海关

【概况】花都海关是受广州海关直接领导的正处级隶属海关。该关是涵盖水陆运输货物监管、征税、统计、稽查、动植检、卫生检疫、商品检疫等业务的偏属地综合型海关。花都海关下设10个科级机构：办公室、人事政工科、财务装备科、分析预警科、综合业务科、稽查科、政务服务科、查检科、花都港监管科、新华监管科；下属一个事业单位：花都海关综合技术服务中心。花都海关共有干部职工119人，其中公务员100人。

【政治建设】2021年，花都海关结合实际细化重点工作21项任务79项措施，制定关于做到"两个维护"狠抓责任落实的实施意见，建立完善"专项推进—动态督办—总结评估"闭合回路；制订理论学习中心组学习计划，修订贯彻落实"三重一大"决策制度实施细则，推进科学决策；班子成员每人至少联系10家重点企业深化调研，每周至少1次下基层科室了解情况，非工作日轮流在一线带班值守，指导督促重点工作进展。年内，花都海关开展中心组理论学习16次，召开涉及"三重一大"会议52次，班子成员到企业调研100余次，到基层科室检查指导工作180多次。

【基层党建】2021年，花都海关通过"5+3"党史学习模式，即通过理论学习中心组以上率下"领学"、机关党委组织指导"督学"、党支部结合职能"深学"、青年读书小组互动交流"促学"、党员群众干部个人积极主动"自学"，推动理论学习多维度全覆盖，通过"3个聚焦"，聚焦民生工程、聚焦服务群众、聚焦服务地方发展，真正为群众办实事、办好事，推动党史学习教育走深走实。将党史学习教育与庆祝中国共产党成立100周年主题系列活动共同策划、细化为贯穿全年的29项活动；创新特色开展"每日伴读""每周分享""每月一评"，打造百年党史精神展等特色文化长廊。细化"我为群众办实事"实践活动10项29条措施；聚焦服务群众，开展海关"三进"法治宣传教育及扶贫、助学等志愿活动，解决群众、企业"急难愁盼"问题50个；研究制定全面从严治党重点工作措施21项任务50条，以"清单"式管理抓实抓细党建工作。设计规则组织党建擂台赛，将争创"四强"支部目标融入支部规范化建设要求；成立抗疫支援队，推动企业升级工作组等特色党建团队。年内，开展各类党史学习教育160余次，撰写党史学习教育心得及理论研究文章67篇。

【文明单位创建】2021年，花都海关统筹开展好警示教育月、专项整治纪法教育活动；建立内务管理健全常态化检查督导和"流动红旗"评比机制，抓好工作纪律、窗口作风和工作效率等。5月，花都海关在79个参评单位中获评花都区"2020年度行风（机关作风）建设优秀单位"称号，并被"今日花都""文明花都"等媒体多次宣传报道。

【疫情防控】2021年，花都海关做好花都港来往港澳小型船舶和船员检疫排查，落实"三查三排一转运"、7个100%等闭环管理要求及卫生检疫岗位工作人员实施"14+7+7"管理模式，坚持分区分级管控，指导督促经营企业做好来往港澳货柜车管理及货物消毒；研究制定内部疫情防控工作指南等，完善疫情防控管理台账，严格落实干部职工健康状况监测、外出审批制度，严格门禁登记，做好办公场所卫生消毒。全年该关共监管进出境船舶594艘次、监管进场港车308辆，排查船员4,630人次。

【综合治税】2021年，花都海关面对辖区重点税源汽配商品进口量大幅下降的不利局面，保存量、拓增量，加强税收形势分析监测，对辖区内主要税源商品、税源企业开展调研走访，了解企业进出口计划，提前为企业量身提供服务方案，稳定优质税源，同时关注本地企业异地纳税情况，引导企业用好通关一体化便利措施，年内属地税源回流近3,000万元，企业属地纳税率提升至82%；提升再生金属、扬声器、乳清粉、化学品等税收增量，累计税收入库16.59亿元。

【监管效能】2021年，花都海关规范监管场所建设，构建以三级监控指挥中心为依托、以联网视频监控为抓手的防控体系；复制推广和应用广州海关便捷通关立体监管系统，提升监管现场信息化作业、智能化监控水平。开展"国门利剑2021""蓝天2021"等专项行动，查获禁止进口固体废物1,117吨，退运因货物不符合国家标准再生金属2,013.09吨；查验发现自东南亚国家进口的100吨锆英砂、11.7吨锡精矿辐射探测数据异常，全部责令企业退运出境。开展打击跨境电商进口走私"断链刨根"专项整治行动，通过风险布控命中退运清单168票。加强政策宣传指引，年内企业申请主动披露20宗；开展专项稽查，查获进口鲜花行业低报价格走私违法线索案、某企业出口含濒危材质乐器申报不实骗取出口退税案，货值1,600万元。

【国门安全】2021年，花都海关做好国门生物安全监测，严防重大传染病、重大动植物疫情疫病传入传出和外来物种入侵，重点加强对危化品等敏感商品检验监管。年内，在口岸截获有害生物3种次，从11批次进口台湾虾苗检出白尾病原。9月，从1批自新西兰进口的蜂蜜中检出欧洲幼虫腐臭病菌核酸检测阳性，为广州海关首次在进口新西兰蜂蜜中检出；10月，在跨境电商直购进口渠道查获1票芫荽种子，11月在跨境电商渠道查获植物巴西香可可2批，均为广州海关首次在跨境电商渠道查获；危化品监管全年检出不合格危化品14批。

【便捷通关】2021年，花都海关推广实施"两步申报""两段准入"通关模式，推广24小时智能通关、"智慧审证"，提升海关与港口作业信息化交互水平，实现进口货物"岸边直提"、出口货物"抵港直装"。12月份，花都口岸进出口通关时长优于全国平均水平。年内，花都港进口货物除汽配零部件等传统商品外，新增矿产品等商品，实际物流量同比增长15.2%，花都车检场入场监管跨境电商直购进口量值同比分别增长26.3%、22.4%。全面推行政务服务"零接触、网上办""一窗通办"，实现报关单申报、企业备案注册、加工贸易手册管理、原产地签发等业务全流程线上办；利用"数字广东"政务云资源信息共享，实现16项"互联网+海关"特色业务对接"粤商通""粤省事"平台；在检验检疫、属地查验等21类业务中推广应用移动远程监管模式，使企业在厂即可完成货物检疫、查验手续。深化以企业为单元加工贸易监管改革，精简10余项业务申报手续，取消100%下厂盘核核销要求，充分释放企业活力。2021年，花都海关审核报关单32.7万份，监管货运量416万吨，货值1,694亿元，办理企业注册等其他政务服务5,000多次，行政相对人评议满意度100%。

【减税降费】2021年，花都海关签发各类出口货物原产地证书9,705份、货值36亿元，为企业获得境外税款减让1.7亿元，优惠贸易项下应税进口货物受惠货值2.7亿元，税款减让1,400万元。创新"一保多用"税收总担保、关税保证保险模式，为50多家企业办理税收担保手续，担保额度4亿元。推动加工贸易内销征税管理改革，一对一跟进指导企业申请、申报，降低内销企业税负成本，引导企业按季度申报内销征税货物，减少企业制度性成本。降低企业通关成本，为查验没有问题的企业免除吊装、移位、仓储费用115万元。

【助推企业发展】2021年，花都海关支持粤港澳大湾区"菜篮子"工程，为花都辖区出口禽肉及蔬菜种植基地等提供政策咨询、质量安全管理规范指导、注册备案、隔离检疫等服务，帮助江丰实业、宝桑园等18家养殖、种植场通过注册备案考核，获得出口资质。对接花都区高新企业发展战略，全面启动"企业升级计划"，重点关注花都区扶持企业，新培育优尼冲压、雪蕾化妆品等26家企业获得海关AEO高级认证"金字招牌",使企业可在欧盟等16个经济体、42个国家(地区)享受通关便利措施和高级信用待遇,提升企业国际竞争力。助推企业抓住"一带一路"贸易发展、RCEP签署等有利契机。截至年底,花都海关辖区AEO高级认证企业数量达50家,数量较上年翻番。结合花都区"一核引领、三带联动、六大功能区支撑"重点产业布局,建立70家重点生产型企业服务档案,有针对性提供政策、技术和信息等方面支持与服务,助力汽车、光电、临空高科技产业、化妆品产业集群发展。开通绿色通道,帮助花都区重点项目玉湖冷链公司快速取得进出口资质;为华润广东医药随约随验,快速验放植入眼晶体等价值9亿元的高值医疗产品;"一企一策"为东方雨虹、鸿利智汇集团、保为康等辖区重点企业进口核心设备等提供优质通关服务。2021年花都区进出口总值874亿元,同比增长5.3%。

【开拓外贸增长点】2021年,花都海关支持新贸易业态发展,稳步推进中欧班列市场采购贸易落地实施,积极推动花都市场采购集聚区范围扩大和出口预包装食品化妆品。引导广州飞机维修工程公司、拜尔空港冷链物流公司等企业有效利用机场综保区政策优势,开展飞机零部件、冷链医疗等区内保税物流,促进国内国际双循环。对接新业态发展需求,有序推动花都进口电商业务增长,促进跨境直购模式健康发展,保障跨境电商进口商品快速通关,推动关区跨境电商业务迎来迅猛增长,年内,花都海关共监管直购进口商品清单94.2万票,同比增长29.8%。支持花都车检场开展出口跨境电商业务,协调上级海关推动花都设立免税店,成立专项工作小组跟进"保税+实体新零售"项目,助力花都打造粤港澳大湾区旅游目的地。年内,花都区外贸再创新高,进出口总值874亿元,其中保税物流进出口170.3亿元、市场采购出口214.2亿元,共占花都区外贸43.9%。

大铲海关

【概况】大铲海关是受广州海关直接领导的正处级隶属海关，主要职能有：负责对途经大铲水域来往港澳小型船舶及所载货物、物品实施中途监管；负责珠江口水域水上缉私工作；负责"西气东输"供港天然气外验计量工作；负责粤港海关小型船舶数据互换工作；对来往港澳小型船舶实施中途检疫。大铲海关现有正科级科室6个，包括：办公室（党委办公室）、人事政工科（党委组织宣传部）、技术运维保障科、监管一科、监管二科、监管三科。现有在编干部职工60人。设党支部8个。年内，大铲海关获评"广东省直机关模范机关创建标兵单位"，涌现出"全国巾帼建功标兵""广东省优秀党务工作者"等先进。

【政治建设】2021年，大铲海关落实"第一议题"制度，通过党委会、形势分析会、党委理论学习中心组集中学习习近平总书记重要讲话重要指示批示精神46次，研究制定78项具体落实措施，每周跟踪督办落实。落实对"一把手"和领导班子监督工作各项要求，压实主体责任，加强党员干部政治机关意识教育，严守政治纪律和政治规矩，严格请示报告和党内政治生活，落实民主集中制，修订"三重一大"议决事等管理制度2项。执行中央八项规定精神，纠治"四风"，完善关长碰头会3项会议制度。班子成员定期参与并指导所在支部和联系支部组织生活26次，深入调研解决基层实际问题。

建设"初心堂"2个，丰富"3+4+N"党性锤炼基地。制定支部工作规范化手册，推行"支部书记学习日""支部工作考核日"制度，实现"支部组织生活由有到好，党建工作由被动到主动，支部建设由合格到先进"的三个转变。按照"一支部一品牌、一单位一特色"工作思路，构建"一轴七轮"党建品牌矩阵。成功复评"全国海关党建示范品牌"，并荣获"省直机关模范机关创建标兵单位"，2个支部荣获首批广州海关"四强"支部，党建品牌微党课在广东省直党建网展播。弘扬"四勇精神"，开展"大铲劳模"系列宣传，在中央电视台、新华网、《广州日报》等中央级和地市级以上媒体发布大铲成效报道130篇次。

【党史学习教育】2021年，大铲海关制订5方面23项重要任务清单，明确责任和要求，加强指导督促，推动全关上下联动。建立"理论课堂+情景教学"党史学习模式，开展党史知识竞赛，深入学习习近平新时代中国特色社会主义思想。挖掘海岛红色文化资源，将党史教育与关史教育相结合，开展"新老党员对话"等交流3次，组织参观红色教育基地8次，围绕"一景一故事"征集大铲历史主题故事26篇。配合上海海关学院创作特色话剧《关魂·怒海雄关》，开展全国海关首次线上慢直播，为新招录公务员讲授"四勇精神"先进事迹，与红其拉甫海关开展"山海同心 共铸关魂"党建共建活动。开展"我为群众办实事"实践活动，持续动态收集群众反馈需求和意见建议21项，研究细化44条措施，解决干部职工和监管服务对象关心问题。

【队伍能力建设】2021年，大铲海关开展联学联训，组织3批次10余人赴南沙、肇庆等口岸海关交流学习，选派9人次青年干部到职能处室跟班学习。实施"以老带新"结对互学，突出检疫、监管业务能力融合，全覆盖结对38对，累计84人次获得动植检、卫检等资质。成立大铲海关青年理论提升学堂，通过"点题+自选"方式开展理论研究9次，上报具有参考价值政研文章9篇。培树先进典型，激发队伍干事创业热情，年内2名同志分获"全国巾帼建功标兵""广东省优秀党务工作者"，63人获海关扎根艰苦地区边关工作荣誉章，监管一科荣获"全国青年文明号"。

【准军事化建设】2021年，大铲海关制定全面从严治党年度任务分解表，细化17项任务50项措施，办公室实行督办清单制度，结合临时任务及各类专项检查通报情况，定期梳理待办任务、完成情况，对无特殊原因不及时反馈、逾期办理的进行记录，作为平时考核重要参考。由分管领导带队、职能科室每月开展准军内务等督查，坚持开展班前队列、交接班等仪式，建立内务评比及通报制度，颁发内务规范流动红旗，开展内务督查12次。

【廉政建设】2021年，大铲海关根据总署和广州海关关于开展"现场监管与外勤执法权力寻租"专项整治行动要求，集中自查分析数据2,544份，向250余家船企宣传并收集线索，完善中途监管音视频执法、监控中心举报线索处置、中途监管登临检查操作指引3项制度；加强非执法领域风险防范，完善修订公车使用、修缮项目管理等制度，制定新增内控节点。

加强日常监督，召开廉政例会2次，专题听取派驻监督报告3次，协同开展疫情防控、涉案财物处置等核查32次，及时化解苗头性风险。加强"八小时"外监督管理，督促科级班子对轮班人员做到1次电话联系、对家属紧急联系人1次工作问候、组织1次视频连线支部活动等，全面了解思想工作动态。定期发送警示短信48次，强化酒驾醉驾警示。

【疫情防控】2021年，大铲海关按照疫情防控要求，修订完善防控指引文件5份。建立处科领导抽查、带班组长检查、安全防护监督员三级安全防护监督体系，联合派驻纪检组常态化开展事前、事中和事后检查，做好登临查验人员安全防护。严格"14+7+7"封闭管理要求，建立"一线、预备、应急"三个工作梯队，抽调职能科室6人员支援一线，实施封闭管理15批52人次。克服人力、封闭管理硬件设施不足等困难，建设防疫专用码头、卫检楼封闭区域。坚持"日报告、零报告"制度。加强外来人员管理，实行事前报备审批、亮码登车登艇、人员分区管理。组织开展全员核酸检测12次，开展应急演练及培训7次。

【打击走私】2021年，大铲海关贯彻落实习近平总书记重要指示批示精神，按照总署关于强化中途监管打私工作要求，开展"国门利剑2021"、打击治理粤港澳海上跨境走私、打击治理"水客"等专项行动，加强关警"五共"协作配合，严厉打击"水客"、冻品和成品油等违法行为。年内累计监管出入境船舶5.37万艘，登临检查1,160艘次，与香港海关交换数据5.3万条。查发各类走私违规案件686宗，其中，中途监管自主查获455宗，扩线总案值26.5亿元。查扣走私冻品1,500多吨、成品油1,000多吨、高值物品2万余件。

【智慧监管】2021年，大铲海关联合省船东协会通过"云课堂"向40余家船企开展普法宣传。实地走访调研重点船企5家次，收集并解决船方问题26条。实施分类分级登临监管，探索"两简"案件快查快办，持续提高通航时效。加强应急值班，建立与海事部门协作配合机制，及时指导处置船员突发健康状况等应急求助情事3起。监管输港天然气14.87亿标方，助力"双区"发展。推进"智慧海关"系统建设，开发"锚地卡口管理系统"，对碰分析高风险锚地、非设关码头，动态更新科技监管系统，提高监控预警精准度，分析查发燃油申报不实等案件18宗。加强查船机器人等实战运用，缓解人力不足、夜间疲劳执法引发效果不突出问题。

【增收节支】2021年，大铲海关实施精细化管理，做好大额支出分析，针对性采取措施，严控食堂采购，开垦荒地建设生态种植园，建立在岛人员周报和提前登记制度，控制成本。推动涉案财物去库存，完成冻品无害化处置2,918吨，移交890吨，变卖红油18,743吨，处置船舶70艘、旧电子产品32批次，完成提请处置涉案财物2,085项，缴库1,795万元，清理执行率94%。

【基础设施建设】2021年，大铲海关定期听取项目进度情况，加强基建设施项目事前、事中、事后全过程管理，建立定期工地例会制度，加快推进码头改扩建报批报审、卫检楼单身宿舍修缮、卫生检疫设施改造等重大项目。

【安全生产】2021年，大铲海关修订应急处置预案，定期开展安全检查，建立安全风险部位、风险隐患排查整改"两张表格"，开展检查10次，排查并整改风险隐患15个，积极应对台风"圆规""狮子山"。加强中途监管和水上缉私作业安全应急设备配备，防范发生安全事故；坚守海关业务数据"零泄漏"底线，加强保密宣传。提升防范能力，做好登临检查、水上拦截演练，联合疫情防控、高温中暑、水上急救等开展演练7次。

从化海关

【概况】从化海关是受广州海关直接领导，按授权负责广州市从化区范围内海关各类管理工作的正处级隶属海关机关。2021年，从化海关内设正科级机构7个：办公室（党委办公室）、人事政工科（党委组织宣传部）、分析预警科、技术运维保障科、属地外勤科、综合业务科、跨境电商监管科；下设副处级派驻机构1个：驻马场办事处（下设监管科、物流监控科2个科级机构）；所属事业单位1个：从化海关综合技术服务中心（设综合业务部、技术检测部2个内设机构）；班子成员3人（含派驻纪检组组长），人员编制数80名（行政编制65名，事业人员编制15名），在编人员73人（其中行政编人员61人）。年内，该关3人获评广州海关"优秀党员"和"优秀党务工作者"，驻马场办事处先后获评"广州市青年文明号"，和"广州海关党建示范品牌"、"四强"支部等荣誉。

2021年，从化海关统筹抓好疫情防控和稳外贸促发展工作，优化监管服务，全年累计监管进出口商品总值18.17亿美元，同比增长18.8%；监管货运量9.59万吨，同比减少20.8%；审核进出口货物报关单11,426份，同比减少18.3%；监管进出口集装箱（标准柜）19,614箱次，同比增长1.7%；监管进出口运输车辆1,018辆次，同比增长26.1%；累计税收入库4,921万元，同比下降64.2%；辖区外贸进出口总值138.2亿元，同比增长17.3%。

【党建工作】2021年，从化海关制订学习教育实施计划和"我为群众办实事"项目清单，以实施"暖心聚力工程"等"三项工程"为抓手开展"我为群众办实事"活动；开展党史学习教育"五个一"活动和党史知识竞赛；组织到中共三大旧址、农讲所、云台山战役遗址开展体验式学习；成立疫情防控突击队，选派16名党员参加疫情防控人力第二梯队并支援机场海关疫情防控工作；推动支部标准化规范化建设，规范党内政治生活，抓好"初心堂"建设升级；加强与区委宣传部、区直属机关党工委党建交流，与温泉管委会党支部等开展联动共建，发挥"千里马"党支部示范作用，带动全关党建工作提质增效。

【队伍管理】2021年，从化海关开展联学联训打造学习型机关，组织14人次参加动植物查验等资质考试、2人次参加商检业务领域岗位练兵和技能比武；推进事业单位机构改革，顺利完成12名事业编干部岗位聘任工作，确保事业单位队伍稳定；以党建带动群团工会建设，组织开展"丛中学"系列研讨、"健康月"、青年联谊等活动丰富干部职工业余生活；选派一名干部参加广州海关驻清远市横石塘镇帮扶工作队，积极落实脱贫地区农副产品采购任务和参与广东扶贫济困日活动。

【纪检监察】2021年，从化海关开展"现场监管与外勤执法权力寻租"专项整治，开展问卷调查，组织撰写心得体会，调研回访60家企业未收到信访举报，排查重点关注岗位。开展全关处科级领导干部配偶、子女及其配偶从业行为自查21人次、抽查5人次，未发现问题。制定问责工作机制。

【大湾区马产业发展】2021年，从化海关升级"粤港澳大湾区赛马跨境通关检疫监管系统"，完善马匹体温监测等功能模块，启用往返粤港马匹动物卫生证书"一车一证"新模式，证书签发同比减少72.05%。完善往返粤港马匹疫病监测计划，会同香港渔护署强化马匹健康评估和跟踪，在原有项目基础新增免疫效果监测项目，提升两地马匹监管一体化水平。支持国际马匹检测中心、国际马匹隔离检疫场和从化马场二期项目建设，助力从化打造马交易平台，指导马会首次享受对美加征关税市场化排除改革红利。与口岸海关、香港渔护署及香港马会沟通协调，支持和保障马匹沿"香港沙田马场—深圳湾口岸—广州从化马场"往返粤港第二条生物安全通道成功试运和常态化运行，全年累计监管进出境马匹5,835匹次、价值14.52亿美元，同比分别增长32.76%、26.36%。

【口岸营商环境】2021年，从化海关实施"多证合一""原产地证自助打印"等便利化改革措施，签发原产地证书2,330份，签证金额9,856.53万美元。服务广州市重点制造业逸妍化妆品基地项目、支持联合利华全国首个全品类生产和营销基地落户从化、优化金伯利进程监管并帮扶2家钻石加工企业落户从化。支持辖区化妆品、摩托车企业积极开拓海外市场；助力鹰金钱在欧盟实施新的输欧水产品证书后首次实现对欧盟出口罐头鱼产品。监管跨境电商直购进口电子清单63,293票，商品总值7,800万元；出口电子清单2,766票，商品总值147万元；协助机场海关成功查获侵犯辖区企业知识产权的假冒口罩9批次，涉案金额近1,000万元；推动辖区高级认证企业高质量发展，新增高级认证企业11家。

【辖区农产业】2021年，从化海关对标供港澳质量安全标准，指导企业完善生产溯源、质量管理体系和制定农业投入品管理制度，深化粤港澳食品农产品溯源、检验检测和监管合作，辖区已有6家现代农业产业园和23家农业企业、种养殖基地通过海关注册备案。支持荔枝出口创历史新高，年内辖区出口荔枝33.8吨，同比增长67%。指导辖区动物鲜饲料、水果等生产企业和基地开展标准化种植，监管出境供港竹叶桉树叶240批次、供港赛马鲜饲料320批次，出境竹木藤草制品643批次，出境水果55批次、供港活猪39批。培育农副产品、食品生产加工优质企业，支持企业开拓"一带一路"沿线国家（地区）市场，助力从化果酒出口快速增长。

【国门安全】2021年，从化海关开展"国门利剑2021"打私专项行动，年内协助深圳海关查处电商企业、申报企业各1家，协助汕头海关缉私局对广州某生物科技有限公司进行检查。抽调12名业务骨干参与"邮包会战"专项行动，办理简易程序案件431起。加强风险预警、稽查、检验等岗位联动的常态化机制，对高风险企业、新注册企业等敏感目标实施精确核查，与地方打私办、市场监管局等相关部门交流，提升关区打私工作合力。防范重大安全风险，坚决禁止"洋垃圾"和象牙等濒危物种走私入境，加强进口机电产品查验，严格进出口危险货物及其包装监管，年内查出不合格危险货物及包装9批。加强外来有害生物安全监测，协助农业部门开展灭杀红火蚁技术培训、评估调查、防控示范区建设。

【综合治税和属地业务】2021年，从化海关加大税收分析和税款核销监控，拓宽综合治税后续管理渠道，优化服务引导异地纳税企业回归属地纳税，累计税收入库4,921万元。开展打击固体废物、再生金属专项稽查和特许权使用费等领域稽核查，定期类和风险类核查完成率100%；加强进出口食品化妆品质量安全监管，监管进出口食品（深加工）1,081批次、货值1.90亿元，同比分别增长2.5%、8.8%，拟制入境货物检验检疫证明42份、出口货物健康证书65份、卫生证书8份，完成出口化妆品安全监督抽检计划和采样录入工作120个。落实动植物检验检疫工作要求，开展2021年出境农产品安全风险、供港澳蔬菜农残、国门生物安全监测和"国门绿盾"行动；落实非洲猪瘟防控工作，完成出口实验动物血清制品检疫8批、取猪尿样品25份、抽取猪血样180份，监测非洲猪瘟160头份、口蹄疫和布鲁氏菌病40头份、一般监测20头份；完成供港澳蔬菜农残监测6次、出境植物产品年审14项次、出境植物产品需特殊核查资质类多查合一14项次、出境植物产品现场查验50项次。加强实验室管理和检测能力建设，完成法定检测98批次，发挥技术优势，承接从化区红火蚁疫情综合防控和动物疫病检验检测等项目。

【法治建设】2021年，从化海关开展法治宣传专题讲座，依托"丛中学"平台开展RCEP原产地规则和关税减让、"红火蚁的危害及防控"等法律业务知识培训;发挥法制联络员和法律专业干部专业特长,推荐2名法律专业干部申请公职律师,强化法律事务审核把关,年内审查合同和法律文书18份;落实"谁执法谁普法"要求,开展普法教育和政策宣讲、"送法入企"、普法宣传进社区等活动,营造法治海关良好氛围。

【政务管理】2021年,从化海关加大政务协调,健全督查督办机制,加强保密安全与档案日常管理,开展保密和网络安全宣传教育。做好信息新闻宣传和政务公开工作,助力果酒、香精香料、鲜荔枝出口以及竹叶供港,助力大湾区马产业发展等专题宣传得到各类媒体广泛报道。加强内部安全、应急值班和综治信访管理,认真组织开展消防、防风防汛安全检查并及时排查消除安全隐患,组织开展疫情防控、口岸安全应急演练,提升队伍应急处置工作水平。

【督查内审】2021年,从化海关开展重大政策措施落实情况跟踪督查,综合运用实地调阅单证和HLS2017、e-CIQ等系统平台积极开展年度科室审计及自查自纠。落实内控建设长效机制,复核署级和关级内控节点;用好督察审计预警分析监控平台。

云浮海关

【概况】云浮海关是受广州海关直接领导，按授权负责云浮市范围内海关各类口岸管理工作的正处级隶属海关，主要负责党的基层建设和干部队伍建设；办理具体海关业务，反馈执法作业结果；完成广州海关交办的其他工作，机关驻地在云城区世纪大道西117号云浮海关。内设正科级机构6个：办公室（党委组织宣传部）、分析预警科、综合业务科、新港监管科、腰古监管科、罗定监管科。下辖三个口岸，分别为云浮新港、腰古车检场、罗定车检场。

2021年，云浮市外贸进出口总值133.1亿元，同比增长12.8%，占广东省外贸总值0.2%，其中，出口82.5亿元，同比增长22.6%，进口50.6亿元，同比下降0.3%。云浮海关监管进出口货运量252.8万吨，同比减少16.6%，其中进口170.5万吨，同比减少18.2%，出口82.3万吨，同比减少13.2%；货值12.4亿美元，同比增长0.4%；税收入库5.61亿元，同比增长19.2%。监管船舶861艘；集装箱7.2万箱次；检疫查验出入境运输工具服务人员3,843人次。

【党史学习教育】2021年，云浮海关创新机制，围绕"年清单、月计划、周推进、日学习"的工作安排，打造党史重温季、党史传诵季、党史铭心季、党史实践季的"云关四季"学习教育品牌。用好阵地，建设党建荣誉室，组织"学史·铸魂"海关红色讲坛，邀请云浮市宣讲团成员授课，编发党史学习教育专刊52期，在各类媒体刊发宣传稿件10余篇，围绕国门安全、便民利企、暖心聚力，制订47项重点民生清单，每周通报进度，组织进校园2次、进社区2次，进企业50余次。

【党风廉政建设】2021年，云浮海关抓好"现场监管与外勤执法权力寻租"专项整治，以上门走访、发函等方式，向100家企业、7个地方党政单位征集问题线索，均反馈无意见，开展全关性集中纪法教育和警示教育12次，督促开展科室学习、支部学习及个人自学，对2012年以来各类巡视巡察、审计、督察及内部复核、检查等过程中发现的问题进行核查，调阅各类数据，梳理廉政风险点，梳理形成整改措施23项,清理各项制度机制74项,拟废止3项、修订10项、新制定23项,进一步加强各项工作规范性。建立廉政文化长廊,常态化开展警示教育,定期组织腐败案件、酒驾醉驾警示教育,每月通报业务统计数据和风险信息,梳理形成内控清单,及时处置业务问题,防范业务风险向廉政风险转化,严肃财经纪律,定期组织开展财务单据自查自纠,强化非执法领域风险管控。

【队伍建设】2021年,云浮海关深入学习党的十九大和十九届历次全会精神,贯彻总署党委决策部署,落实广州海关党委工作要求,积极践行"两个维护",深化"第一议题"制度,组织党委理论学习中心组学习15次,党委会学习习近平总书记重要讲话重要指示批示精神111份,同步指导、督促各党支部、各科室落实好"第一议题"制度。推进基层党支部建设规范化、标准化,丰富党内生活形式,每月组织主题党日活动,瞄准"四强"支部建设标准,树品牌、强基础、补弱项,推进"一支部一品牌、一单位一特色",提炼支部工作法7份,新港监管科党支部获评2021年"四强"支部。抓好纪律作风引领,成立准军事化建设领导小组,强化队列训练,落实现场班前列队,制定加强内务督察、评比办法,每月开展1次内务规范"流动红旗"评选,每月关领导带头开展2次视频督导检查,"内涵学军"意识不断深化。

【联学联训】2021年,云浮海关采取网络学习、开展"结对子"、定期邀请疾控专家现场教学、到兄弟单位跟班实践等方式,建立起口岸卫生检疫后备队伍,满足一线检疫监管岗位需求,通过将"请进来"与"走出去"相结合、现场与视频相结合的方式,与税管局、缉私部门、科技处及相关隶属海关单位开展价格监管、案件办理、网络建设及小船监管、稽核查处置等多项联学联训和业务研讨。轮岗交流,"以老带新"落实青年干部导师机制,制订新干部岗位轮训计划,以岗位实践不断强化队伍业务能力,将"实用管用"的学习培训要求落到实处。推进荣誉体系建设,制订第二个"五年计划",建成"初心堂""同心圆"2个党建阵地,设立网上光荣榜、实体荣誉墙,开展事迹分享,突出典型引领。年内5个集体、12人次成功争创荣誉15项,其中广东省三八红旗手集体、广东省五一劳动奖章、广东省最美家庭等荣誉均为首次获评。

【口岸监管】2021年,云浮海关以专项整治为契机,全面梳理检查现场查验作业,提升查验有效性,全年进口查验率17.7%,查获率达40.8%。加强分析研判,有效指导现场强化监管。加强音视频监控设备管理,对辖区现场视频监控摄像头进行实地检查,梳理线路、电源等重点关注区域,形成现场科室自查、职能科室集中检查的交叉立体监控体系,监管现场视频在线率维持高位。加强监管优化服务,年内开展"线上+线下"政策宣讲会9场，深入企业调研70余次，解决企业通关难题44项，吸引本地物流回归。推广"提前申报""两步申报""两段准入""岸边直提""船边直提""组合港"等改革措施，释放海关改革红利，精简口岸通关流程，提升作业效率，营商环境不断优化，年内进口通关时长稳定在8小时左右，出口通关时长稳定在1小时以内。

【税收征管】2021年，云浮海关建立石材、纸浆、汽配等重点税源企业、税源商品底账，动态跟踪主要异地纳税企业生产经营情况，有序扩大保税仓应用范围，参与地方招商引资涵养税源等，加大企业调研力度，加强政策宣传，收集解决企业在订单、生产、物流、通关环节遇到的困点、难点、堵点，"一企一策"为企纾困解难，打通铁矿石、煤炭等新商品进口通道，动态跟踪税收异动情况，拓展新税源，加强税源数据分析研判和属地纳税人管理。2021年，累计开单数6.01亿元，同比增长24.87%。

【检验检疫】2021年，云浮海关落实国门生物安全监测，布点各类实蝇监测点6处，开展实蝇监测66次，统计监测结果42次，捕获桔小实蝇190头；开展口岸病媒生物监测13次、食品生产经营单位卫生监督抽检7次、口岸食品安全抽检16项次。抓好口岸检验检疫，在动植检疫情系统上报口岸截获动植物疫情37种次，其中包括红火蚁、长林小蠹、法国野燕麦等检疫性有害生物，实现检疫性有害生物截获零的突破。

【查缉走私】2021年，云浮海关坚持"周跟进、月分析、季小结"的工作机制，推进全员打私工作。加大对口岸进出口商品监控力度，梳理涉及辖区口岸进口石材运保费申报不规范、申报价格偏低，及石材制品市场采购出口价格偏高等风险线索，发现线索及时移交缉私、税管部门研究经营。推进全员打私，加强对关区重点商品的价格、归类监控，坚决打击低伪报、瞒报、夹藏等违法违规行为。与肇庆海关缉私分局、地方打私支队建立"责任互担、信息互享、线索互通"的跨部门反走私综合治理工作机制，积极参与地方对无合法来源证明进口商品案件的联合审查工作。2021年，云浮海关查发一般行政案件704宗，办理"两简"案件407宗，整体打私工作绩效较往年有明显提升。

【疫情防控】2021年，云浮海关建立健全检疫和防护技能培训考核机制，开展"年度演练、半年考核、月度实操、每周交流、岗前实训"，确保一线疫情防控业务技能常学常新、安全可靠；建立物资管理制度，专人管理、专库存放，每日核对、每周通报，保持稳定保障一个月的用量需求；建立风险隐患排查机制，开展"线上+线下""现场+视频"的"滚动式"督导检查，做好季度工作组实地检查、月度科室自查、每周视频回放督查、班次视频实时督查，确保问题及时发现、漏洞及时堵塞；建立整改落实机制，梳理形成"发现问题、整改措施、完成情况"的整改落实"三张清单"，当次检查当天通报，两天内完成整改，定期开展整改"回头看"，切实提升整改效果。云浮海关抓好"三查三排一转运"，对入境上岸、转内贸船员实施100%核酸采样检测，全年检疫船员3,843人次，采样81人次，均为阴性。抓好重点场所管理，完成流调室、采样室物理隔离改造，设置防护装备穿脱及检疫、查验人员衣物换洗专用场所，场所逐次消杀，切实降低感染风险。抓好联防联控，向市指挥部派驻骨干，参加市指挥部9个专班，抓好重点人群、重点场所、重点环节管控，督促港务、船务等企业履行好主体责任，确保实现出入境船员闭环管理。加强内部安全管理，定期核酸检测，全员核酸检测每月一次，一线人员每周两次，高风险岗位人员每日一次。强化高风险岗位人员管理，参与入境人员卫生检疫的人员实行"14+7+7"管理模式，"两点一线"闭环管理，与其他人员不交叉、不接触，建立第一梯队4组共8人，后备队伍1组共2人，年内已完成4轮次封闭管理。

罗定海关

【概况】罗定海关是受广州海关直接领导，按授权负责云浮市范围内海关各类属地管理工作的正处级隶属海关，主要负责党的基层建设和干部队伍建设；办理具体海关业务，反馈执法作业结果；完成广州海关交办的其他工作。

罗定海关设正科级机构4个：办公室（党委组织宣传部）、综合业务科、政务服务科、属地外勤科，设党支部4个。行政编制35名（含占编职工），内设关长（正处级）1名，副关长（副处级）2名，2021年罗定海关实有行政在编人员24人。办公场所包括：1.罗定海关本部，地址：罗定市迎宾二路1号。2.驻云浮海关"联合政务服务工作组"，地址：云浮市世纪大道西云浮海关。

【政治建设】2021年，罗定海关学习中共十九大和十九届历次全会精神，贯彻总署和广州海关机关党委决策部署，深化"第一议题"制度，年内对习近平总书记重要讲话重要指示批示精神进行专题学习，部署落实重点措施29项。规范决策，制定贯彻落实"三重一大"决策制度实施细则和党委议事清单，党委议事决事全过程更加规范；严肃政治生活，召开巡察整改专题民主生活会、党史学习教育组织生活会，通过"三个摆进去"认真开展批评与自我批评。

【党史学习教育】2021年，罗定海关把开展好党史学习教育作为重大政治任务，紧扣"学史明理、学史增信、学史崇德、学史力行"要求，紧密结合工作实际，把学习党史同加强党建、解决问题、总结经验、推动工作结合起来，从企业、群众的痛点难点堵点入手，从最突出的问题抓起，从最现实的利益出发，完成24项"我为群众办实事"具体项目，1个项目入围全国海关"'我为群众办实事'百佳项目"。

【强基提质与干部培养】2021年，罗定海关以多种形式的主题党日为牵引，提升党支部学习效能，4个党支部累计开展知识竞赛、瞻仰烈士陵园、学先进交流讨论等活动33次。"清单化管理"推进基层党支部规范化建设，针对基本制度执行情况开展对照检查2次，对记录不规范、支委未及时配齐等问题及时督办处置。突出属地外勤科党支部"四强"支部示范引领作用,"属地忠诚卫士,融湾发展先锋"党建品牌愈发闪亮。年内,党委班子到辖区企业、党政部门和分管科室调研走访座谈50余次,随科室跟班作业25次,全面摸清业务、人员、资产各项底数,解决各环节痛点难点堵点问题,为科学决策打下坚实基础。净化政治生态,坚持"好干部"标准,培养选拔优秀干部,坚持在重大工作、重点任务中锻炼人才,35岁以下年轻干部在五大专项工作中多压担子,人均承担专班或专项工作3个以上,1名表现突出的业务骨干被接收为预备党员。

【专项整治和巡察整改】2021年,罗定海关以"现场监管与外勤执法权力寻租"专项整治和接受机关巡察为契机,着力补短板、堵漏洞、强根基,提升管理效能,年内共向72家企业推送专项整治工作举报渠道,发放调查问卷98份、深入企业调研18次,组织线上、线下纪法教育和警示教育测试两次。在"后巡察"整改阶段定向发力,制订整改方案,形成短、中、长期整改措施,标本兼治、挂账销号,完善相关制度5个、成立调整相关领导小组5个、完善规范各类台账12项,取得阶段性成效。坚持问题导向,开展"纪律教育月"专题警示教育学习,完善规章制度和整改举措,重点开展禁酒控酒专项整治,持之以恒正风肃纪。加强HLS2017新海廉系统应用,形成监督检查长效机制,处置异常数据有效率达到96.97%。狠抓落实问责,规范运用广州海关党委关于运用"第一种形态"及关联考核评优的实施细则,持续推进全面从严治党。

【监管服务】2021年,罗定海关推进企业升级计划,实行"专班+小组"工作模式,构建培育、辅导、认证、服务全链条,举办"线上+线下"政策宣讲会20场;年内成功实施高级认证企业9家,增长81.8%,完成高级认证重新认证(评估)作业3家,关区累计高级认证企业数量占年度活跃企业数的10%。完善"两窗通办"模式,优化驻云浮海关"联合政务服务工作组"办事窗口设置布局,由单纯的"两窗通办"提升为强化窗口与后续监管、口岸业务和属地业务"两个对接、无缝运行",实现48类事项"全域通办",现场办理耗时由原来的1天左右压缩至最快可达5分钟,在"好差评"评价中100%获五星好评。2021年,全市外贸进出口总值133.1亿元,同比增长12.8%,与2019年相比,两年内平均增长10.0%,其中出口增长22.6%。

【农产品安全出口监管体系】2021年,罗定海关着力构建"企业主责、科学监管、高效服务"的农产品安全出口监管体,发挥风险监测、100%全覆盖核查等监管效能,助力全市农业、食品产业出口提档升级。全年安全保障出口供港澳活猪24,046头,货值1,329.01万美元;禽肉产品22,714.8吨,货值8,271.73万美元,业务量居广州海关第1位；出口水产品4,228.87吨，货值1,754.83万美元。集全关之力完成智利活牛检疫隔离。完成广州海关关区近20年来首批进境大宗大型动物3,940头智利种牛为期45天的隔离检疫监管任务，确保人员和进境动物的安全，严防国外疫病传入。

【查缉走私】2021年，罗定海关结合"业务管理类核查""风险类核查"作业模式，规范结果运用和指令反馈，提升核查作业质量，年度下厂实地检查近200次，全年共开展稽查13宗（含主动披露作业1宗），办结10宗（含主动披露作业1宗），查发问题4宗。核查74宗，办结73宗。参加"邮包会战"，对127件涉案邮包开展涉案处置工作。

【国门生物安全监测与危险化学品监管】2021年，罗定海关开展地中海实蝇等监测56次，开展外来有害杂草监测3次，涉及监测地点21处，全面摸清全市检疫性实蝇和外来有害杂草种类和分布情况；密切与市农业农村局联防联控，持续做好红火蚁、草地贪夜蛾等重点外来入侵物种监测预警。守好安全生产底线，全面核查辖区内进出口危险化学品生产企业情况，对出口危险化学品实施批批现场查验和危险货物包装使用鉴定。全年共检验监管270批、9,216吨、795.9万元危化品安全出口。

【"放管服"改革】2021年，罗定海关与地方政府建立"3+X"（"3"指罗定海关、云浮海关、云浮市商务局，"X"为云浮市各区县人民政府）合作协调机制，签署《促外贸高质量发展三年行动计划合作协议》，聚焦AEO企业升级、通关便利化提升、外贸新动能培育、综合服务优化四大工程，"一区（县）一策"全方位促进云浮市外贸工作向快、向稳、向好发展。落实原产地签证便利化各项措施，利用"两证合一+无纸化申报+智能审单+自助打印"便捷签证模式，推动365天24小时网上办理证书秒签，全年共签发各类原产地证5,303份，出口货值达3.16亿美元，帮助企业获得进口国关税优惠3,163万美元。依托地方大湾区"菜篮子"工程和"七大特色产业集群"企业积极推动各类资质管理事项"全程网办"，办结备案、注销共20单作业，新增种（养）殖基地4家。加强对RCEP海关程序和贸易便利化规则研究，建立辖区RCEP重点享惠产品清单和重点享惠企业清单，专设RCEP政策咨询窗口，一对一为企业解读RCEP关税减让与原产地规则，开展"线上+线下"优惠政策宣讲，受到辖区100余家进出口企业的欢迎，为云浮的石材、农产品、钛白粉等特色产业带来发展新机遇。

【加工贸易和保税物流】2021年，罗定海关实施以企业为单元加工贸易监管改革，实行"账册滚动核销+风险研判盘核"监管模式，落实支持加工贸易企业出口转内销政策，提供为企业办理手（账）册备案、结案等手续，全年加工贸易进出口额

21.7亿元。用好公共保税仓吸纳异地税源，规范办理云浮新港公共保税仓地址和面积变更的行政许可，全年通过该仓进口货物5.5亿元、征税7,087.3万元。助力重点生产型企业通过自用型保税仓降低经营成本，在中顺洁柔纸业（云浮）设立云浮市首家自用型保税仓，每年可节约流动资金上千万元。

【疫情防控】2021年，罗定海关抓好海关内部疫情防控，及时研究部署内部防控工作，全年召开指挥部会议13次，专题关长办公会（责任落实督导会议）5次，研究制定"1+8"项内防举措，各项责任具体到人；制订更新《罗定海关新冠肺炎疫情防控应急处置指引》（3.0版本），对核酸检测异常、健康码异常等4种情形区分场所、时间分类施策，构建发现、隔离、排查、检测、支援、报告、总结全程细化步骤流程；严格落实"非必须（要）不出行"，做到每名干部职工及其家属健康状况、外出情况"日报告、零报告"；与派驻纪检组联合开展监督检查，梳理形成发现问题、整改措施及完成情况"三张清单""24小时问题清零"。

河源海关

【概况】河源海关是受广州海关直接领导的正处级隶属海关，辖区范围包括河源市五县三区，辖源城区、高新区、江东新区、东源县、龙川县、紫金县、连平县、和平县。下设8个科室，其中职能科室2个：办公室、人事政工科；业务科室6个：分析预警科、综合业务科、稽查科、查检科、政务服务科、监管科。河源缉私分局下设3个科室：办公室、法制科、侦查科。事业单位1个，为综合技术服务中心，下设综合业务部、技术检测部。

2021年，河源海关荣誉体系建设稳中有进，年内获评"广州海关模范职工之家""广州海关三八红旗集体""广东好人"等各类集体和个人荣誉27项。

【政治建设】2021年，河源海关党委开展"第一议题"学习制度，贯彻习近平总书记重要指示批示精神60余次，专题研究部署疫情防控、禁止"洋垃圾"进境、优化营商环境、加强统计等工作，确保行动迅速、措施有力。深化理论武装，坚持以习近平新时代中国特色社会主义思想为指导，班子成员带头学习贯彻中共十九大和十九届二中、三中、四中、五中、六中全会精神，统筹开展党史学习教育，增强"四个意识"、坚定"四个自信"、做到"两个维护"。坚定理想信念，抓好意识形态工作，树立政治意识、宗旨意识，教育党员干部把对党忠诚体现在坚决贯彻落实党中央决策部署上、体现在做好本职工作上、体现在日常言行上。完善抓落实机制，制发做到"两个维护"狠抓责任落实的实施意见，全年督办重点工作、重点批示190项，办结率100%。

【党史学习教育】2021年，河源海关举行党委理论学习中心组研学14次，专题读书班2次。各支部专题研讨81次、体验式学习15批次，推出专刊13期，组织党史知识竞赛和专题测试，被总署采纳信息17条。深入开展"我为群众办实事"实践活动，制订32项实事清单，已完成12项，已完成并常态化推进20项。开展调研519次，收集企业诉求和困难39条，逐项推进解决。推动党建强基提质，加强日常指导培训，推进支部标准化制度化建设，严格执行"三会一课"、主题党日活动、党建述职等制度要求，推动建成3个"初心堂"，1个支部入选广州海关"四强"支部。

【队伍管理】 2021年，河源海关配齐事业单位班子，优化解决超职数聘任问题，精简非占编合同工6人，完成事业单位下属企业商贸劳技综合服务部注销工作。推进准军建设，建立内务督察队伍和机制，每月1次内务督察，每周2次视频抽查，每月评选2个"流动红旗"科室，持续培养优良作风。做好离退休干部管理服务，完善退休人员党支部管理，关心关爱退休老干部，组织慰问生病住院和家庭困难的退休干部5人次。完善联学联训机制，开展业务专题导学12次，专题讲座、实训课程15期。动员统筹46人参与岗位资质考试、75人开展活猪监装实地学习、140人次参加实验室能力训练。全关有2种及以上资质人员58人，5种及以上资质人员16人。丰富文化生活，拓展各运动兴趣小组日常活动，与外单位全国青年文明号联学共建，深入社区普法宣传，在《金钥匙》杂志、"海关爱创作"平台发表作品18篇。加强队伍关怀，关心关注干部工作生活，开展节日慰问344人次，困难慰问116人次。

【纪检监察】 2021年，河源海关制订纪法教育、警示教育学习计划，编发专项整治应知应会手册和学习廉洁从政制度选编，累计开展集中学习、主题活动30批次。举行专题测试2批次。加强廉政风险排查，组织全关75名干部开展"裸官"和违规在企业兼职（任职）排查，从严抓好问题整改。规范执纪问责工作，建立完善问责制度机制，机关纪委联合派驻纪检组开展实地监督检查3次；与派驻组同向发力完善机制，每半年共同研究全面从严治党工作，统筹加强队伍管理和风险防控，推进全面从严治党向纵深发展。开展专项整治工作，成立工作领导小组，召开专项整治工作部署会，制订细化落实方案，严格开展个人违规事项申报。开展外部问卷调查50份，内部问卷调查77人次，调研企业28家，调取数据开展分析25,294条。

【口岸监管】 2021年，河源海关加强稽查工作，开展涉税、再生金属、跨境电商等重点领域专项稽查，办结稽查作业11宗，专项稽查有效率72.22%。创新核查工作方式，推进第三方检验结果采信改革，优化线上核查作业模式，提高核查工作效率。探索实施企业自查结果认可模式改革，便利高资信企业生产经营，共办结核查作业88宗，核查有效率为60.23%；迅速推进稽查业务改革，突出查发主导，围绕稽查理念、重点、机制、资源、保障以及风险防控六个方面进行研讨，制定推进实施措施，确保改革落地见效。

【税收征管】 2021年，河源海关抓好重点税源企业调研，做好月度税收监控和预测分析，科学研判每月关区税收走势，及时优化调整综合治税措施。引导异地企业回流纳统，针对本地企业以外地总部名义申报进出口的问题，制定针对性措施，关地联动引导企业税款回流。支持大宗商品进口，专人专岗协助企业进口煤炭额度审批，加强与职能部门、进口口岸沟通联系，争取并获批4船次约30万吨进口额度，税收落地1,298万元。全年税收累计入库31,482.5万元，同比增长6.2%。减免税、原产地政策帮助企业享惠近6,640万元，企业升级计划助推关区高级认证企业数量倍增。

【查缉走私】2021年，河源海关立足关区反走私工作特点，坚持打防结合，推动全员打私、智慧缉私、综合治理。年内，缉私分局共刑事立案7宗，涉案案值共1.81亿元；其中，查获涉嫌通过伪报品名、低报价格、伪报贸易方式进口的邮包2,030个；走私进口奢侈品牌皮包、项链一批，案值5,000万元；淫秽书刊和光碟近1,000册（张），走私冻品牛肉13.6吨。行政一般案件立案10宗，案值1.75亿元，其中一起案件已获总署缉私局批准作为行政大要案，另一起加工贸易案件案值达1.5亿元，被总署列为督办案件。

【统计分析及政策研究】2021年，河源海关组建关区政研团队，学习研究海关和地方"十四五"发展规划，结合关区业务实际，为地方研究制订推进贸易高质量发展的行动方案出谋划策；加强外贸分析研判，落实"快、广、深"的工作要求，充分运用内外部资源，拓宽统计分析广度和深度，做好每月外贸形势分析，提升快报、月报分析水平，年内累计报送统计分析文章11篇，提供统计数据服务26次。做好外贸监测预警，动态监控重点数据完成情况，及时通报地方政府优化调整稳增长措施。

【企业管理和稽查】2021年，河源海关全面摸清辖区企业底数，多种形式开展动员，有的放矢制订和开展"企业升级计划"；关地联动推进计划落实，与市商务局、东源县政府签署合作备忘录，合力帮促辖区进出口企业质量提升。创新实地认证流程，变四大标准"独立考评"为"串联评育"，创新"不见面"实地认证方式，有效提升培育效率。年内成功培育海关高级认证企业16家，总数增至34家，占在册企业总数的3.81%；积极推动以查发为导向的稽查业务改革，组建稽查部门分析研判团队，深入开展涉税领域专项稽查，对特许权使用费等项目开展常态化后续监管，突出海关稽查的威慑和规制作用。全年办结稽查作业11宗，常规稽查2宗、专项稽查9宗，发现问题6宗。办结核查作业88宗，发现问题53宗。

【检验检疫】2021年，河源海关抓好疫情防控，年内选派2名干部分别参与总署、广州海关机关疫情防控专班，参与地方农贸市场和冷链防控专班、粤港澳跨境货物运输防控专班、陆空口岸防控专班工作，参与地方防控会议79次。从严做好人员健康管理和卫生消杀等，组织开展专项监督检查12次，发现问题全部整改；保障供港澳活猪安全稳定出口，严密做好非洲猪瘟防控，集全关之力加班加点保障活猪出口，累计安排992人次监管供港澳活猪2,197车次、6,569批次、236,936头。做好风险监测和疫病监控，完成非洲猪瘟等疫病监测24次，抽样送检样品4,000个。开展安全风险监控8次，抽样送检样品176个；加强进口粮检疫监管，受理进境粮食调运申请65批次、28.098万吨，同比分别增长2.17倍和3倍。

【风险管理】2021年，河源海关做好风险信息收发和防控预警，年内撰写报送信息8条，提出稽核查建议6条。加强风险分析，围绕一般贸易进出口、危险货物、再生金属进口等重点领域开展风险分析13次，查发1家企业低报问题，预估案值45万元。加强智能防控，依托新海廉平台实现异常数据监控预警与现场核实双向互动。加强内控节点岗位清单应用，举办内控专题培训2次，建立全关内控节点300余个，开展内控指标检查104次。

【促外贸稳增长】2021年，河源海关制订对接重点项目企业工作方案，针对疫情影响、用柜难、限电等问题开展调研519次，收集诉求和困难39条，逐条逐项解决，帮助企业稳产达产。支持加工贸易发展，综合实施以企业为单元改革、内销集中纳税、免收风险担保金等惠企措施，全年加工贸易进出口159亿元，同比增长20.2%。支持地方政府开展市场采购，加强政策宣传指导，引导企业守法经营，指导解决企业台风雨季抢出口难题累计出口7,233批次，货值6,518.8万美元，帮助竹木草生产企业稳住订单，直接带动3,000余名村民实现家门口就业。

【综合业务改革】2021年，河源海关推进"两步申报"改革，一对一跟进指导重点企业，实施"每周一报"，加强分析监控，确保应用率稳步提升，关区两步申报报关单量同比增长210%。持续压缩进出口通关时间，12月，河源海关进口、出口整体通关时间分别为0.56小时、0.23小时。推动原产地改革政策措施落地，签发原产地证书6,995份，助力"河源制造"享惠5,865万元。累计为农夫山泉、景旺等企业减免税款775万元，提升"河源制造"品牌质量。为皓勤等4家企业开展知识产权培塑，对企业关心问题实行"清单式管理"并及时清零反馈。

【政务管理】2021年，河源海关起草、整理综合材料40余份，编撰各类文字材料近50万字。建立关区信息员队伍，制定信息约稿和通报制度，共报送各类信息346条。主动争取机关职能部门支持，夯实新闻队伍建设，密切与各类媒体沟通联系，紧盯关区特色，不断扩展宣传内容、拓宽宣传渠道，共在省市级媒体发稿100余篇次，为关区工作发展营造良好氛围。年内组织安排召开党委会议50次，其他会议150余次；梳理归档历史档案1,227册。

【督察内审】2021年，河源海关配合

做好国家审计，共反馈数据15批，取证单7份，编发《工作动态》8篇。配合做好"一把手"任期审计和内控评价，制发配合审计方案，反馈资料7批次、审计取证单8份。做好总署、广州海关机关年度专项审计自查、重大政策措施跟踪督察，保障重点改革措施落地见效。开展事业单位运营、实验室高质量发展、危化品监管、疫情防控等专项审计、督察和调研，促进工作提升。开展科室管理审计，提出审计建议3条，提升科室管理和执法能力。

【财务管理】2021年，河源海关制订精细化预算方案，统筹全年各项经费支出，加强过程控制，定期评估收支水平和资金使用效益，适时调整预算方案，关注预算执行和结余资金情况，实现全年收支自主平衡目标。落实过"紧日子"措施，制订促进增收节支、增强财力保障实施方案，出台22项工作措施，压实各级工作责任，全关上下"增收节支"意识增强。加强固定资产管理，年内共清点资产1,999件，报废资产88件，全关资产在库分配率达到99.70%，资产管理水平得到提升。抓好涉案财物处置，顺利向地方移交罚没珍贵松树3棵，按要求处置涉案显卡一批，推动在库涉案财物全部清零。走访协调地方部门，推动建立固废移交联络机制。

第七篇

大事记

广州海关 2021 年大事记

1月

▲3日　天河海关驻广州市政务服务中心窗口获评 2020 年度"政务信息优秀窗口",连续 10 年获得该项荣誉,在 38 个进驻部门中排名第一。

▲4日　广州海关扶贫助学送温暖活动第一阶段顺利完成。《"岂曰无衣 与子同袍"——扶贫助学送温暖活动倡议书》发出后,来自全关 39 个部门或团组织的 1,698 名干部职工认捐防寒服装 1,270 套,爱心款项共计 234,950 元。其中 255 套防寒服装已在总署扶贫支教点河南卢氏县汤河中心小学发放完毕。是日,该校全体学生统一着装参加升国旗仪式。

▲6日　广州海关关长丁吉豹率全体关领导会见来访的黄埔海关关长郑汉龙一行。双方围绕通关一体化跨关区协作、大湾区跨境物流建设、"放管服"改革协调配合、行政执法互联互动、谋划共同支持服务广东省广州市开放型经济发展的举措等进行深入交流。

是日,广州海关开展打击水果走私专项行动。在总署缉私局统筹指挥和昆明海关的协助下,成功打掉 1 个走私水果的犯罪团伙。经查,2019 年以来,走私团伙与国内货主勾结,将原产于越南的水果大量走私进境,并运至广东等地贩卖牟利,涉及案值 3.07 亿元。

▲8日　广州海关召开 2020 年度党建述职评议考核暨党风廉政建设工作例会。党委书记、关长丁吉豹出席并讲话,肯定关区党建工作成效,点评各部门、单位党组织书记对照高质量要求履职尽责存在的差距,明确努力方向。会上还对述职对象进行无记名测评。

是日,广州海关关长丁吉豹出席广州海关缉私局庆祝首个中国人民警察节暨 2020 年"双十"表彰仪式,与关党委委员、缉私局局长唐龙军,关党委委员、政治部主任林高为获奖警员颁奖。活动围绕"致敬!缉私奋战者"主题,以现场表彰、实战大练兵总结、警务战术演练、民警退休荣誉仪式等方式,增强缉私民警职业荣誉感、自豪感和归属感。

是日,广州海关联合税警银三部门开

展虚开骗税专案收网行动。联合地方公安、税务、人民银行三部门出动执法人员200余名，分成10个行动小组，在广州、深圳、佛山、汕头等地开展收网行动，抓获犯罪嫌疑人43名，打掉1个利用海关进出口增值税专用缴款书虚开骗税的犯罪团伙，涉及企业1,208户。

▲11日 广州海关党委委员、缉私局局长唐龙军组织指挥"奋斗02"打击走私雪茄专项行动。在总署缉私局统一指挥和深圳海关、黄埔海关及广东省烟草专卖局的协助下开展行动，共抓获犯罪嫌疑人20名，主要嫌疑人全部到案，现场查获涉嫌走私雪茄一批，涉及案值6,274万元。

▲13日 钟南山院士在该日举办的呼吸疾病国家重点实验室2020年度专题报告会上，对总署、广州海关给予的大力支持表示衷心感谢，对广州海关P3实验室紧密配合其团队成员开展多项新冠病毒科研攻关并取得突出业绩等给予肯定，欢迎P3实验室以适当形式加入其正在申报的国家实验室生物安全网络体系，继续发挥更大作用。广州海关技术中心副主任黄吉城作为呼吸疾病国家重点实验室项目负责人之一参加会议并做学术报告。

▲18日 广州海关青年战疫突击队、肇庆海关青年突击队被广东省文明办、共青团广东省委员会、广东省志愿者协会联合授予"广东省'优秀战疫志愿服务典型'组织"。

▲19日 广州海关参加总署署长倪岳峰主持召开的促进跨境贸易便利化专项行动部署会。会议总结分析了应对世界银行营商环境评估工作情况，研究部署促进跨境贸易便利化专项行动。广州海关关长丁吉豹在广东分署分会场参加。

▲20—21日 广州海关联合地方公安局开展打击冻品走私专案统一收网行动。在广州珠江某水道一废弃物流码头查获大马力走私摩托艇24艘、铁壳船2艘，现场查扣货车45台、吊车1台、加油车1台、走私冻品200余吨，抓获涉案人员115名，成功摧毁1个走私冻品犯罪团伙，初步查明该走私团伙涉嫌走私冻品约1.1万吨。

▲22日 广州海关召开广州海关促进贸易便利化专项行动工作推进会，关长丁吉豹出席。会议部署落实总署促进跨境贸易便利化专项行动部署会精神，总结工作成效，研究部署广州海关下一轮跨境贸易便利化专项行动。

▲24日 广州海关关长丁吉豹、政治部主任林高到广州海关定点扶贫村梅州市中洞村开展扶贫工作调研并慰问扶贫干部。向中洞村捐赠扶贫项目资金、村小学所需文具用品，上门慰问贫困户代表，实地调研扶贫产业、帮扶项目，就巩固拓展脱贫攻坚成果同乡村振兴有效衔接等工作进行交流。

▲26日 总署党委委员、广东分署主任、党委书记张广志以视频会议方式听取广州海关党委巡视整改工作专题汇报。广州海关党委书记、关长丁吉豹汇报了广州

海关巡视整改工作情况。张广志充分肯定了广州海关巡视整改工作，认为广州海关党委高度重视，认真履行政治责任，整改措施落实到位，3个月集中整改成效明显，并提出了工作要求。分署其他党委委员、广州海关在家关党委委员参加。

▲28日　2021年全国海关工作会议以视频会议形式在北京召开，总署署长、党委书记倪岳峰做讲话。会议总结回顾了2020年海关工作取得的新成绩，总结了"十三五"时期海关工作取得的长足进步，分析了当前海关工作面临的形势，提出了"十四五"时期海关发展目标，明确年度工作总体要求，对2021年重点工作做出具体部署。总署副署长、政治部主任、党委委员胡伟主持会议。广州海关党委班子成员、副厅级领导干部、巡视员、总工程师、总检验师等在广州海关两级分会场参加。

是日，2021年全国海关全面从严治党工作会议以视频会议形式在北京召开，总署党委书记、署长倪岳峰传达习近平总书记在十九届中央纪委五次全会上的重要讲话精神，总结2020年全国海关全面从严治党、党风廉政建设和反腐败工作，对2021年工作任务做出全面部署。驻署纪检监察组组长、党委委员陶治国传达赵乐际在十九届中央纪委五次全会上的工作报告，并就学习贯彻落实全会精神提出要求。广州海关党委班子成员、副厅级领导干部、巡视员、总工程师、总检验师等在广州海关两级分会场参加。

是日，国家卫生健康委专家组对广州海关P3实验室申请延续开展新冠病毒相关实验活动进行现场评估论证，副关长孟传金、总检验师相大鹏参加相关活动。专家组听取广州海关工作汇报，到P3实验室开展现场检查和生物岛P3实验室新址指导，肯定了P3实验室检测成果及规范管理成效。

是日，经国务院批准，广州海关技术中心李志勇获2020年度国务院政府特殊津贴。

▲29日　广州海关召开党委班子2020年度民主生活会。党委书记、关长丁吉豹主持，会议通报了会前准备、上年度民主生活会和专题民主生活会整改措施落实情况。丁吉豹同志代表党委班子做对照检查，党委委员依次发言，开展批评与自我批评。关党委和委员围绕民主生活会主题，聚焦学懂弄通做实习近平新时代中国特色社会主义思想、坚持和加强党的全面领导、履职尽责担当作为、学习贯彻党的十九届五中全会精神、落实全面从严治党主体责任5个方面认真查找问题，深入剖析根源，提出整改思路和措施。

是日，广州海关参加2021年全国海关纪检监察工作会议，广州海关纪检组组长何继军在广州海关分会场参会并做交流发言。当日下午，党委纪检组向关党委会专题汇报会议情况。

是日，广州海关支持辖区内首个综合

保税区保税维修项目顺利落地，试点开展首单液晶显示面板的保税维修业务。

2月

▲1日　广州海关关长丁吉豹出席广州空港中央商务区项目动工暨战略合作协议签署活动并致辞，白云机场海关顾炯关长代表广州海关与广州空港委、南航集团、省机场集团签署《高质量推动广州国际航空枢纽建设战略合作框架协议》。广州市市长温国辉、副市长胡洪、广州市空港委主任朱志刚、南航集团副总经理罗来君、省机场集团董事长张克俭出席并见证签约。

是日，广州海关技术中心参加由德国DRRR组织的4项"总迁移量"国际能力验证活动并获优秀结果。DRRR是德国最大的提供专业实验室能力验证、参考物质、培训的机构，在能力验证领域代表国际顶尖水平。

▲2日　广州海关副关长孟传金主持召开2021年度科学技术委员会会议，会议审议通过广州海关2021年署级推荐、关级立项科研项目及科技委专业组成员调整名单。

是日，广州海关党委书记、关长丁吉豹率全体关党委委员到总署广东分署，向总署党委委员、广东分署主任张广志做党委班子工作汇报。张广志充分肯定广州海关去年工作成效，并就进一步加强政治建设、深入推进"五关"建设、做好疫情防控工作、筑牢国门安全防线、优化口岸营商环境、加强班子建设和队伍建设等方面工作提出具体要求。全体关党委委员参加。

是日，广州海关政治部主任林高到广州海关定点帮扶村茂名市高灯堡村开展扶贫工作调研，向高灯堡小学捐赠文具用品一批，慰问贫困户、困难党员代表和驻村扶贫干部，就巩固拓展脱贫攻坚成果同乡村振兴有效衔接等进行交流，地方政府衷心感谢广州海关给予高灯堡村的帮扶及取得的成效。

▲4日　广州海关副关长孟传金出席广州海关与中国建设银行广东省分行"关银—KEY通"合作项目协议签约仪式，见证数据分中心与该行签署《"关银—KEY通"项目（分对分）合作协议》。该项目帮助外贸企业打通海关端、电子口岸端、建行网银端三方端口，企业既能报关又能收汇，可有效整合银行优势资源，为企业办理电子口岸业务提供便利。

▲5日　广州海关召开2021年广州海关关区工作会议，广州海关关长、党委书记丁吉豹做讲话。会议总结回顾了2020年及"十三五"时期广州海关工作，分析了面临的形势要求，研究谋划"十四五"时期发展任务，安排2021年重点工作，确定了2021年关区工作总体要求。广州海关党委委员、缉私局局长唐龙军主持会议。全体关党委委员、副厅级领导干部、巡视员、总工程师、总检验师等在主分会场

参加。

是日，广州海关召开2021年广州海关全面从严治党工作会议，广州海关党委书记、关长丁吉豹总结了2020年广州海关全面从严治党、党风廉政建设和反腐败工作，对2021年主要工作任务做出部署。全体关党委委员、副厅级领导干部、巡视员、总工程师、总检验师等在主分会场参加。

是日，广州海关车载一体式移动加强型生物安全二级实验室（P2+实验室）在南沙口岸正式试运行，共完成76份新冠病毒核酸检测任务。该实验室的投入应用将广州海关新冠病毒核酸检测直接延伸至大型海港一线，有效提升了检测能力和时效。

▲9日 广州海关党委委员、缉私局局长唐龙军到大铲海关慰问在岛干部职工并参加指导联系党支部组织生活会，代表关党委向在岛干部职工致以春节慰问，参加并指导技术运维保障科党支部组织生活会，就继续擦亮大铲品牌、持续做好疫情防控和监管打私工作、加强队伍建设等提出要求。

▲20日 全国"扫黄打非"工作小组授予邮局海关2020年全国"扫黄打非"先进集体称号、授予白云机场海关欧阳建斌2020年全国"扫黄打非"先进个人称号。

▲22日 广州海关组织开展2021年第一次党委理论学习中心组（扩大）学习。广州海关党委书记、关长丁吉豹领学，关党委委员集体学习习近平总书记在党史学习教育动员大会上重要讲话、在十九届中央纪委五次全会上重要讲话、在中国—中东欧国家领导人峰会上重要讲话等系列重要讲话重要指示批示精神，以及中国共产党第十九届中央纪律检查委员会第五次全体会议公报，结合总署党委系列会议和署领导讲话精神，集体研讨在社会主义现代化海关建设新征程中走在前列的实施意见。

是日，召开广州海关关务会，党委书记、关长丁吉豹传达关党委集体学习情况，就各级领导班子发挥"头雁效应"、确保各项重点任务落到实处提出要求。

▲24日 广州海关获得广州市2020年度社会信用体系建设考核优秀等级。

是日，佛山海关驻禅城办事处人事政工监察科、广州白云机场海关旅检一处卫生检疫科、韶关海关综合业务科3个集体被广东省妇联授予"2020年度广东省'巾帼文明岗'"称号。

是日，H2018通关管理系统3.0版在广州海关扩大切换范围，实现"无纸报关单处置、有纸报关单处置、人工放行处置、报关单信息查询、两步申报、全通综合业务处置"等功能在"一个系统"处理，系统切换顺利，业务运行正常。

▲25日 《广州海关 黄埔海关深化合作备忘录》签约仪式在黄埔海关举行，广州海关关长丁吉豹、黄埔海关郑汉龙关

长分别致辞。备忘录围绕维护国门安全、优化口岸公共卫生防控体系、推进粤港澳大湾区建设、促进外贸高质量发展、优化口岸营商环境、推动综合保税区高水平开放高质量发展、提升队伍建设能力和水平7个方面，制定25项实施措施，形成深化合作长效机制，为加强合作交流、实现"两关如一关"的合作目标，明确了方向和路径。

3月

▲1日　广州海关党委书记、关长丁吉豹主持召开党委会，研究贯彻落实总署安全生产电视电话会议精神的措施，审议关党委加强自身建设有关实施意见及"现场监管与外勤执法权力寻租"专项整治、优化关级会议制度、评比达标表彰、科室巡察、联学联训等工作的方案和文件，听取发展党员、荣誉推报等事项报告，并研究其他事项。

是日，广州海关召开2021年广州海关打击走私工作会议，广州海关关长丁吉豹出席，肯定了2020年关区打私整体工作，就各部门、单位协同做好打私工作提出要求。党委委员、缉私局局长唐龙军总结通报了2020年关区打私工作情况，布置2021年关区打私工作任务。

是日，广州海关支持广州口岸全面实现船舶联网核放。支持中国（广州）国际贸易"单一窗口"在南沙港区试点国际航行船舶、来往港澳小型船舶联网核放功能，通过接收海关进出境运输工具监管系统有关回执，自动同步船舶联网放行信息的海关状态，实现进出境船舶的联网核放。3月1日，该功能在广州口岸全面推广上线，取消纸质船舶出口岸手续联系单，优化通关流程，提高企业工作效率，降低企业成本。

▲2日　广州海关党委委员、缉私局局长唐龙军组织指挥"奋斗03"打击行邮渠道"水客"走私羽绒服专项行动，涉及案值7,000万元。

▲4日　广州海关多个妇女组织和个人获得荣誉：大铲海关胡戎、罗定海关杨利敏获评"全国巾帼建功标兵"称号，罗定海关石玮获评"广东省三八红旗手"称号；肇庆海关政务服务科、清远海关外贸攻坚组、云浮海关分析预警科3个集体获评"广东省三八红旗集体"，佛山海关驻禅城办事处人事政工监察科、白云机场海关旅检一处卫生检疫科、韶关海关综合业务科3个集体获评"广东省'巾帼文明岗'"。

▲5日　广州海关"智能通关"改革入选国务院《〈优化营商环境条例〉实施情况第三方评估发现的部分创新举措》。本次第三方评估由国务院委托开展，涉及开办企业、跨境贸易等10个世界银行营商环境评估指标，旨在促进各地区互学互鉴，推动《优化营商环境条例》各项规定进一步落到实处、取得实效，全国各部门单位共有15条创新举措入选。

是日，大铲海关（缉私分局）在对进境黄埔的某船舶登临检查中，发现未经卫生检疫审批的12支人血白蛋白等物品一批，这是广州海关首次在入境港澳小型货轮查发该物品，并及时通报黄埔海关进行进一步处置，上述物品于3月10日原船退运出境。

▲10日　广州海关技术中心卫生检疫研究所（P3实验室）被广东省妇联命名为"广东省三八红旗工作室"。

是日，白云机场海关在进口普货渠道查获一起伪报钻石情事，在对一票来自泰国、申报品名为"人造宝石"的进口一般贸易货物实施查验时，发现3包宝石疑似钻石，经取样送检确认为钻石，重116.55克拉。

是日，广州海关向地方公安部门移交走私冻品983.66吨，严格履行交接手续，派员全程监装，后续地方公安部门将采用高温焚烧、生物降解等无害化处理方式对走私冻品进行销毁。

▲11日　广州海关召开"现场监管与外勤执法权力寻租"专项整治工作动员部署视频会议，广州海关关长丁吉豹做动员讲话并提出要求。纪检组长何继军传达学习总署相关会议精神，布置专项整治工作安排并做会议小结。

是日，白云机场海关缉私分局立案侦办1宗防疫物资走私案，根据白云机场海关移交线索，对深圳某实业有限公司涉嫌走私防疫物资案立案侦查，涉及案值188万元。

▲12日　广州海关组织开展2021年第二次党委理论学习中心组（扩大）学习。学习围绕"学习党的百年历史 提高'政治三力'"主题进行，邀请中共广东省委党史研究室副主任王涛做专题辅导报告，广州海关党委书记、关长丁吉豹主持集中研讨学习。

▲15日　广州海关组织参加全国海关党史学习教育动员会，会议以视频会议形式召开，总署党委书记、署长倪岳峰做动员讲话。广州海关党委班子成员、巡视员、总工程师、总检验师等参加。

是日，广州海关聚焦群众关切开展"3·15"国际消费者权益日新能源汽车电池专题直播，收集群众关注的新能源汽车安全和电池性能等问题，在"海关发布"和"触电新闻"媒体平台上开展直播，增进群众对海关监管的了解、丰富安全知识。直播得到央视频、央视频移动网、新华社现场云、今日头条、北京时间、新浪新闻等分发推广，总观看量达136.7万人次。

是日，白云机场海关旅检一处卫生检疫科被广东省总工会授予"广东省五一劳动奖状"；肇庆海关钟梅霞、罗定海关石玮被评为"广东省先进女职工个人"。

▲15—27日　大铲海关集中销毁走私冻品872.98吨。通过委托环保企业采用高温焚烧方式，对主要来源地为美国、巴西等国的冻鸡爪、冻猪手等涉案冻品进行无

害化销毁，该批冻品销毁后，大铲海关实现走私冻品库存清零。

▲17日　佛山海关驻南海办完成广州海关首票政策项目信息与征免税证明合并审核确认业务，指导某纺织有限公司通过"单一窗口"平台一键完成减免税政策项目信息备案与征免税证明审核申报，成功合并办理85台、货值544万美元的高速机电一体化无梭织机减免税备案，并为其中31台合并办理征免税证明出具业务，涉及减免税税款99.7万元，用时缩短50%。

是日，肇庆海关联合肇庆市烟草专卖局，采用高温焚烧方式销毁涉案走私香烟5.88万支。

▲18日　佛山海关驻三水办事处首批2,627票"香港—三水港—三水跨境电商清关中心"水陆联运跨境直购商品顺利通关。针对由粤港跨境运输工具及司机防疫要求导致的跨境电商传统陆路运输成本增加、进出境车次减少等情况，对接企业积极研究拓展"香港—三水港—三水跨境电商清关中心"水陆联运模式。经测算，该模式物流成本较传统粤港公路运输节省约2,000元/柜，压缩近50%。

▲19日　广东省政协副主席李心到广州海关调研，广州海关关长丁吉豹陪同，实地调研技术中心、关史馆等，充分肯定了广州海关实验室在打击"洋垃圾"进境、打击红油走私、出口防疫物资检测、服务粤港澳大湾区"菜篮子"建设、维护国门生物安全等方面发挥的技术支撑作用；召开座谈会，通报省政协委员、技术中心研究员王卫芳履职情况，围绕加强联合调研、支持广东经济社会发展等进行交流。

▲22日　广州海关开展打击线上渠道"水客"走私奶粉等专项行动，在上海、绍兴、武汉、长沙、深圳等地开展统一查缉抓捕行动，成功打掉4个走私奶粉团伙，涉及案值10亿元。

▲22—23日　番禺海关联合番禺区市场监督管理局，采用高温焚烧方式集中销毁鸡爪、猪脚等走私冻品约278吨。

▲23日　广州海关党委委员、缉私局局长唐龙军组织指挥"G2018"打击"水客"走私集中收网第一轮查缉行动，成功打掉2个通过"水客"走私奢侈品的货主团伙，涉及案值2,000万元。

是日，佛山海关驻高明办事处与地方市场监管部门联合开展"双随机、一公开"监管作业，为广州海关首宗核查领域关地联合抽查作业。

是日，广州海关在进境观赏鱼中首次检出病毒性神经坏死病病毒核酸阳性。在从马尔代夫进境的观赏鮨鲤鱼中检出病毒性神经坏死病病毒核酸阳性，为国家二类动物疫病，已按照要求对同批次鱼苗及水体进行销毁及无害化处理。该病毒可引发鱼类大面积死亡，病死率高达90%以上，会对海水养殖业造成重大风险。

是日，广州海关技术中心牵头承担的总署科研项目"大豆及大豆油的产地溯源鉴定技术研究"通过验收。自2018年承担该项目以来，采用基于高分辨质谱的食品组学方法、电感耦合等离子体质谱等技术联合构建大豆及大豆油产地溯源精准识别技术，研究产生20多万条原始数据，建立产地溯源模型5个，对美国、巴西、阿根廷大豆和大豆油溯源鉴定准确度达90%以上，填补了该领域技术空白，为国家精准实施税收管理提供了技术支撑。

▲25日　总署副署长王令浚在广州出席2021年全国海关法治工作会议并讲话。广州海关关长丁吉豹出席会议并致欢迎辞。会议邀请中央依法治国办秘书局副局长叶平就学习宣传贯彻习近平法治思想进行授课。广州海关副关长赵晓光参会。

▲25—26日　总署副署长王令浚在广州海关调研，广州海关关长丁吉豹、副关长孟传金参加。王令浚一行到番禺、从化、韶关海关实地调研钻石珠宝首饰加工、粤港澳大湾区赛马产业、"菜篮子"建设等情况，并慰问一线关警员，要求广州海关主动对接国家区域发展战略，在强化监管的基础上，加强产业帮扶力度，更好地服务粤港澳大湾区建设，促外贸稳增长。

是日，广州海关开展"学党史 强支部 促发展""四强"支部评选展示会，在前期遴选基础上，全关54个党支部进行交流展示。在家关党委委员，及党的十九大代表和直属机关党委、纪委委员参加，广东省直机关工委、广东分署有关党建专家到会指导。

是日，番禺缉私分局开展"奋斗07"打击快件渠道走私日用品专项行动，涉及案值约2亿元。

▲27日　广州海关协助总署完成海关跨境电商进口统一版系统贸易救济模块开发、测试和上线工作。商务部发布公告，决定自3月28日起对原产于澳大利亚的相关葡萄酒征收反倾销税。为保障新政实施，按照总署工作安排，广州海关工程组按照公告内容，于3月26日完成系统贸易救济模块开发，27日系统顺利通过关税司组织开展的业务测试后正式上线运行。

▲29日　广州海关在粤海关博物馆举办藏品捐赠仪式，接收粤海关华员后人捐赠的粤海关时期办公用滤水器、欧米茄怀表、广彩瓷等藏品共17件。

▲30日　广州海关召开推进行政执法规范化工作会议暨"以案说法"专题培训。会议传达学习2021年全国海关法治工作会议精神，组织对广州海关近年来办理的复议诉讼典型案例进行研讨，分析执法问题，提出相关建议，切实推进广州海关行政执法规范化。广州海关关长丁吉豹出席会议并讲话，副关长赵晓光主持会议，在家关领导等参加。

是日，广州海关党委书记、关长丁吉豹出席广州海关2021年第一期处级领导干部深入学习贯彻党的十九届五中全会精神暨党史学习教育专题培训班并做开班动员。副关长赵晓光参加并主持开班式。各部门、单位共81名学员参加本期培训。

是日，广州海关开展打击"水客"走私燕窝、虫草等高值商品专项行动，涉及案值15亿元。

是日，广州海关查获一起"水客"团伙走私普通货物进境案，涉及案值1.46亿元。

是日，粤港澳大湾区组合港"顺德北滘—深圳蛇口"项目实货测试成功。在完成前期数据测试基础上，迅速启动组合港模式出口实货测试，在两地海关、码头经营单位、报关行、企业和船公司沟通配合下，货物顺利完成运抵确报、申报、放行和装船各环节操作，如期发往深圳蛇口。该票实货测试参与企业共17家，货物760.15吨，标箱129个，货值2,165.9万元。

▲31日 广州海关召开"邮包会战"总结推进现场会。关党委委员、缉私局局长唐龙军充分肯定"邮包会战"取得的成效，分析了广州海关打私工作形势，就进一步优化工作机制、强化职能指导保障、充分调动全关力量资源做好年内"邮包会战"等提出要求。

是日，广州海关顺利完成新一代风险作业子系统邮递应用切换工作。切换当日，广州海关共梳理切换布控指令196条，监管邮件16.9万件，指令命中邮件9,959件，整体运转平稳。

是日，广州海关向地方林业部门移交濒危野生动物制品187.5千克，主要是象牙制品74.3千克、穿山甲鳞片66.3千克、犀牛角32.2千克及其他濒危野生动物制品14.7千克，均为CITES附录内物种，严格履行交接手续，移交广州市林业和园林局进行妥善处置。

是日，广州海关联合海口海关共同推动海南自由贸易试行启运港退税政策全国首票报关单落地。首批启运港退税政策货物从广州南沙新港启运至海南洋浦港，换装国际航行船舶出境，该票货物共3个集装箱，主要为电视机配件等，货值7.6万美元，涉及退税6.4万元。

4月

▲1日 广州海关组织参加全国海关党史学习教育宣讲报告会，会议以视频会议形式召开，总署党委书记、署长倪岳峰主持，中共中央党史研究室原副主任李忠杰做学习宣讲。广州海关在家党委班子成员，巡视员，总工程师、总检验师，各部门单位主要负责同志，各海关党委班子成员、处科长及党员代表等在广州海关分会场参加。

是日，广州海关联合黄埔海关成功办理全国首票进出口货物收发货人注册登记跨直属海关"一窗通办"业务，解决了企业办理政务服务事项"折返跑""多地跑"等痛点问题，推动营造高效优质营商环境。

是日，广州海关技术中心建成全国海关系统内首个进口新能源汽车检测线，是全国首个具有最新强制性国标 GB18384-2020 测试能力的项目，也是海关系统唯一一个与工信部对接的进口新能源汽车安全监控信息推送窗口，成为全国首个口岸与地方共用的公共技术服务平台。

是日，广州海关保障首票粤港澳大湾区医疗器械创新监管模式下进口货物顺利通关。首批货物为磁力可控延长钛棒、手动延长器、牵引杆电磁牵引器等，经国务院授权、广东省人民政府批准后，由华润广东医药有限公司在白云机场海关申报进口。

▲6日　白云机场海关与广东省机场管理集团有限公司签署《推进口岸通关便利化合作备忘录》，备忘录围绕提高口岸进出口货物通关效率、加强综保区发展建设、做好机场规划建设、逐步扩大通程航班范围、建立信息共商共享合作机制、做好相应保障工作6个方面制定实施措施，形成深化合作长效机制。

是日，广州海关基础工作数据汇总平台正式上线运行，搭建业务和行政2大板块，涵盖监管、税收、人事、教育等13个海关主要业务门类，实现以业务为导向的指标和报表体系。该平台具有业务运行监测、数据监控分析、关联辅助研究、指标展示发布等功能，可及时发现重点敏感业务领域的数据异动情况，满足业务分析"快、广、深"要求，为领导决策、海关监管提供数据服务。

是日，广州海关技术中心参与研制的橘小实蝇检疫辐照处理国际标准正式发布。该标准经国际植物检疫措施委员会第十五届大会表决正式发布，标志着中国辐照处理技术能力达到国际领先水平，对维护国家生物安全等具有重要意义。

▲7日　广州海关政治部主任林高、副关长杨国海分别组织召开广州海关2020年度工程、农业系列职称评审会议，总工程师冯锦羡参加工程系列职称评审会议。

是日，南沙海关办理广州关区首票国境口岸公共场所卫生许可"告知承诺制"审批。

▲9日　广州海关2项创新举措入选中国（广东）自由贸易试验区第七批改革创新经验复制推广清单，分别为"构建仓储货物区内直转模式""推广旅客通关'指尖申报'模式"，由广东省人民政府明确在全省相关范围内复制推广。

是日，广州海关助力关区首票援助新冠病毒疫苗快捷通关，我国向所罗门群岛无偿援助的5万支新型冠状病毒灭活疫苗及配套注射器完成监管手续，11日搭乘航班前往所罗门群岛。

▲11日　广州海关监管中欧（广州）班列发运首趟"穗蒙俄"长城汽车专列，搭载88个标准集装箱的长城轿车成套散件及汽车零配件，另有12个标准集装箱的其他货物从广州大朗站出发，经二连浩特口岸出境，运往俄罗斯克列斯特。货物总值1,358.51万元，其中长城汽车公司产品1,016.05万元。

▲14日 中宣部副部长张建春到广州海关调研，广州海关关长丁吉豹陪同，察看广州海关查扣违禁出版物样品库，前往广州航空邮件处理中心察看邮递物品监管作业场地等场所，听取工作汇报，充分肯定了广州海关"扫黄打非"工作成效，要求继续强化查缉打击力度，把好政治安全和意识形态安全防线。中宣部、中央网信办、中央台办、公安部等部委相关司局领导，以及部分省市党委宣传部门领导、总署监管司副司长党晓红、广东分署副主任刘红等参加。

▲15日 第129届广交会顺利开幕，广州海关共服务2.6万家企业和200余个国家（地区）采购商参展。

是日，广州海关联合地方政府建设"以南沙为集散枢纽、大湾区各机场作业协同"的共享国际货运中心，保障粤港澳大湾区机场共享国际货运中心首批货物出口，首批227件货物在货运中心完成预安检、查验等手续后，运往白云机场出口，货值7.5万元。

是日，广州海关知识产权查发案例"广州海关'网剑行动'应用高科技手段精准拦截批量跨境寄递侵权物品"获评2020年度广州知识产权保护十大典型案例。

是日，广州海关技术中心国家卫生处理安全及适用性检测重点实验室在海关系统内首获新冠病毒消毒效果实验室评价资质。

▲15—16日 驻署纪检监察组组长陶治国在广州海关调研，关长丁吉豹陪同。先后到佛山海关驻南海办事处、白云机场海关和邮局海关，详细了解海关促外贸稳增长、业务现场风险防控等情况。在基层党支部联系点驻南海办事处三山港监管科党支部，与党员干部亲切座谈，深入了解大家开展党史学习教育情况，并参加"学党史，坚守初心使命；严整治，建设清廉海关"主题党日活动。调研期间，陶治国听取了广州海关全面从严治党工作汇报，对关党委提出工作要求。广州海关纪检组组长何继军等参加相关行程。

▲16日 广州海关进出口食品安全处在全国食品安全先进集体和先进个人表彰电视电话会议上获评"全国食品安全工作先进集体"称号，为省内唯一获评此称号的海关系统单位。

▲19日 广州海关组织开展"奋斗12"打击跨境电商渠道"水客"走私化妆品专项行动，成功打掉3个跨境电商"水客"走私团伙，涉及案值10.6亿元。

▲20日 广州海关关党委委员、缉私局局长唐龙军组织指挥"奋斗13"打击珍稀植物制品走私专项行动，打掉4个走私珍稀植物制品犯罪团伙，涉及走私尼日利亚刺猬紫檀52柜，约1,300吨，案值900万元。

▲19—21日 乌鲁木齐海关政治部主任孙晨明一行到广州海关调研。其间，关领导丁吉豹、谭武、林高分别与孙晨明主

任一行进行工作交流，举行"山海同心 共铸关魂"签约仪式，大铲海关与红其拉甫海关签署党建共建协议，并开展党建交流活动。

▲21日　总署副署长邹志武在广州海关主持召开税管局工作座谈会，听取税管局（广州）工作情况汇报，就税管局发挥职能作用、在新起点上继续深化改革等进行研讨，研究部署下一步重点工作。广州海关关长丁吉豹参加，关党委委员、税管局（广州）局长谭武做工作汇报。

是日，荔湾海关徐广新、退休干部谭国权获评 2020 年第四季度"广东好人"，天河海关马惠绸获评 2021 年 2 月"广州好人"。

▲23日　总署副署长邹志武在广东分署主持召开海关服务粤港澳大湾区建设工作座谈会，总署党委委员、广东分署主任张广志出席。广州海关围绕服务粤港澳大湾区建设、海关全业务领域一体化改革等工作，重点汇报整合优化出口货物作业流程改革研究情况。广州海关关长丁吉豹参加。

▲25日　机场海关在旅检渠道查获 5 宗旅客违规携带象牙制品进境案。在由基加利飞抵广州的航班上查获 5 名中国籍男性旅客利用托运行李违规携带象牙制品入境，共 72 件、重 1.133 千克。

▲26日　广州海关积极指导企业适用输乌水产品新版证书，参与总署对输乌克兰新版水产品证书评议工作，牵头 15 个直属海关，针对乌方证书监控项目、评定术语等项目提出修改建议。协助总署向乌方推送关区签发的出口水产品证书信息，保障新旧证书切换过渡期关区 4 批次、95 吨水产品顺利输乌。及时向企业推送新版证书，指导企业应对乌克兰新规，对孔雀石绿、硝基呋喃类等 19 个重点项目开展自检自控，保障关区输乌水产品自 4 月 26 日起顺利适用新版证书。

▲27日　广州海关关长丁吉豹、副关长孟传金在广州海关分会场参加全国海关卫生检疫工作会议。会议总结了 2020 年卫生检疫工作情况，研究部署 2021 年卫生检疫工作，副关长孟传金围绕"创新融入大卫生 丰富联防联控内涵"主题做交流发言。

是日，广州海关关长丁吉豹、政治部主任林高出席"永远跟党走 青春献国门——广州海关庆祝中国共产党成立 100 周年五四演讲比赛决赛"。11 个部门的参赛选手围绕"学史明理、学史增信、学史崇德、学史力行"进行演讲，展现广州海关先进典型不忘初心、牢记使命的感人事迹和党员立足岗位无私奉献的平凡故事。广州海关技术中心、白云机场海关参赛作品获一等奖。

▲28日　广州海关开展打击"邮、快、跨"渠道"水客"走私化妆品、雪茄专项行动，成功打掉 1 个跨境电商渠道"水客"走私团伙和 1 个邮递快件渠道"水客"走私团伙，涉及案值 2.22 亿元。

▲29日　广州海关召开警示教育大会。广州海关关长丁吉豹提出要求。广州海关纪检组组长何继军通报现场监管与外勤执法领域违纪违法典型案例并做会议小结。在家关领导、巡视员、总工程师、总检验师等在主分会场参加。

是日，南沙海关被授予"广东省五一劳动奖状"，肇庆海关韦华阳、云浮海关赖小兴被授予"广东省五一劳动奖章"。

是日，佛山海关驻禅城办事处团总支被授予2020—2021年度"广东省五四红旗团支部标兵"称号；肇庆海关团支部被授予2020—2021年度"广东省五四红旗团支部"称号。

▲30日　广州海关组织参加"学党史 感党恩 作表率"——广东省直机关青年五四演讲活动决赛。政治部主任林高全程观赛。在入围决赛的16个作品中，广州海关作品《技术尖兵的初心》最终获得第八名。省直机关工委李建先副书记等领导为获奖选手颁奖。

是日，广州海关定点扶贫村高灯堡村举办党史学习教育暨党建主题公园开园活动。广州海关扶贫工作调研组、驻村工作队和地方政府有关人员、群众代表等共200余人参加。该村所属谭头镇党委、政府班子向广州海关机关党委赠送锦旗。

5月

▲5日　广州海关联合地方公安查获涉嫌走私冻品900吨。在佛山三山水域截查发现1艘来往港澳小型船舶涉嫌走私冻品，现场查获无合法来源的走私冻品约900吨，抓获犯罪嫌疑人3名。

▲6日　广州海关召开2021年第一轮常规巡察工作动员会。政治部主任林高出席。会议传达学习总署党委2021年第一轮巡视动员部署会、全国海关巡察工作推进会议精神，就增强紧迫感和责任感、注重方式方法高质量开展巡察工作、提高政治站位全力支持配合巡察等提出要求。

▲7日　全国海关首次线上慢直播《探秘！全国唯一无居民海岛海关的24小时》面向社会开播。在总署办公厅指导下，广州海关通过"海关发布"抖音号、"今日头条"等媒体平台向社会进行24小时不间断视频直播，其间，展示出入境船舶通航及海关监管、关警员整装列队等准军建设、党建活动场景，向全社会呈现大铲海关驻守海岛的日常工作和精神风貌。当日播放量超10万人次。

是日，广州海关政治部主任林高与来访的广东省直机关工会主席朱国雄一行进行工作交流，共同向督察内审处工会小组颁授"全国模范职工小家"荣誉奖牌和证书。

▲10日　白云机场海关在快件渠道截获50只活体巨人恐蚁。该关在2票自马来西亚寄递入境的B类快件中查验发现50根装有活体昆虫的试管，经白云机场海关综合技术服务中心鉴定确认为巨人恐蚁。

▲11日　广州海关召开"现场监管与

外勤执法权力寻租"专项整治工作企业座谈会，广州海关关长丁吉豹、纪检组组长何继军出席，听取关区部分进出口、报关、货代、第三方检测企业代表及广州报关行业协会意见建议，并通报个别货代公司假借海关名义谋取不当利益情事。

是日，广州海关关长丁吉豹与来访的中国报关协会副会长徐秋跃一行进行工作交流。当日，税管局（广州）局长谭武与徐秋跃共同出席《税管局（广州）中国报关协会合作备忘录》签署仪式，仪式上该局向协会代表颁发特邀监督员证书。

▲12日 广州海关副关长杨国海到河源海关调研，参观该关"国门足迹——2020年河源海关十大工作亮点"展览，召开座谈会听取工作情况汇报，就供港澳活猪监装、党史学习教育、深入开展专项整治等提出要求。其间，与河源市刘东豪副市长进行工作交流，现场见证河源海关与东源县人民政府签署《共同促进区域企业升级合作备忘录》。

▲17—18日 广州海关保障香港赛马会4匹马首次经第二通道跨境运输试运成功。开展"深圳湾—从化马场"第二条生物安全通道检疫风险评估，密切与香港渔护署和相关口岸海关合作，测试马匹随附动物卫生/健康证书"一车一证"模式，运用"粤港澳大湾区赛马跨境运输通关检疫监管系统"对在途运输实施全程监管。

▲18日 广州海关党委委员、缉私局局长唐龙军组织指挥"奋斗15"打击粤港两地牌车司机"水客"夹藏走私彩色宝石专项行动，涉及案值12亿元。

是日，广州海关利用全国重点文物单位"粤海关旧址""粤海关馆舍旧址"，在"5·18"国际博物馆日开展"走进粤海关博物馆 探寻红色海关印迹"红色海关历史直播活动，结合粤海关博物馆馆藏《海关职工革命斗争史资料选集》（第二辑）、"九龙新关大铲厂界"石碑等珍贵红色海关历史藏品，讲述粤海关中共地下党员在隐蔽战线上发挥的重要作用，央视频客户端、今日头条客户端、新浪微博、抖音等平台同步直播，在线观看达63万人次。

▲17—19日 税管局（广州）派员参加WCO估价技术委员会第52次（网络）会议。会议审议通过中国海关2018年提交的"关于买方代缴特许权使用费的预提所得税"估价案例，并将以"咨询性意见4.18"纳入《WCO海关估价纲要》，成为WCO正式指导性文件，为各国海关及商界提供估价指引。此案例为中国海关在估价领域输出的第二份"中国方案"。

▲19日 广州海关召开"扫黄打非"专项工作推进会，传达有关会议精神，通报工作情况，研究部署关区全渠道、全领域加强印音制品监管工作，要求提高政治站位，全面加强正面查缉力度。

是日，广州海关技术中心荣获4项广东省科学技术奖：在2020年度广东省科学技术奖通报中，技术中心参与项目"新发冠状病毒感染的防控策略与临床诊治"获科技进步奖特等奖；牵头项目"食品接触材料中高关注物迁移分析和安全评估关键技术研究及标准化""儿童产品中有害物质检测能力验证及标准样品关键技术研究与应用""玩具产业应对欧盟技术性贸易措施关键技术创新及应用"获科技进步奖二等奖。

▲20日　广州海关完成跨境电子商务出口统一版通关管理系统版本更新。新版系统针对B2B出口海外仓企业多地重复备案问题，完善备案功能，实现海外仓企业一地备案、全国通关，有效加强对跨境电商B2B出口物流企业管理。广州海关作为署级项目的承办单位，配合总署科技部门做好技术保障等工作。

▲24日　全国海关党史学习教育总署第五巡回指导组到广州海关开展巡回指导，广州海关关长丁吉豹参加。关党委委员、政治部主任林高做工作汇报。指导组现场查阅广州海关党史学习教育开展相关工作台账，抽查基层党支部党建工作开展情况。

是日，财政部部长刘昆到广州南沙调研。听取海关及南沙区政府汇报优化口岸营商环境、启运港退税政策推进情况，了解南沙港和南沙综合保税区建设发展、跨境电商出口退货、AEO认证等工作，肯定南沙港货运量增长、海关提高冷链货物通关效率的措施和成效。

是日，广州海关顺利开展首票国产保税船用燃料油加注业务。首票享受出口退税政策的船用燃料油由佛山高富中石油燃料沥青有限责任公司生产，申报重量1,500吨，货值68万美元，预计可享受退税39万元。

▲25日　总署党委委员、广东分署主任张广志到南沙粮食通用码头等现场调研疫情防控、粮食进口、保税供油等情况，广州海关关长丁吉豹参加，并在南沙区政府召开座谈会，围绕支持南沙自贸片区建设发展，与南沙区政府、企业代表进行交流。

是日，广州海关向广州市林业和园林局移交濒危野生动植物及其制品105.77千克，包括象牙、豹皮、沉香木、穿山甲鳞片、盔犀鸟头骨、羚羊角、檀香紫檀、犀牛角8个品种。

▲26日　广州海关关长丁吉豹到白云机场海关调研，参加基层支部（执法一线科室）联系点白云机场海关旅检一处卫生检疫科党支部座谈会，听取支部委员分享党史学习教育情况和自身学习感悟，就开展好党史学习教育、做好疫情防控、深入开展"现场监管与外勤执法权力寻租"专项整治等工作提出要求，并与白云机场海关正处级以上领导干部、督办进行个别谈话。

是日，广州海关缉私局联合广州市打私办、市公安局、广州海警局等开展广州市打击整治珠江口水域"大飞"走私突击行动。对南沙蕉门、番禺沙湾等重点水道水域开展集中突击查缉，现场查获"大飞"24条,抓获犯罪嫌疑人9名。

▲26—27日　总署缉私局副局长王和率教育整顿第四督导组到广州海关缉私局督导调研。检查广州海关缉私局教育整顿工作台账,前往顺德分局、肇庆分局实地检查,听取关党委委员、缉私局局长唐龙军汇报教育整顿开展情况,肯定前期工作成效,对下一步工作提出要求。

▲30日　广州海关保障首列"广州大朗—乌克兰敖德萨"中欧班列开行。该班列自广东广州始发,从二连浩特口岸出境,最终抵达乌克兰第四大城市敖德萨,运输里程约8,408公里,运行时间约25天,为华南地区开行的首趟直达某国的中欧班列,有力推进了中乌商贸互联互通、深化贸易合作。首发班列共发运标箱100个,货重646吨,货值1,059万元,主要出口商品为日用百货、电子产品等。

6月

▲2日　总署党委委员、广东分署主任张广志赴白云机场海关就当前口岸疫情防控和关员个人防护工作进行检查督导,广州海关关长丁吉豹参加,实地察看进口货物消毒、查验工作流程,督导重点航班入境旅客卫生检疫工作,检查海关工作人员安全防护情况,听取疫情防控工作汇报并肯定前期工作成效,要求高度重视、清醒认识当前疫情防控形势的严峻性和复杂性,采取最坚决、最果断、最严格的措施,持续强化口岸疫情防控,抓好安全防护和内部管理,确保"打胜仗、零感染"。广州海关副关长孟传金、白云机场海关关长顾炯参加。

是日,全国政法队伍教育整顿中央第十一督导组广东小组对广东省内缉私部门开展督导检查。督导组广东小组副小组长梁战光一行在广州海关缉私局设主会场,广州海关党委委员、缉私局局长唐龙军受督导组委托主持会议,并在会上做专题汇报,代表省内海关缉私部门做表态发言。

▲3日　白云机场海关在入境旅客中检出1例登革热病例,经实验室检测确认为登革病毒核酸阳性、新冠病毒核酸阴性。

是日,南沙海关在2票以保税物流方式申报出口至澳大利亚的货物中查获涉嫌侵犯"Marlboro及图形"商标专用权的香烟约500万支。经确权,权利人认为上述货物为侵权产品,提交知识产权海关保护申请及担保。

▲4日　天河海关签发广州关区首份出口蒙古国的《亚太贸易协定原产地证书》,涉及货物为成套养鸡设备,货值132万元。

▲5日　南海缉私分局联合地方公安查获涉嫌走私冻品500吨。

▲7日　广州海关开展2021年广东扶贫济困日爱心捐款活动。全体关党委委员在机关大楼出席活动并捐款。6月15日前,广州海关各部门单位,及各隶属海关单位各自开展爱心捐款。

▲9日　广州海关组织参加总署迎审联络员专题视频会议。总署党委委员、办公厅主任黄冠胜出席并就配合审计工作提出要求。丁吉豹等关领导在广州海关视频分会场参加。会后，丁吉豹召集配合国家审计工作领导小组就配合国家审计工作进行研究布置，并与审计署审计组副组长陶应堂就配合做好现场审计工作进行交流。

▲10日　全球最大火车专用运输船"切诺基"号在南沙海关完成出口通关手续。该船总长180米、宽38.6米、高16.2米，载重量超过2万吨，可一次性载运136节火车车厢，为我国自主设计建造。6月9日，完成报关单申报手续，货值4,021万美元。6月10日，南沙海关完成新造船船员登轮前检疫工作，保障其顺利出口交付。

是日，广州海关办理首宗留学回国人员购买国产免税汽车"通办"业务。

▲11日　广州海关顺利在新版实验室管理系统（e-Lab2.0）签发首单检测报告。根据总署科技司实验室管理系统业务切换工作部署，广州海关是第一批系统切换的关区。技术中心实验室在新版系统中顺利完成业务报检、检测、结果报告全流程。

▲15日　广州海关组织参加全国海关党史学习教育专题党课。党课以视频会议形式召开，总署党委书记、署长倪岳峰以"从党的百年历史中汲取智慧和力量 奋力谱写社会主义现代化海关建设新篇章"为主题，给全国海关党员干部讲专题党课。广州海关党委班子成员、巡视员、总工程师、总检验师等在广州海关分会场参加。

▲17日　广州海关通过"优化备案、资质共享"改革模式，成功办理首宗供港澳冰鲜猪肉养殖场备案。该模式下首宗业务由韶关海关办理，某供港澳冰鲜猪肉养殖场在线提交1次申请资料即获得动植物检疫类行政许可、食品类备案资质。

▲18日　广州海关党委向全关抗疫一线干部职工家属致慰问信，关党委向奋战在口岸疫情防控一线的广大干部职工及其家属致以崇高敬意和衷心感谢。

是日，机场缉私分局立案调查一起出口飞机违规案，涉及案值3.12亿元。

是日，广州海关开展"国际禁毒日"毒品集中销毁活动，委托具有相关资质企业在广州南沙销毁场对近年来口岸查获的412千克走私毒品依法实施无害化销毁，销毁过程邀请广州市人民检察院、广州市公证处进行全程监督。

▲23日　广州海关副关长杨国海通过电视电话会议系统，对2021年进出口危险货物及其包装检验监管人员考试进行远程巡考。本期考试共有17个分考场，全关152人参加。

▲22—24日　广州海关党委委员分别走访慰问荣获"光荣在党50年"纪念章的离休老党员，为离休老党员颁发纪念章。

▲28 日　广州海关相关集体及个人获广东省"两优一先"表彰：大铲海关党委书记、关长钟汉莎获评"广东省优秀党务工作者"，广州海关驻高灯堡村扶贫工作队第一书记、队长李丙实获评"广东省直机关优秀共产党员"，邮局海关机关党委、白云机场海关旅检一处卫生检疫科党支部获评"广东省直机关先进基层党组织"。

▲29 日　广州海关全体党委委员赴粤海关博物馆参观"百年初心 逐梦远航——广州海关庆祝中国共产党成立100周年专题展"，并开展党委理论学习中心组（扩大）学习。总署第五巡回指导组组长、广东分署党委委员、副主任吕文龙等参加。

是日，广州海关举行庆祝中国共产党成立100周年暨"七一"主题党日活动。现场宣读广州海关"两优一先"表彰决定，获评优秀共产党员和先进基层党组织代表视频连线发言，为老党员代表颁发"光荣在党50年"纪念章，集体重温入党誓词。全体关党委委员、缉私局政委、巡视员、总工程师、总检验师等分别在主分会场参加。

▲30 日　广州海关技术中心化矿实验室连续8年获得美国环境资源协会（ERA）国际实验室能力验证满意成绩，在水中19种元素检测能力验证中全部获得"满意"结果，标志着该实验室检测能力获得国际认可。此次能力验证共有全球160多家实验室参与。

7月

▲1 日　广州海关组织收听收看习近平总书记在庆祝中国共产党成立100周年大会上重要讲话现场直播，全体关党委委员、巡视员、总工程师、总检验师等在第一会议室集中收看，全关各部门单位自行组织收听收看。

▲2 日　广州海关21幅作品入选省直机关"永远跟党走，奋进新征程"庆祝中国共产党成立100周年美术书法摄影展，其中一等奖2幅、二等奖6幅、三等奖6幅。

▲5 日　广州海关创新方式方法，在全国海关率先实施海关监管作业场所（场地）巡查"双随机、一公开"，对巡查人员和巡查对象进行系统随机抽取，减少人工干预，实现关区所有监管作业场所（场地）巡查"全覆盖"。

是日，广州海关稽查查发1起涉嫌非法进口固体废物情事，发现清远市某再生资源有限公司自2018年6月—2019年11月以一般贸易方式进口的固体废物存在涉嫌"倒证倒货"、伪报原产地等情事，涉及固体废物11,616吨，案值3.81亿元。

是日，广州海关向肇庆市鼎湖区博物馆移交1批文物，共计83件，包括59枚古钱币、15本书画本、5件砚台、1件粉彩花蝶纹盘、1件豆青青花博古纹瓶、1件笔架及1件木质盒。上述文物经鉴定属于禁止、限制出境的一般文物。

是日，首批全球人道主义应急仓库和枢纽过渡仓物资顺利进入南沙综合保税区。该批物资从深圳盐田综合保税区流转至南沙综合保税区，经系统核注清单自动审核、卡口智能验放，顺利入区仓储。该批物资为40万件、货值296.7万元的一次性无纺布隔离衣（非医用）。

▲7日　广州海关党委书记、巡察工作领导小组组长、关长丁吉豹主持召开巡察工作领导小组会议，专题听取2021年第一轮常规巡察3个巡察组对企管处等8个部门单位巡察情况的汇报，研究成果运用和重点问题处置意见，并就高质量推进关区巡察工作提出要求。纪检组组长何继军、政治部主任林高等参加。

是日，机场海关在旅检渠道查获5宗旅客携带濒危动植物及其制品进境案，在由万象、雅加达、内罗毕飞抵广州的航班上共查获4名中国籍旅客携带590克鞣制皮块制品、591克石珊瑚制品、45克海马干制品、175克现代象象牙制品进境；在由金边飞抵广州的航班上查获1名旅客携带1件重820克的沉香木制品、3件重5,685克的酸枝木制品、2件重7,330克的黄花梨木制品进境。

▲9日　广州海关缉私部门通过风险研判，在珠江口大铲岛附近水域查获1艘国内货运船涉嫌走私冻品，现场查获来自德国等国家和地区的猪蹄等冻品40柜，约1,040吨。

▲11日　广州海关政治部主任林高出席省直机关工委"永远跟党走——省直机关庆祝中国共产党成立100周年歌咏活动"，省直系统共有71个单位参加此次活动，广州海关合唱团获评合唱第一名，荣获一等奖。

▲14日　广州海关通过视频会议方式开展首期"广州海关法制工作南、北部片区法治讲坛"，邀请专业法律顾问从15个方面介绍即将实施的《行政处罚法》修订要点，结合现实案例对海关执法可能产生的影响进行探讨。广州海关法规处、白云机场海关、番禺海关、南沙海关、大铲海关共150余人参加。

是日，总署批复同意在广州港口岸南沙港区三期码头设立进境肉类、水果、植物种苗综合性指定监管场地。

▲14—20日　顺德缉私分局与地方公安机关协作连破3起跨境电商渠道走私案件，涉及案值超1亿元。

▲15日　南沙海关从6.3万吨进口美国小麦中截获检疫性有害生物小麦线条花叶病毒，为广州口岸首次在美国小麦中检出该病毒。该病毒主要危害禾本科类植物，可导致作物大幅减产。

▲16日　广州海关政治部主任林高出席"永远跟党走，逐梦新时代——广东省第十四届'百歌颂中华'歌咏活动"决赛，本届活动全省共有907支合唱团队参加，广州海关合唱团在决赛中获得铜奖。

▲18—19日　广州海关为装载种牛的外贸船"吉罗兰多快线"办理进境手续，

监卸智利种牛 3,926 头，20 日凌晨种牛全部安全进入隔离场栏舍。该批种牛经隔离检疫 45 天合格后将运往河套地区投入生产。

▲19 日　广州海关组织技术力量，按照总署部署，完成旅客通关监管子系统卫生处置应用适配第八版健康申明卡更新工作并正式启用。第八版健康申明卡整合了《快速流行病学调查表》中部分内容，启用后取消快速流调环节。上线首日，广州海关应用该系统完成健康申报工作 917 票，系统运行顺畅稳定。

是日，广州海关参加广东省打私办组织的"海啸 2021—7"打击走私违法犯罪统一突击行动，协同地方公安、海警、海事等部门在珠江口、东江、西江 3 个片区 11 个地市开展"海啸 2021—7"联合行动。其中在珠江口片区行动中，查扣走私"三无"船 60 艘、车辆 112 辆、冻品 388 吨、成品油 21 吨。

▲20 日　广州海关首次截获入境病媒生物德式柔毛鼠。驻南海办在自尼日利亚进口的装载决明子（填充剂）的集装箱中截获鼠类生物，经分子生物学鉴定为德式柔毛鼠。该物种能携带多种致病病原体，是肾综合征出血热、鼠疫、拉沙热等传染病的宿主。海关按照规定对该集装箱实施消毒、除虫、除鼠后放行。

▲23 日　佛山缉私分局侦破 1 起跨境电商渠道走私案，涉及案值 2.68 亿元。

▲24 日　广州海关全力保障 RCEP 原产地管理信息化应用项目 2.0 版本上线运行。项目上线后，新增了统计查询和对外核查管理等模块，优化原产地证书审核界面，支持除中国—东盟自贸协定原产地证书外的所有原产地证书审签功能，有效提升了原产地业务管理水平。

▲26 日　广州海关侦破一起跨境电商渠道走私进口宠物食品案件，涉及案值 1.2 亿元。

是日，顺德缉私分局侦破 1 起跨境电商渠道走私案，涉及案值 4,000 万元。

▲28 日　番禺缉私分局侦破 2 起低报价格走私案，会同广州海关企管处、番禺海关对位于广州市番禺区的 2 家贸易公司开展联合查缉行动，涉及案值 9,962 万元。

是日，广州海关完成首个政务信息化项目国产化改造工作，改造后，"广州海关通讯录"项目将使用国产数据库，在国产操作系统运行，适配国产客户端及浏览器，对广州海关推进信息安全工作具有重要意义。该系统日访问量逾 6,000 人次。

8月

▲2 日　广州海关党委书记、关长丁吉豹主持召开党委会，学习贯彻中央政治局会议精神，传达学习广东省委十二届十四次全会及全省疫情防控、安全生产和三防工作电视电话会议精神，并研究其他事项。

▲4 日　广州海关"三进"团队在粤海关博物馆开展总署国门安全教育全体系

课程研学活动，组织34位老师完成授课14次，讲授卫生健康、濒危动植物保护等国门安全知识，采用海关工作犬互动、方舱和防护服教具体验等方式，向参加暑期志愿服务实践活动的广州海关干部职工子女进行全体系课程教学。

是日，广州海关首次联合深圳海关开展融资租赁飞机异地委托监管业务，本次业务由广州南沙综合保税区内企业广州交银穗五飞机租赁有限责任公司作为出租人，将由天津滨海新区综合保税区引进的1架客机以融资租赁方式出租给深圳航空，货值4.8亿元。

是日，广州海关向广东省农业农村厅移交一批濒危水生野生动物及其制品，涉及7个品类，共135件，重90.49千克，包括砗磲制品、海马干、玳瑁制品等，均为CITES附录物种，广州海关按规定移交广东省农业农村厅处置。

是日，广州海关顺利办理南沙综合保税区首票文化艺术品出区参加公益性展览业务，该批11幅艺术品来自英国，货值613万元，用于参加深圳市当代艺术与城市规划馆公益展览。

▲5日　广州海关建成海关系统首个技术性贸易措施研究中心，该中心的成立有利于提升广州海关技贸工作能力，做好经贸摩擦应对措施储备，助力企业产品打入国际市场。

▲6日　国家联防联控机制综合组广东工作组到白云机场口岸督导检查疫情防控工作，工作组由国家民航局航安办主任朱涛带队，实地察看机场专用通道、入境货物疫情防控等情况，召开座谈会研究疫情防控相关问题。广州海关副关长孟传金参加。

是日，广州海关63人获颁海关扎根艰苦地区边关工作荣誉章，根据总署有关部署，大铲海关作为全国10个驻海岛海关机构，纳入海关扎根艰苦地区边关工作荣誉表彰实施范围。33人经总署批准获金质荣誉章，9名同志经总署政治部批准获银质荣誉章，21人经广州海关批准获铜质荣誉章。本次总署审批颁发的金质荣誉章授予对象均为广州海关人员，同时广州海关获颁银质荣誉章人数最多，占全国海关的53%。

▲9日　广州海关顺利启动企业自助打印报关单功能试点工作，并成功办理全国首票业务。广州海关作为首批试点直属关区正式启动试点工作，参与试点企业提交的2种业务类型自助打印报关单申请均试点成功。

▲15日　广州海关技术中心获美国船级社（ABS）船舶压载水管理系统生物测试检测资质，获得该资质后，可对外开展压载水管理系统（BWMS）生物效能检测业务，有助于扩大技术中心业务范围和服务对象，目前国内仅6家检测机构获得该资质。

▲16日　粤港澳大湾区组合港"南海九江—深圳蛇口"项目正式启动。在两

地海关、码头经营单位、报关行、企业和船公司沟通配合下，首批货物顺利完成运抵确报、申报、放行和装船各环节操作，按期发往深圳蛇口港。

▲17日 广州海关召开关长办公会暨"现场监管与外勤执法权力寻租"专项整治工作领导小组会议，关长丁吉豹主持会议，听取相关部门单位汇报本业务条线专项整治情况，就下一步工作提出要求。

是日，白云机场海关完成航材进口税收新政实施后广州关区首票减免税航材审批，该关为中国南方航空股份有限公司办理减免税航材审批工作，货值1,010.49美元，减免税481.24元人民币。

▲18日 广州海关获评国家第一批公共机构水效领跑者（2021—2023年），此次评选由国家机关事务管理局、国家发改委、水利部联合组织，经集中评审和公示，全国共168家单位获评，为全国公共机构节水工作的最高荣誉。

是日，广州海关与广东财经大学合作的课题入选广东省哲学社会科学"十四五"规划2021年度岭南文化项目立项名单，课题为"近代岭南海关关区文化遗产体系与保护研究"，本次公布的立项名单共25项。

▲19日 广州海关组织参加海关事业单位所属企业脱钩工作视频会议，总署副署长王令浚、张际文出席，会议研究了推进事业单位所属企业脱钩工作方案。关领导丁吉豹、孟传金、林高等在广州海关分会场参加。

▲20日 广州海关关长丁吉豹主持召开关长办公会，研究海关事业单位所属企业脱钩工作。副关长孟传金、政治部主任林高、副关长杨国海参加。

是日，CNAS现场评审组教授钱军一行到广州海关开展P3实验室复评审，副关长孟传金参加。专家组听取了广州海关关于P3实验室建设、生物安全体系运行等情况汇报，实地察看了实验室并查阅有关材料，对广州海关实验室建设及管理工作予以肯定。总检验师相大鹏参加。

▲23日 广州海关关长丁吉豹参加全省机关党的建设工作暨深化模范机关创建工作推进会，并围绕锲而不舍强化政治建关、高质量推进模范机关创建做大会交流发言。

是日，大铲海关获评"广东省直机关模范机关创建标兵单位"称号，为全省唯一获评标兵单位的中直机关。

▲25日 广州海关大良涉案财物业务用房项目顺利完成竣工验收。自2017年7月总署批复项目可行性研究报告后，该项目于2020年12月完成住建部门验收，于2021年8月完成工程竣工验收备案手续。

▲26日 广州海关纪检组组长何继军主持召开"现场监管与外勤执法权力寻租"专项整治工作推进视频会议，就进一步提升谈心谈话成效、加强问题风险研判、做实纪法教育和警示教育、抓实整改、完善资料等提出要求。

是日，大铲海关公开拍卖涉案财物一批，单次拍卖成交价达1,239.6万元，通过公开拍卖方式，处置全新电子产品、手表等涉案财物一批，成交价1,239.6万元，创广州海关2021年公开拍卖成交价新高。

▲27日 广州海关党委书记、关长丁吉豹主持召开党委会，学习贯彻习近平总书记在中央财经委员会第十次会议上的重要讲话精神，传达学习驻署纪检组组长陶治国在全国海关纪检机构毫不松懈抓好新冠肺炎疫情防控监督工作视频会议上的讲话精神。

是日，广州海关联合地方公安、税务、人民银行等多部门开展走私骗取出口退税专案联合收网行动，分别在广东广州、深圳、佛山、揭阳以及广西桂林等地开展收网行动，共抓获犯罪嫌疑人45名，捣毁犯罪团伙17个。

9月

▲1日 广州海关组织参加全国海关党建工作专题培训第一单元动员部署会，党委书记、关长丁吉豹和党委委员、政治部主任林高在广州海关分会场参训，相关部门单位133名干部在各视频分会场参加。

▲2日 白云机场海关办理广州关区首票卫生许可"告知承诺制"审批业务，以"告知承诺制"方式为广州某家具有限公司核发《国境口岸卫生许可证》。

▲3日 广州海关监管粤桂东西部合作特别试验区（肇庆）首批1,000箱、货值380万元新能源锂电池组顺利出口日本。

▲7日 广州海关技术中心获沙特阿拉伯标准组织（SASO）授权资质证书。该中心针对9个SASO标准、10个引用标准开展了100多项实验室检测标准方法研究，最终获授权的能力覆盖了能效等级、最低能效指数等53个技术指标，涵盖空调、冰箱、洗衣机、干衣机等产品能效标准，检测能力居行业领先水平，可为各口岸海关空调产品进出口监管、风险监测以及企业提供全面技术支持。

▲8—9日 广州海关举办学习贯彻习近平总书记"七一"重要讲话精神读书班暨宣讲会，邀请广东省委党史学习教育宣讲团成员、中共广东省委党史研究室主任杨建伟做主题宣讲报告，关党委委员分别参加学习贯彻习近平总书记"七一"重要讲话精神读书班分组讨论，党委书记、关长丁吉豹做会议小结和讲话。广州海关基层党支部书记代表、抗疫先进代表、"两优一先"代表、离退休老同志代表、青年干部代表等分别做宣讲交流。

是日，广州海关顺利完成美国农业部对我输美鲇鱼安全卫生监管体系视频检查工作，美方初步反馈所有检查未发现不符合项，并肯定此次检查成效。肇庆市振业水产冷冻有限公司作为广东省唯一有对美国出口鲇鱼资质的企业，出口量占全国七成以上，美国农业部指定检查该企业。

▲9日 广州海关组织市区内部门单位参加2021年度无偿献血活动，全关干部

职工积极响应活动号召、踊跃报名，共有来自39个部门的98名同志参加，献血26,600毫升。

▲10日　广州海关组织参加总署2021年初任培训结业式，总署副署长、政治部主任、党委委员胡伟出席并讲话。广州海关党委书记、关长丁吉豹和党委委员、政治部主任林高等在广州海关各分会场参加。

是日，广州海关开展"奋斗21"打击跨境电商渠道走私奶粉案，在上海、广州等地开展统一查缉收网行动，成功打掉3个跨境电商渠道走私奶粉团伙，涉及案值10亿元。

▲13日　广州海关召开2021年第二轮常规巡察工作动员会，政治部主任林高出席。会议宣布接受第二轮常规巡察的部门单位及巡察组人员组成，就提高站位、深刻认识巡视巡察工作新形势新要求、突出重点精准发现问题、落实责任高质量完成巡察任务等提出要求。

▲14日　国家统计局2021年第八督察组到南沙海关调研，国家统计局贸易外经统计司司长董礼华一行在南沙口岸联检服务中心，听取南沙海关关于报关单申报放行全流程操作、现场统计数据质量核查反馈处置等情况汇报，实地调研进出口货物通关流程。总署统计司副司长刘学透、广州海关二级巡视员彭纯玲参加。

▲15日　广州海关开展"奋斗22"打击跨境电商渠道"水客"走私专项行动，现场查扣保健品约1,280瓶，该案案值7.1亿元，涉嫌走私保健品约70万瓶。

是日，广州海关联合长沙海关合力支持首列"湘粤非"铁海联运班列发运，保障援非大米高效出口，共86个标箱，货重1,935吨，货值542.2万元。该班列发运标志着"铁路+海运+国际段内陆物流"多式联运通道顺利开通，据企业测算，与公路集港模式相比，可将头程物流费用降低近60%。

▲16日　广州海关技术中心主持的国家重点研发计划"跨境邮寄物中风险源在线可视化识别与处置技术"顺利通过课题绩效评价。

▲17日　广州海关国门安全教育校本课程首个教学试点学校落地广州市天河第一小学。该项目由总署牵头开展，广州海关是全国海关唯一一个全部课程整体复制推广的直属海关。

是日，大铲海关监管一科、南沙海关大南沙审核业务科在共青团中央组织的2019—2020年度全国"青年文明号"创建活动中被评选为"第20届全国'青年文明号'"。

▲22日　广州海关技术中心主持的总署科技项目"玩具可迁移元素安全风险评估和国际标准研制"顺利通过验收。该项目是我国首次主导制修订涉及有害物质限量的玩具ISO标准，其中快速除蜡技术为国际首创，较传统技术效率提高约11倍。

▲23日　总署"现场监管与外勤执法

权力寻租"专项整治第六检查组在广州海关举行见面沟通会,广州海关关长丁吉豹介绍广州海关专项整治工作情况并做表态发言,强调实地检查是对专项整治工作的有力促进,要求全关各部门单位积极配合实地检查,切实做好整改落实及服务保障工作。总署第六检查组组长余德琼就实地检查工作相关要求进行发言。纪检组组长何继军、政治部主任林高参会。

▲23—29日 总署"现场监管与外勤执法权力寻租"专项整治第六检查组在广州海关开展实地检查,听取广州海关专项整治、疫情防控监督工作情况汇报以及问题线索专题汇报,通过个别谈话、接收信访、调阅材料、视频回放、纪法测试、下沉检查等方式,实地检查评估广州海关专项整治、疫情防控监督工作。29日,检查组与广州海关纪检组组长何继军沟通检查情况。

▲24日 粤港澳大湾区组合港"佛山三水—深圳蛇口"项目正式启动。首批价值60万元的铝材顺利通过组合港方式在佛山三水港完成货物申报、快速放行、配载装船等各环节操作,发往深圳蛇口港后可直装国际航行船舶出口。

▲26日 广州海关政治部主任林高出席"广州国际航空枢纽党建联盟"启动仪式,代表广州海关与广州空港经济区管理委员会、广州白云机场综合保税区管理委员会、南航集团,共同签署党建共建协议。白云机场海关关长顾炯参加。

▲27日 广州海关关长丁吉豹、政治部主任林高到广州海关驻镇帮扶点清远市英德市横石塘镇开展乡村振兴调研,与清远市副市长李丰,英德市、横石塘镇相关负责人就乡村振兴、驻镇帮扶等工作进行座谈交流,现场调研龙华村乡村振兴工作开展情况。

是日,高明珠江码头—深圳蛇口组合港正式开通运营,首票7吨汽车零部件以"一次申报、一次查验、一次放行"组合港模式,在高明珠江码头完成货物申报后予以快速放行,运至深圳蛇口港后,可直接装载国际航行船舶出口国外。

10月

▲9日 总署缉私局局长孙志杰率总署缉私局第一督导检查组,到广州海关缉私局督导检查教育整顿工作,广州海关党委委员、缉私局局长唐龙军参加。检查组实地察看教育整顿各项工作情况,检查工作台账,抽查应知应会知识学习效果,召开教育整顿现场督导会,听取专题汇报并提出工作要求。

▲11日 广州海关召开外交邮袋监管工作会议,听取白云机场海关近期外交邮袋监管情况汇报、行邮处关于外交邮袋监管规范的解读,就提高政治站位、严格规范监管、及时妥善处置异常情况、优化监管制度机制等方面提出要求。

是日,中欧(广州)班列年内首列进口班列抵达满洲里口岸,车站海关保障年内首列回程中欧班列顺利入境，指导企业采用全国通关一体化模式申报，办理网上缴税，密切与入境地海关联系配合，跟进需查验报关单后续情况。该班列抵货重1,061.8吨，货值200万元。

▲11—12日　总署副署长、全国打私办主任胡伟在广州出席打击治理珠江口水域走私工作会议并赴大铲海关调研，广州海关关长丁吉豹、缉私局局长唐龙军参加相关活动。

▲12日　广州海关联合地方公安开展打击走私彩色宝石专项行动。在总署统筹指挥下，联合地方公安在广州、云浮、汕尾等地开展统一查缉抓捕行动，成功打掉13个走私彩色宝石犯罪团伙，全案案值1.5亿元。

▲14日　总署署长倪岳峰在广州参加第130届中国进出口商品交易会暨珠江国际贸易论坛开幕式，广州海关关长丁吉豹参加相关活动。

是日，党史学习教育中央第十一指导组组长王秀峰一行到广州海关缉私局、顺德缉私分局调研指导，实地察看氛围营造、"我为群众办实事"项目推进、队伍正规化建设情况，参观党建馆、情指中心和档案馆，检查工作台账，召开座谈会，听取党史学习教育开展情况汇报，肯定前期工作成效，并提出相关工作要求。广州海关党委委员、缉私局局长唐龙军等参加。

▲15日　广州海关学会召开四届三次常务理事会，增补二级巡视员彭纯玲为关学会四届理事、常务理事，聘为副会长。

是日，广州白云机场海关旅检二处被评为"2021年度广东省'青年文明号'标兵号"。

▲19日　中央第十一督导组广东小组副组长牛正良一行到广州海关缉私局督导检查教育整顿工作。广州海关党委委员、缉私局局长唐龙军等参加。

是日，粤港澳大湾区组合港"肇庆高要—深圳蛇口"项目正式启动，在两地海关及相关企业单位联系配合下，首批267吨抛光砖顺利完成运抵确报、申报、放行和装船各环节操作，按期发往深圳蛇口港。

▲20日　车站海关在中欧班列出口货物渠道查获首宗知识产权案件。通过现场查验，发现诸暨某进出口有限公司申报的无品牌LED轨道灯和筒灯灯具535件，印有"OSRAM"标识，涉嫌侵犯知识产权，价值22.4万元。

▲21日　广州海关缉私局通过视频会议形式，组织参加总署缉私局举办的"缉私广议大讲堂"，关党委委员、缉私局局长唐龙军以"传承红色基因，培树身边典型，筑牢忠诚警魂"为主题，讲授广州海关缉私局开展基层党建、培树身边典型的工作思路与实践做法。随后，缉私局组织召开"双十"评选活动启动、以案为鉴警示教育部署会议，唐龙军局长代表局党组做讲话，强调要通过"双十"活动评选弘

扬激发正能量，通过警示教育抓好从严管党治警。

是日，广州海关技术中心顺利通过职业卫生资质延期现场技术评审。广东省卫健委评审组就中心资质能力、效果评价等方面开展现场评审，涉及3个专业研究所，能力范围包含261个检测标准和方法。该中心自2015年首次取得职业卫生资质后，已为3,000多家企业提供职业卫生检测和防治技术服务，在职业病防治、职业健康宣教领域发挥了积极作用。

▲22—24日　广州海关在广东南岭干部学院举办2021年"四强"支部书记党史学习教育专题培训班，政治部主任林高出席开班式并全程跟班。来自全关"四强"支部的支部书记、专兼职党务干部共52人参训。

▲25日　海关系统首个署级中心实验室"海关总署公共卫生安全中心实验室"在广州海关成立。

▲26日　广州海关参与制定的6项粤港澳大湾区"菜篮子"团体标准正式发布实施，涉及蜂产品、畜产品、禽产品、食用油及油料、乳及乳制品、鲜冻水产品6项团体标准。正式发布实施后，将以粤港澳大湾区"菜篮子"平台为主要实施主体，指导农产品质量安全监管监测等工作开展。

▲28日　广州海关开展"1025"打击跨境电商渠道"水客"走私专项行动。联合地方公安在广州、佛山等地开展统一查缉抓捕行动，成功打掉3个跨境电商渠道"水客"走私团伙，涉及案值8,676万元。

是日，广州海关开展"奋斗27"打击跨境电商渠道"水客"走私专项行动。联合地方公安，在广州、佛山、深圳等地开展统一查缉抓捕行动，成功打掉2个跨境电商渠道"水客"走私团伙，案值3亿元。

▲29日　国家卫健委专家组对广州海关P3实验室开展新冠病毒研究等实验活动进行现场评估论证，广州海关副关长孟传金参加相关活动。专家组听取了广州海关P3实验室建设管理工作汇报，在生物岛P3实验室开展现场考核评估，对检测能力和规范管理水平予以肯定，就检查发现的不足提出意见建议。总检验师相大鹏参加。

佛山海关驻顺德办事处"组合港""湾区一港通"模式启动以来，截至10月29日，累计进出口集装箱量突破5万标箱，参与企业超过300家，进出口货物总值54.8亿元，货运量19.4万吨，共征收税款1,822.1万元。

11月

▲1日　广州海关设立首批2个进出口商品质量安全风险二级监测点，即进出口化学品及相关产品监测点、进出口电器产品监测点，按照分工系统，持续监测关区内进出口商品健康危害等质量安全风险，精准采集风险信息，为提高广州海关

进出口商品质量安全风险治理能力和治理水平提供支撑。

是日，技术中心参与编制的富氢天然气家用燃气器具联盟标准发布。《富氢天然气燃气分类和基本特性》（T/CHAG 1—2021）等8份富氢天然气家用燃气器具联盟标准，对富氢天然气家用燃气器具的试验方法和检验规则做出技术规定，填补了富氢天然气及相关产品标准的空白，促进了氢能在民用领域的应用发展。

▲3日 花都海关退运国家禁止进口固体废物404.29吨，货值700万元，上述货物补责令退运出境。

是日，河源缉私分局立案侦查广州关区首例涉嫌逃避商检案。经查，广州市某美甲有限公司多次将必须经商检机构检验的商品，未经检验合格而擅自出口，涉及货值1.7亿元。该案是公安部将"涉检三罪名"案件的刑事管辖权划归总署缉私局后，广州海关立案侦办的首例逃避商检案。

▲4日 广州海关开展"奋斗20"打击邮递渠道、陆路口岸"水客"走私奢侈品专项行动。在广州、佛山、珠海以及福州等地开展统一查缉抓捕行动，成功打掉4个"水客"走私奢侈品团伙，涉案值2亿元。

是日，广州海关开展"1101"打击走私石珊瑚专项行动，在广州、佛山等地开展统一查缉抓捕行动，成功打掉3个走私石珊瑚团伙，现场查扣石珊瑚活体170多株。石珊瑚为国家二级保护动物，CITES将其列为附录Ⅱ物种。

是日，南沙海关查获1宗在冷藏集装箱出口普通货物中夹藏1万只活体螃蟹情事。该案涉嫌违反水生动物及其产品出境检疫相关法律法规，将未经检疫监管的水生动物出口国外。

▲5日 广州海关牵头制定的2项再生金属原料检验规程，顺利通过总署技术规范化矿专业委员会审定。

是日，广州海关联合地方公安开展"8·08"专项行动，在总署缉私局、公安部五局统筹指挥和广东省公安厅、广东分署缉私局协调下，联合地方公安在广东、福建、江苏等地开展统一抓捕行动，成功打掉2个非法制造、贩卖、走私制式枪支散件犯罪团伙，现场查获疑似枪支配件一批。

▲8日 海珠海关完成搬迁并正式对外办公。因广州市政项目开发改造需要，海珠海关原位于广州市海珠区革新路122号的本部办公点临时搬迁至广州市海珠区新滘西路555号总署广州教育培训中心。

是日，海珠海关查获进口濒危植物制品766.4千克，经技术中心鉴定，确定为豆科黄檀属黑酸枝，属于CITES附录Ⅱ物种。

是日，广州海关报送的"贸易便利 法治先行"专项普法项目在2020—2021年全省国家机关"谁执法谁普法"创新创先项目征集评选活动中获评优秀普法项目。

▲9—11日　中国海关代表参加WCO2022版协调制度亚太区域研讨会视频会议，就2022版协调制度进行培训及经验交流。此次研讨会由WCO设立在亚太地区的能力建设办公室举办，来自中国、日本、泰国等23个国家（地区）的80余位代表、5位教员参加，其中中国和泰国海关代表受邀发言。税管局（广州）陈静婉代表中国海关受邀发言，介绍中国海关为推动最新版协调制度在中国的实施准备工作并回答相关问题，获得WCO秘书处及相关国家（地区）代表高度赞扬。

▲11日　广州海关召开工会第六届第二次会员代表大会，补选关工会委员。会后召开关工会委员会议，选举产生关工会主席。

▲12日　广州海关组织开展"奋斗28"打击淫秽物品走私专项行动。在深圳、黄埔等海关协助下，共出动警力220名，分成78个行动小组，在广东广州、深圳、佛山、肇庆、清远等地开展统一查缉抓捕行动，成功打掉2个走私淫秽物品团伙。初步查证，自2020年始，该犯罪团伙涉嫌走私淫秽书籍重量达17.5万千克，初估数量超52万本。

▲15日　广州海关首次截获检疫性杂草宽叶高加利。在对一船来自某国的6.12万吨大麦进行检疫查验时，截获有害生物，经鉴定确认为检疫性杂草宽叶高加利。该草本植物主要分布于欧洲、北美及亚洲西南部，具有繁殖力强、危害性大、传播范围广等特点，一旦传入，将对我国农业生产和生态环境造成严重威胁。

▲15—26日　中国海关派员参加WCO协调制度委员会审议分委会第59次（网络）会议。此次网络会议审议了4个一般性议题和19个技术性议题，其中，在中国海关的支持下，5个贸易量较低的竹藤产品子目在2027版《协调制度》中将继续保留；中方所提为溢流法玻璃修订品目70.04的建议，将提交至下一次协调制度委员会继续讨论。来自税管局（京津、上海、广州）、成都海关的6名关员作为中国海关代表参会。

▲16日　广州海关关长丁吉豹主持召开广州海关推进RCEP实施领导小组工作会议，分别听取推进RCEP试点推广专班、实施执行专班工作情况汇报，肯定前期工作及研究成果，围绕RCEP生效前准备工作提出要求。关领导谭武、刘小威及相关部门负责同志参加。

▲17日　白云机场海关在3票一般贸易方式进口货物中查获濒危植物制品210千克，经技术中心鉴定，确认为豆科紫檀属檀香紫檀，属于CITES附录Ⅱ物种。

是日，海关系统首条新能源汽车检测线在广州顺利建成运行。该检测线由广州海关技术中心自主设计，具备新能源汽车相关的环保、运行安全、电安全、充电互操作性等方面的检测能力，覆盖我国电动汽车领域首批强制性国家标准《电动汽车安全要求》（GB 18384-2020）的全部检测项目，填补了国内进口新能源汽车检测领域的空白，为海关进口新能源汽车风险防控、服务新能源汽车拓展国际市场提供了有力的技术支撑。

▲18日　南沙海关查获2021年度法检目录调整以来广州关区首宗夹藏出口未经法定检验化肥情事，对2票以一般贸易方式出口至越南、申报为绣花线等货物的报关单进行查验，发现夹藏车用尿素43.6吨，企业涉嫌未如实申报法定检验商品。

▲19日　广州海关党委书记、巡察工作领导小组组长、关长丁吉豹主持召开巡察工作领导小组会议，专题听取2021年第二轮常规巡察3个巡察组对8个部门单位巡察情况的汇报，研究重点问题处置意见和成果运用。纪检组组长何继军、政治部主任林高等参加会议。

▲22日　广州海关召开广州海关团代表会议，补选关团委委员。会后召开关团委委员会议，选举产生关团委书记。

▲24日　佛山海关驻南海办事处在广州关区率先建立关地非法入境固体废物移交处理机制。协调南海区政府、环保局、财政局，就归口处置、移交程序、污染防控、经费保障等问题达成一致，为妥善处理海关执法过程中查获的无法确定责任人或无法退运的固体废物提供机制保障。

▲26日　广州海关在分会场参加打击治理粤港澳海上跨境走私工作推进会，总署副署长胡伟、公安部副部长刘钊参加并讲话，总署缉私局局长孙志杰主持。会议传达了中央领导同志批示精神，以及中央政法委关于打击治理粤港澳海上跨境走私工作专题会议精神，对进一步推进打击治理粤港澳海上跨境走私工作做出部署。广州海关关长丁吉豹、广州海关缉私局局长唐龙军等在广州海关分会场参加。

是日，广州海关技术中心在清远海关送检的美国样品中鉴定出日本金龟子、象虫、狭胸步甲三种有害生物，均为广州海关首次截获。

是日，广州海关办理首宗报关企业"多证合一"备案。广州市海枫报关有限公司成功通过"多证合一"方式，在申请市场主体注册登记的同时一次性完成海关报关企业备案，全程"网上办""一次办"。

是日，广州海关向广东省农业农村厅移交一批濒危水生野生动物制品，重45.39千克，共7个品种124件（袋），主要是玳瑁制品、砗磲制品、石珊瑚、抹香鲸牙齿、唐冠螺、鳄鱼皮及海马干，上述物品均为CITES附录Ⅱ物种。

▲30日　广州海关与广州市公安局签署《知识产权执法协作合作备忘录》，围绕加强执法信息共享、加强执法办案互助和协作等7个方面制定实施措施，形成深化合作长效机制。

截至11月30日，白云机场空港口岸年内跨境电商进出口值达1,002亿元，同比增长150%，成为全国首个超千亿元跨境电商空港枢纽。

12月

▲1日　广州海关申报的新能源汽车技术性贸易措施研究评议基地通过总署线上专家评审。该基地由总署标法中心、广州海关、广州市市场监管局联合共建，由广州海关技术中心、广州市标准化研究院等单位联合承建，主要针对新能源汽车及电池、电机、电控等相关产业国外技术性贸易措施开展通报评议、标准研究制定、贸易影响调查等工作。

是日，机场海关完成H2018减免税管理系统推广应用后广州关区首票减免税航材审批，减免税申请人为广州飞机维修工程有限公司，货值5,280美元，减免税额为5,721.92元人民币。

是日，广州海关技术中心承担的国家重点研发计划项目"互联网+认证认可共性技术研究与应用"通过科技部验收。该项目是广州海关承担的首个国家重点研发计划项目，下设"互联网+认证认可耦合度评价技术研究"等5个研究课题，重点围绕"互联网+"认证认可共性技术体系的设计、研发与实证应用，创新优化认证认可的选取、确定、复核与证明、监督等关键技术，建立认证认可制度设计与产业正向作用测试模型；输出国家标准6项、行业标准10项，完成软件系统9套，建立数据库3个，研发在线监测工具/装置4套，申请专利4件，制定认证规则8项。

是日，越秀海关办理"以企业为单元的税款担保改革"新模式下广州海关首票税款担保备案。实施以企业为单元的税款担保改革，可实现一份保函同时在全国海关用于多项税款担保业务。同日，南沙海关完成税收担保改革后广州海关首票担保业务。

是日，广州海关开展"8·30"打击海产品走私专项行动，在广州、佛山、深圳、江门、茂名等地开展统一查缉抓捕行动，成功打掉18个通过边贸渠道走私海产品的犯罪团伙，案值1.98亿元。

是日，广州海关技术中心P3实验室顺利从黄埔区港湾路旧址搬迁至广州国际生物岛新址。P3实验室广州国际生物岛新址设计布局、结构、生物安全设施设备等均处于国内领先水平。翌日，升级改造后的P3实验室获国家卫生健康委实验活动批复正式投入使用。

▲3日　广州海关关长丁吉豹与来访的黄埔海关郑汉龙关长一行进行工作交流，就进一步深化两关合作备忘录有关事项交换意见。广州海关关领导唐龙军、孟传金、杨国海，黄埔海关关领导王彬、周运保、谢玉茹，及相关部门单位负责人参加。

▲6日　白云机场海关完成行邮税征管应用试点工作广州海关旅检渠道首票征税，征收税款2,200元。这是该关首次使用"H2018—行邮税征管应用"系统结算税款。

▲10日　广州海关举行《广州海关

陆军特种作战学院军民共建协议书》签署仪式。广州海关关长丁吉豹、政治部主任林高，以及陆军特种作战学院领导参加仪式，共同签署新一期《军民共建协议书》，围绕服务大局履职尽责、丰富业务文化交流、建立常态机制促进共同发展等方面开展座谈交流。

▲14日　国务院应对新型冠状病毒感染疫情联防联控机制综合组到南沙港二期码头开展口岸进口冷链食品疫情防控督查，综合组组长、国家卫健委食品司副司长张磊时一行8人现场听取南沙海关汇报，了解南沙口岸进口冷链食品采样检测、预防性消毒、阳性货物处置以及联防联控等工作情况。广州市副市长谭萍及相关部门单位负责人参加。

▲15日　"广东省12345政务服务便民热线广州海关分中心"正式挂牌，该中心于9月30日正式运行。热线在接听12360直拨来电的同时，应答地方12345呼转来电，负责广州海关门户网站业务咨询答复、"广州海关12360"官微运维，官微上线"指尖服务"功能模块，便利企业公众移动端24小时在线查询办事。

▲17日　广州海关完成关区首批出境新冠病毒疫苗卫生检疫审批，按国家相关部门及总署文件要求，广州海关主动联系疫苗生产企业，指导企业做好特殊物品卫生检疫申请等工作，快速完成审批。该批疫苗将通过深圳海关口岸出境。

▲19日　广州海关举办"国门红穗关情"——第九届"情定穗关"线上集体婚礼，关长丁吉豹为婚礼证婚，广州海关4对婚龄30年以上退休老同志和10对新婚青年关警员参加，关合唱团、舞蹈队、管乐团、民乐队分别进行节目表演。仪式通过"海关爱创作"视频号进行网络直播，线上观礼累计达7,565人次，点赞数超2.8万。

▲20日　总署党委委员、广东分署主任张广志在广州主持召开打击治理粤港澳海上跨境走私工作督导调研会，全国打击走私综合治理办公室打击治理粤港澳跨境走私督导检查组到广州督导调研，广州海关关长丁吉豹参加会议并汇报广州海关打击粤港澳跨境走私工作情况。

是日，广州海关检出广东省口岸首例新冠病毒奥密克戎变异株。

是日，广州海关组织参加全国海关"三智"国际合作工作会议，总署党委委员、副署长王令浚出席会议并讲话。会议发布首批8个国际合作示范项目，广州海关"穗港、穗澳进境邮件智慧监管"项目入选。根据总署"三智"专项联络工作组制度，会议宣布从2022年起，广州海关将承办第二任"三智"专联组秘书处，为期2年。副关长刘小威在广州海关分会场参会。

是日，广州海关在空港口岸货运渠道查获濒危植物制品861千克。该制品以一般贸易方式进口，经技术中心鉴定，确认为小叶紫檀木制品，属于豆科紫檀属檀香紫檀，为 CITES 附录 11 物种。

▲25 日　广州海关开展"2106"打击走私雪茄专项行动，联合地方公安、烟草等部门，在广州、佛山和重庆三地同时开展查缉抓捕行动，摧毁涉案团伙 3 个，现场查扣涉嫌从香港、澳门等地走私进口的雪茄 12.88 万支，案值 1.01 亿元。

▲26 日　全国海关首个国门安全教育校本课程试点秋季学期工作在广州关区圆满结束。利用秋季学期每周五班会课，在广州市天河区第一小学组织举办 12 场国门安全室内课和 1 门缉私犬队户外课，约500 余名师生参与，并打磨形成涵盖禁毒、国际旅行卫生健康、保护濒危野生动物等海关科普门类在内的校本课程课件 12 套，为下一步关区全面复制推广奠定基础。

▲27 日　广州海关组织参加总署打击跨境电商进口走私"断链刨根"专项整治行动总结视频会议，并在会上做经验交流发言。

▲28 日　广州海关开展"3·17"打击粤港澳特大海上跨境走私废旧汽车配件专项行动，在总署缉私局的统筹指挥、汕头和福州海关协助下，联合青岛海关统一查缉抓捕行动。经查，该犯罪团伙涉及走私国外旧汽车发动机等国家禁止进出口货物约 95 柜、约 2,000 吨。

▲30 日　广州海关党委委员、税管局（广州）局长谭武主持召开广州海关推进 RCEP 实施专班工作会议，听取专班成员单位实施准备工作及实施工作部署情况汇报，并提出工作要求。

附录

2021年广州海关重要文件规定、领导班子、荣誉表及数据统计表

中华人民共和国广州海关公告

（2021年 第1号）

根据《海关总署关于废止用于新型冠状病毒感染的肺炎疫情进口捐赠物资通关手续办理有关规定的公告》（公告〔2021〕57号），广州海关决定废止2020年第4号公告（关于用于新型冠状病毒感染的肺炎疫情防控和治疗的免税进口捐赠物资办理通关手续的公告）。相关工作可按照现行有关规定办理。

特此公告。

广州海关
2021年8月4日

中华人民共和国广州海关公告

（2021年 第2号）

为切实做好第130届中国进出口商品交易会进出境人员、物资通关监管工作，广州海关制定了《2021年第130届中国进出口商品交易会广州海关通关须知》《广州海关支持2021年第130届中国进出口商品交易会便利措施》（详见附件），现予以公布。

特此公告。

附件：1. 2021年第130届中国进出口商品交易会广州海关通关须知
2. 广州海关支持2021年第130届中国进出口商品交易会便利措施

广州海关
2021年9月23日

附件1

2021年第130届中国进出口商品交易会广州海关通关须知

广州海关将为2021年第130届中国进出口商品交易会（以下简称"广交会"）提供全面优质的服务，并按照《中华人民共和国海关法》《中华人民共和国进出口商品检验法》《中华人民共和国进出境动植物检疫法》《中华人民共和国国境卫生检疫法》《中华人民共和国食品安全法》《中华人民共和国进出口关税条例》等法律法规对广交会进出境物资实施监管。

广交会期间，海关将派员入驻广交会展馆，提供相关驻场监管和咨询服务。对广交会暂时进境展览品，由广交会承办方中国对外贸易中心确认展品清单，境外参展商或其委托的主场运输服务商免于向海关提交税款担保。

一、广交会备案

中国对外贸易中心可通过"中国（广州）国际贸易单一窗口（https：//www.singlewindow.gz.cn）"提前完成广交会信息海关备案，采取"一次备案、分批提交清单"的方式办理海关手续，确保广交会物资抵达口岸后快速通关。

二、展览品审批和准入

进境动植物及其产品、特殊物品等展览品需办理检疫审批的（附1），进境前参展商应当提出申请办理检疫审批手续。

展览品应当符合《2021年第130届广交会检验检疫限制清单》（附2，以下简称《限制清单》）和《2021年第130届广交会检验检疫禁止清单》（附3，以下简称《禁止清单》）要求。

三、进境物资申报

广交会暂时进境货物采用通关一体化模式，由中国对外贸易中心或其委托的主场运输服务商在广州海关所属广州会展中心海关办理申报手续，口岸海关实施验放。其他贸易方式进境的广交会物资，境外参展方或其代理人按照现行规定办理海关手续。

对于ATA单证册项下广交会暂时进境货物，由主管地海关进行审核并签注，复运出境期限与单证册有效期相同。

四、展览品查验与放行

广交会进境展览品按规定接受查验、检疫等。因特殊情况需在展馆现场查验的展览品，由中国对外贸易中心或其委托的主场运输服务商提出申请，经海关审核同意，可运至展馆现场接受查验。中国对外贸易中心应当提供必要的办公场所、查验设施等。对查验正常（包括检疫合格）的展览品，由实施查验作业的海关办理放行手续。

五、展中监管

广交会举办期间海关依法派员实地监管。中国对外贸易中心、主场运输服务商以及参展商应当遵守海关对展览品展示、销售的管理规定，配合海关做好监管工作。

六、展览品处置

（一）展览用品消耗。

中国对外贸易中心应当督促参展商提前将预计的消耗，以书面形式告知广州海关，并明确展览用品拟使用方式（为展出的机器或者器件进行操作示范所正常消耗、布展所正常消耗、试用、品尝、散发）和数量（应在合理范围内，与活动规模相匹配）。对于拟消耗、试用、品尝、散发的展览用品，相关参展商应当具备符合要求的合格证明（参展国官方证书/第三方检测报告/参展方自验合格报告/参展方合格申明）。

下列广交会进境展览用品，海关根据实际情况对其数量和总值进行核定，在合理范围内的，按照相关规定免征关税和进口环节增值税、消费税：

1. 在展览活动中的小件样品（酒精饮料、烟草制品及燃料除外），包括原装进口的或者在展览期间用进口的散装原料制成的食品或者饮料的样品。此类货物，应当符合以下条件：

（1）由参展方免费提供，并在展览期间专供免费分送给观众使用或者消费的；

（2）单价较低，作广告样品用的；

（3）不适用于商业用途，并且单位容量明显小于最小零售包装容量的；

（4）食品及饮料的样品虽未按照本款第（3）项规定的包装分发，但确实在活动中消耗掉的。

2. 为展出的机器或者器件进行操作示范被消耗或者损坏的物料。

3. 布置、装饰临时展台消耗的低值货物。

4. 展览期间免费向观众散发的有关宣传品。

5. 供展览会使用的档案、表格及其他文件。

第1点所列展览用品超出限量进口的，超出部分应当依法征税。第2点、第3点、第4点所列展览用品，未使用或者未被消耗完的，应当复运出境；不复运出境的，应当按照规定办理进口手续。

（二）展后留购。

对于展后留购的展览品，中国对外贸易中心或其委托的主场运输服务商应当按照海关相关规定统一办理进口手续。涉及许可证件管理的，应当办理相关许可证件。

（三）复运出境。

暂时进境的广交会展览品应当在海关规定期限内复运出境。

非ATA单证册项下暂时进境广交会展览品，在广交会结束后转入海关特殊监管区域和保税监管场所的（参展汽车应当转入可开展汽车保税仓储业务的海关特殊监管区域和保税监管场所），办理海关相关手续后予以核销结案。

（四）展览品延期。

暂时进境广交会展览品确需延期复运出境的，应当按规定向广州海关办理延期手续。

(五)退回或销毁。

进境参展的动植物及其产品展览后,原则上应在海关监督下,由参展商作退回或销毁处理。

七、人员及个人物品

(一)人员。

出入境人员必须如实填写《中华人民共和国出/入境健康申明卡》向海关进行健康申报,并配合做好体温监测、医学巡查、医学排查、采样检测等卫生检疫工作。

(二)个人物品。

1. 征免税。个人携带一般生活物品进境,应当遵循"自用、合理数量"原则。海关按规定对免税范围内的个人物品予以免税放行,对超出免税范围的物品予以征税放行。超出"自用、合理数量"范围的,按照相关规定办理通关手续。

个人通过分运行李方式进境的个人物品,应当在入境时向海关申报。分运行李运抵后,应按规定由本人或其代理人向海关提交书面申请,凭有效身份证件、有关申报单证及物品清单等向进境地海关办理手续。以分运行李方式出境的个人物品,应按规定由本人或其代理人在出境前凭有效出境证件向出境地海关提出申请并办结海关手续。海关按规定对免税范围内的个人物品予以免税放行。超出"自用、合理数量"范围的,按照相关规定办理通关手续。疫情期间有关分运行李具体办理手续可咨询现场海关或海关12360热线。

个人寄自或寄往港、澳、台地区的物品,每次限值为800元人民币;寄自或寄往其他国家和地区的物品,每次限值为1,000元人民币。个人邮寄进出境物品超出规定限值的,应当办理退运手续或者按照货物规定办理通关手续。但邮包内仅有一件物品且不可分割的,虽超出规定限值,经海关审核确属个人自用的,可以按照个人物品规定办理通关手续。个人邮寄进境物品,海关依法征收进口税,但应征进口税税额在人民币50元(含50元)以下的,海关予以免征。邮运进出口的商业性邮件,应当按照货物规定办理通关手续。

2. 检验检疫。个人携带物品应当符合《出入境人员携带物检疫管理办法》和《中华人民共和国禁止携带、邮寄进境的动植物及其产品名录》要求。

个人携带自用且仅限于预防或者治疗疾病用的特殊物品(生物制品或者血液制品)入境时,应当按照《出入境特殊物品卫生检疫管理规定》向海关出示医院的有关证明,允许携带量以处方或者说明书确定的一个疗程为限。对无法按要求提供证明材料的自用特殊物品,应当按照《出入境特殊物品卫生检疫管理规定》提供《入/出境特殊物品卫生检疫审批单》,并接受海关检疫查验。

八、记者采访器材

广交会暂时进境的境外记者采访器材,海关按照海关总署公告2008年第104号、2009年第19号、2009年第31号的有关规定办理通关手续。

广交会进出境物资未按规定办理海关手续的，海关依据有关法律、行政法规予以处理。

本须知未列明事项按相关法律法规办理。

附：1. 需审批进境的动植物及其产品、特殊物品清单
2. 2021年第130届广交会检验检疫限制清单
3. 2021年第130届广交会检验检疫禁止清单

附1

需审批进境的动植物及其产品、特殊物品清单

一、动物及动物产品	a. 活动物及活动物胚胎、精液、受精卵、种蛋及其他动物遗传物质； b. 进口动物血清制品、疫苗和生物制品； c. 食用性动物产品：肉类及其产品（含脏器、肠衣）、鲜蛋类（含食用鲜乌龟蛋、食用甲鱼蛋）、乳品（包括生乳、生乳制品、巴氏杀菌乳、巴氏杀菌工艺生产的调制乳）、水产品（包括两栖类、爬行类、水生哺乳类动物及其他养殖水产品及其非熟制加工品、日本输华水产品等）、可食用骨蹄角及其产品、动物源性中药材、燕窝等动物源性食品； d. 非食用性动物产品：生皮张类、原毛类、骨蹄角及其产品、蚕茧、血液等，含有动物成分的有机肥料。 e. 饲料产品：配合饲料、饲料用（含饵料用）冰鲜冷冻动物产品、饲料用（含饵料用）水产品、加工动物蛋白及油脂、宠物食品和咬胶（罐头除外）。
二、植物及植物产品	a. 种子、苗木及其他植物繁殖材料； b. 果蔬类：新鲜水果、茄科类蔬菜； c. 粮谷类：小麦、玉米、稻谷、大麦、黑麦、燕麦、高粱、油菜籽以及其他杂粮类等； d. 豆类：大豆、绿豆、豌豆、赤豆、蚕豆、鹰嘴豆以及其他杂豆类等； e. 薯类：马铃薯、木薯、甘薯等及其加工产品； f. 饲料类：麦麸、豆饼、豆粕、饲草及其他植物源性饲料等； g. 烟草类：烟叶及烟草薄片。 h. 植物源性中药材。 i. 具有疫情疫病传播风险的植物源性食品。
三、转基因动植物产品	涉及转基因标识目录范围的动植物产品，应声明是否"转基因"，如含转基因成分应提供原农业部出具的"转基因生物安全证书"。
四、特殊物品	入境的微生物（病毒、细菌、真菌、放线菌、立克次氏体、螺旋体、衣原体、支原体等医学微生物菌（毒）种及样本以及寄生虫、环保微生物菌剂）、人体组织（人体细胞、细胞系、胚胎、器官、组织、骨髓、分泌物、排泄物等）、生物制品（用于人类医学、生命科学相关领域的疫苗、抗毒素、诊断用试剂、细胞因子、酶及其制剂以及毒素、抗原、变态反应原、抗体、抗原—抗体复合物、核酸、免疫调节剂、微生态制剂等生物活性制剂）、血液及其制品（人类的全血、血浆成分和特殊血液成分、各种人类血浆蛋白制品）等应经审批签发《入/出境特殊物品卫生检疫审批单》。经检验检疫合格后方准入境，入境后应接受监管。

附2

2021年第130届广交会检验检疫限制清单

序号	产品类别	参加展销条件	备注
1	动物及动物产品	展览用途： 1. 产品应获检疫准入，准入名单可链接备注； 2. 入境前办理《进境动植物检疫许可证》； 3. 需随附出口国或地区官方卫生证书或动物检疫证书。 展销用途： 1. 产品应获检疫准入，准入名单可链接备注； 2. 入境前办理《进境动植物检疫许可证》； 3. 需随附出口国或地区官方卫生证书或动物检疫证书。	详见官方网站： 1. 禁止从动物疫病流行国家（地区）输入的动物及其产品一览表 http：//dzs.customs.gov.cn/dzs/2746776/2753557/index.html 2. 已检疫准入水生动物国家或地区及品种名录 http：//dzs.customs.gov.cn/dzs/2747042/2753600/index.html 3. 进境非食用动物产品风险级别及检验检疫监管措施清单 http：//dzs.customs.gov.cn/dzs/2747042/2753594/index.html 4. 已检疫准入非食用动物产品国家或地区及产品种类名单 http：//dzs.customs.gov.cn/dzs/2747042/2753685/index.html 5. 免于核查输出国家或地区官方动物检疫证书的清单 http：//dzs.customs.gov.cn/dzs/2747042/2753597/index.html 6. 允许进口饲料国家（地区）及产品名单（不含植物源性饲料原料） http：//dzs.customs.gov.cn/dzs/2747042/2754419/index.html 7. 允许进口饲料添加剂和预混料国家（地区）产品及注册企业名单 http：//dzs.customs.gov.cn/dzs/2747042/2754380/index.html 8. 进出口饲料和饲料添加剂风险级别及检验检疫监管方式 http：//dzs.customs.gov.cn/dzs/2746776/2753474/index.html 9.《关于取消部分产品进境动植物检疫审批的公告》（海关总署公告2018年第51号） http：//www.customs.gov.cn/customs/302249/302266/302267/1889406/index.html

续表1

序号	产品类别	参加展销条件	备注
2	植物及产品（粮食及制品、新鲜水果、植物源性饲料、植物繁殖材料、新鲜蔬菜、干坚果、植物性调味料、植物源性中药材、植物源性食品）	展销用途： 1. 产品应获检疫准入，准入名单可链接备注； 2. 入境前办理《进境动植物检疫许可证》； 3. 需随附出口国或地区官方卫生证书或植物检疫证书。 展览用途： 1. 展品应在进境前取得检疫审批； 2. 需随附出口国家或地区官方植物检疫证书。 下列展品不得以试用、品尝、散发、销售等形式消耗： 1. 审批为展览用途的进境种子、苗木及其他植物繁殖材料。 2. 审批为展览用途的进境粮食、饲用粮谷和饲用草籽。 3. 粮食制品、新鲜蔬菜、干坚果、植物性调味料、植物源性中药材、植物源性食品。	详见官方网站： 1. 我国允许进口粮食和植物源性饲料种类及输出国家/地区名录 http：//dzs. customs. gov. cn/dzs/2747042/2753830/index. html 2. 获得我国检验检疫准入的新鲜水果种类及输出国家（地区）名录 http：//dzs. customs. gov. cn/dzs/2747042/2754143/index. html 3. 允许进口饲料添加剂和预混料国家（地区）产品及注册企业名单 http：//dzs. customs. gov. cn/dzs/2747042/2754419/index. html 4.《中华人民共和国进境植物检疫禁止进境物名录》（原农业部第72号公告） http：//dzs. customs. gov. cn/dzs/2746776/2753422/index. html 5.《符合评估审查要求及有传统贸易的国家或地区输华食品目录》（包含中药材、植物源性食品） http：//jckspj. customs. gov. cn/spj/zwgk75/2706880/index. html
3	肉类、蜂产品、肠衣、乳制品、水产品、燕窝等动物源性食品、动物源性中药材	展览用途： 1. 应获检疫准入，准入名单可链接备注； 2. 列入《需审批进境的动植物及其产品、特殊物品清单》的，入境前办理《进境动植物检疫许可证》； 3. 需随附出口国或地区官方卫生证书或动物检疫证书； 4. 此类展品不得以试用、品尝、散发、销售等形式消耗。 展销用途： 要求同一般贸易。	详见官方网站： 1.《符合评估审查要求及有传统贸易的国家或地区输华食品目录》（包含中药材） http：//jckspj. customs. gov. cn/spj/zwgk75/2706880/index. html 《符合评估审查要求的国家或地区输华肉类产品名单》 http：//jckspj. customs. gov. cn/spj/zwgk75/2706880/jckrljgzyxx33/2812399/index. html

续表2

序号	产品类别	参加展销条件	备注
4	婴幼儿配方乳粉	展览用途： 1. 应获检疫准入，准入名单可链接备注1； 2. 需随附出口国或地区官方卫生证书； 3. 境外生产企业应列入《进口食品境外生产企业注册名单》，链接见备注2； 4. 此类展品不得以试用、品尝、散发、销售等形式消耗。 销售用途： 要求同一般贸易。	1.《符合评估审查要求及有传统贸易的国家或地区输华食品目录》详见 http：//jckspj.customs.gov.cn/spj/zwgk75/2706880/index.html 2.《进口食品境外生产企业注册名单》详见"中国海关门户网站/进出口食品安全局/信息服务/业务信息"栏目中"进口食品境外生产企业注册信息" http：//jckspj.customs.gov.cn/spj/zwgk75/2706880/index.html 3. 婴幼儿配方乳粉产品配方注册信息可向国家市场监督管理总局查询
5	预包装食品	展览用途：免予抽样检验，免予加贴中文标签； 对于少量试用、品尝、散发的（动植物源性食品、冷链食品、婴幼儿食品和特殊医学用途配方食品除外），相关参展商应当在开展前向海关说明消耗方式和拟消耗的数量或重量报海关核准，提供符合要求的合格证明（参展国官方证书/第三方检测报告/参展方自验合格报告/参展方合格申明），根据食品安全风险评估情况，海关可在展前抽取样品检验，并可免予加贴中文标签。 销售用途： 要求同一般贸易。	《保健食品注册证书》、《保健食品备案凭证》、《特殊医学用途配方食品注册证书》可向国家市场监督管理总局查询
6	纳入中国实施许可和必须实施认证范围的相关进口产品	展览用途：不做限制。 销售用途： 销售产品须获得许可/认证，或免于办理许可/认证凭证。	详见官方网站： http：//www.cnca.gov.cn/zl/qzxcprz/mlmsyjd/ http：//gkml.samr.gov.cn/nsjg/bgt/202106/t20210629_331732.html http：//www.samr.gov.cn/tzsbj/tzgg/zjwh/201411/t20141103_283535.html
7	纳入能效标识管理范围的产品	展览用途：不做限制。 销售用途：销售产品须按国家规定加贴能效标识。	详见官方网站： https：//www.energylabelrecord.com/zcfg/more.htm

续表3

序号	产品类别	参加展销条件	备注
8	风险等级A、B级特殊物品	1. 入境需办理卫生检疫审批； 2. 展览现场必须具备相关生物安全控制条件。	详见官方网站： 《出入境特殊物品卫生检疫管理规定》（原质检总局令第160号，根据原质检总局令第184号、海关总署令第238号、第240号、第243号修改）和《出入境特殊物品风险管理工作规范》（国质检卫〔2015〕第269号） http：//www.customs.gov.cn/customs/302249/302266/302267/2114821/index.html
9	风险等级C、D级特殊物品	入境需办理卫生检疫审批。	
10	科研和制药用生物材料	展览用途： 按照《进境生物材料风险级别及检疫监管措施清单》执行。 展销用途： 1. 符合《授权动植物检疫审批的进境生物材料清单》的要求； 2. 按照《进境生物材料风险级别及检疫监管措施清单》执行。	详见官方网站： 《授权动植物检疫审批的进境生物材料清单》、《进境生物材料风险级别及检验检疫监管措施清单》 http：//dzs.customs.gov.cn/dzs/2746776/2753479/index.html
11	毛坯钻石	需随附毛坯钻石出口国政府主管机构签发的金伯利进程国际证书正本。	详见官方网站： 1. 金伯利进程六部委联合公告 http：//www.customs.gov.cn/customs/302249/302266/302267/356668/index.html 2. 中华人民共和国实施金伯利进程国际证书制度管理规定 http：//www.customs.gov.cn/customs/302249/302266/302267/2372773/index.html
12	危险化学品	列入《危险化学品目录（2015版）》的危险化学品应符合《关于进出口危险化学品及其包装检验监管有关问题的公告》（2020年第129号公告）的规定，经海关检验合格后方可入境。	详见《危险化学品目录（2015版）》（安全监管总局、工业和信息化部、公安部、环境保护部、交通运输部、农业部、国家卫生计生委、质检总局、铁路局、民航局2015年第5号公告）（见应急管理部官方网站： https：//www.mem.gov.cn/gk/gwgg/xgxywj/wxhxp_228/201503/t20150309_232632.shtml）

注：暂时进出境的展览用途物资，依法免予检验，但法律、行政法规另有规定的除外。

附3

2021年第130届广交会检验检疫禁止清单

序号	禁止内容	禁止类别	备注
1	《中华人民共和国进出境动植物检疫法》中规定的禁止进境物： （一）动植物病原体（包括菌种、毒种等）、害虫及其他有害生物； （二）动植物疫情流行的国家和地区的有关植物、动植物产品和其他检疫物； （三）动物尸体； （四）土壤。	禁止展览和销售	详见官方网站： 1. 禁止从动物疫病流行国家（地区）输入的动物及其产品一览表 http：//dzs.customs.gov.cn/dzs/2746776/2753557/index.html 2.《关于防止白蜡树枯梢病传入我国的公告》 http：//www.customs.gov.cn/customs/jyjy/dzwjyjy/qymd/zwjcp/1887185/index.html
2	来自日本福岛县、群马县、枥木县、茨城县、宫城县、新潟县（大米除外）、长野县、埼玉县、东京都、千叶县的食品、食用农产品和饲料（上述产地和涉及产品范围根据风险评估情况动态调整）	禁止展览和销售	日本其他地区生产的食品、食用农产品和饲料应提供产品原产于非禁止清单列明地区的证明材料；其中蔬菜及其制品、乳及乳制品、水产品及水生动物、茶叶及制品、水果及制品、药用植物产品还应提供放射性物质检测合格证明。
3	纳入禁止进口目录的旧机电产品、旧服装	禁止销售（旧服装禁止展览、被列入禁止进口目录以外的旧机电产品可以展览）	详见官方网站： 1.《商务部 海关总署公告2018年第106号 公布禁止进口的旧机电产品目录调整有关事项》 http：//www.mofcom.gov.cn/article/b/e/201812/20181202821859.shtml 2. 旧服装HS编码为6309000000

附件 2

广州海关支持2021年第130届中国进出口商品交易会便利措施

一、设立常态化机构，密切对接需求

广州海关所属广州会展中心海关作为广州海关服务中国进出口商品交易会（以下简称"广交会"）常态化管理机构，做好第130届广交会海关监管和服务保障工作。

二、提供"一站式"服务，协调解决通关疑难问题

广交会期间，广州海关派员入驻中国进出口交易会展馆，提供通关、监管、咨询等服务。对参展的海关注册登记和备案企业（不限于高级认证企业）推行海关协调员服务，专人协调解决通关疑难问题。

三、发布通关须知，提供详细通关指引

制定发布《2021年第130届中国进出口商品交易会广州海关通关须知》《2021年第130届中国进出口商品交易会检验检疫限制清单》《2021年第130届中国进出口商品交易会检验检疫禁止清单》《需审批进境的动植物及其产品、特殊物品清单》，为境外参展商、采购商提供详细指引。

四、优化线上办理，实现企业"零跑动"

依托中国（广州）国际贸易"单一窗口"，通过"互联网+会展e通"信息化系统，打造涵盖展会备案、确认、展品通关、展中监管、展后核销和留购等事项的"全天候在线办理窗口"。

五、设置专门通道，给予通关便利

在主要口岸为广交会设置贵宾礼遇通道、进出境展览品报关专用窗口和查验专用通道，优先办理申报、卫生检疫、查验、抽样、检测等海关手续。

六、便利医疗器械展示，免予提供注册或者备案证明

仅供展会展示的医疗器械，不涉及研制、生产、经营、销售、使用，免予提供注册或者备案证明。

七、驻会监管免担保，减轻参展企业负担

经主管地海关同意，展览会办展人可以就参展的展览品免予向海关提交担保。

八、便利暂时进出境货物通关

免予交验许可证件，我国缔结或者参加的国际条约、协定以及国家法律、行政法规和海关总署规章另有规定的除外；免申报前确认申请，企业可直接向主管地海关申报暂时进出境货物；免一般贸易申请环节，暂时进出境货物收发货人在规定时间内向主管地海关直接办理进出口手续。

九、方便特殊物品进境

对广交会参会代表携带自用且仅限于预防或者治疗疾病用的特殊物品（生物制品），凭医生处方或者医院的有关证明，准予入境。允许携带量以处方或者说明书确定的一个疗程为限。

十、支持食品化妆品进境参展

仅供展览的预包装食品和化妆品免予加贴中文标签和抽样检验，免予核查收发货人备案证明；对于少量试用、品尝、散发的，相关参展商应当在开展前向海关说明消耗方式和拟消耗的数量或重量报海关核准，提供符合要求的合格证明（参展国官方证书/第三方检测报告/参展方自验合格报告/参展方合格申明），根据食品安全风险评估情况，海关可在展前抽取样品检验，并可免予加贴中文标签。

十一、允许"边展边检"，方便动植物及其产品参展

对已获检疫准入的动植物及其产品（动植物源性食品除外），由展会组织方统一办理进境动植物检疫审批手续，经检疫合格后进行展览，仅用于展览用途的免予检验，展后需销售、使用的允许"边展边检"。

十二、3个工作日完成审批，加快动植物源性食品通关

对广州海关事权范围内办理的进境动植物及其产品、动植物源性食品（含中药材）检疫审批事项，审批时间由20个工作日缩短至3个工作日。

十三、支持企业出区参展，便利保税货物展销

综合保税区及保税物流中心（B型）内企业可以在提交担保后，将保税货物运至综合保税区及保税物流中心（B型）外的广交会展馆进行展示和销售。

十四、灵活运用保税政策，促进保税货物流通

指导企业按需设立保税仓库和出口监管仓库，运用保税政策促进广交会相关物流集聚和分拨配送。

十五、实施智能监管，降低保税货物运行成本

支持保税展示货物在综合保税区和保税监管场所之间"点对点"直接流转，运用智能监管手段，简化业务流程，实施卡口智能化验放，降低运行成本。

十六、延长ATA单证册项下展览品暂时进境期限

海关签注ATA单证册项下暂时进境货物的复运出境期限与单证册有效期一致。

十七、放宽展览品延期限制，方便复运产品出境

对超过3次延期的，受疫情影响无法按期复运出境的展览品，主管地海关可办理延期手续。

十八、非ATA单证册项下暂时进境展览品，准予核销结案

广交会暂时进境展览品（ATA单证册项下暂时进境展览品除外）在广交会结束后，结转到海关特殊监管区域和保税监管场所的（参展汽车应当转入可开展汽车保税仓储业务的海关特殊监管区域和保税监管场所），准予核销结案。

2021年广州海关领导班子成员

姓名	性别	任职时间	职务
丁吉豹	男	2020.11.17-	广州海关关长、党委书记
唐龙军	男	2018.08.16-2018.10.25	广州海关缉私局局长、党组成员
		2018.10.25-2019.10.25	广州海关巡视员兼缉私局局长、关党组成员
		2019.10.25-2020.6.17	广州海关巡视员兼缉私局局长、关党委委员
		2020.6.17-	广州海关巡视员兼缉私局局长、关党委委员、一级警务专员
许广安	男	2018.08.16-2019.10.25	广州海关副关长、党组成员
		2019.10.25-2020.04.30	广州海关副关长、党委委员
		2020.04.30-	广州海关副关长、党委委员、一级巡视员
孟传金	男	2018.08.16-2019.10.25	广州海关副关长、党组成员
		2019.10.25-2020.04.30	广州海关副关长、党委委员
		2020.04.30-	广州海关副关长、党委委员、一级巡视员
谭 武	男	2020.11.17-2021.6.28	广州海关党委委员、海关总署税收征管局（广州）局长
		2021.6.28-	广州海关党委委员、海关总署税收征管局（广州）局长、一级总监
何继军	男	2020.11.17-2021.6.28	广州海关党委委员、党委纪检组组长
		2021.6.28-	广州海关党委委员、党委纪检组组长、一级巡视员
刘小威	男	2016.12.13-2018.08.16	广州海关副关长、党组成员
		2018.08.16-2019.10.25	广州海关副关长、党组成员兼海关总署税收征管局（广州）局长
		2019.10.25-2020.11.17	广州海关副关长、党委委员兼海关总署税收征管局（广州）局长
		2020.11.17-	广州海关副关长、党委委员
赵晓光	女	2018.08.16-2019.10.25	广州海关党组纪检组组长、党组成员
		2019.10.25-2020.11.17	广州海关党委纪检组组长、党委委员
		2020.11.17-	广州海关副关长、党委委员
林 高	男	2020.11.17-	广州海关政治部主任、党委委员
杨国海	男	2018.08.16-2019.10.25	广州海关副关长、党组成员
		2019.10.25-	广州海关副关长、党委委员

2021年度广州海关重要荣誉（集体）

荣誉名称	荣誉级别 (国家级/省部级)	获评对象	所在部门
2020年广东省"扫黄打非"先进集体	省部级单项	白云机场海关旅检一处	白云机场海关
全国"扫黄打非"先进集体	国家级单项	邮局海关	广州海关
第20届全国"青年文明号"	国家级单项	大铲海关监管一科	大铲海关
		南沙海关大南沙审核业务科	南沙海关
2020年度广东省"巾帼文明岗"	省部级单项	佛山海关驻禅城办事处人事政工监察科	佛山海关驻禅城办事处
		韶关海关综合业务科	韶关海关
		白云机场海关旅检一处卫生检疫科	白云机场海关
全国食品安全工作先进集体	国家级单项	进出口食品安全处	广州海关
2020年度广东省最佳志愿服务组织	省部级单项	佛山海关驻禅城办事处学雷锋志愿服务分队	佛山海关驻禅城办事处
		"曲韵悠扬——青年志愿者爱心敬老服务专列"志愿服务项目	佛山海关驻禅城办事处
广东省三八红旗集体	省部级单项	肇庆海关政务服务科	肇庆海关
		清远海关外贸攻坚组	清远海关
		云浮海关分析预警科	云浮海关
广东省五一劳动奖状	省部级单项	白云机场海关旅检一处卫生检疫科	白云机场海关
		南沙海关	南沙海关
广东省五四红旗团支部标兵	省部级单项	禅城办团总支	佛山海关驻禅城办事处
广东省五四红旗团支部	省部级单项	肇庆海关团总支	肇庆海关
全国海关政务信息先进单位	省部级单项	广州海关	—
全省党委办公厅（室）系统信息工作先进单位	省部级单项	广州海关	—
互联网信息先进单位	省部级单项	广州海关	—
广东省脱贫攻坚先进集体	省部级	广州海关驻茂名高州市潭头镇高灯堡村扶贫工作队	广州海关
第20届全国"青年文明号"	省部级	大铲海关监管一科	大铲海关
		南沙海关大南沙审核业务科	南沙海关
广东省"青年文明号"	省部级单项	白云机场海关旅检二处	白云机场海关
广东省模范职工小家	省部级单项	广州海关教育处直属工会小组	广州海关
广东省"优秀战疫志愿服务典型"组织	省部级单项	肇庆海关青年突击队	肇庆海关

2021年度广州海关重要荣誉（个人）

荣誉名称	荣誉级别（国家级/省部级）	获评对象	所在部门
2020年广东省"扫黄打非"先进个人	省部级单项	刘鹏飞	白云机场海关
		韦昌华	行邮监管处
广东省保密工作先进工作者	省部级单项	王川子	办公室
全省党委办公厅（室）系统信息工作先进个人	省部级单项	黄松桢	办公室
全国"扫黄打非"先进个人	国家级单项	欧阳健斌	白云机场海关
广东省岗位学雷锋标兵	省部级单项	周燕	清远海关
广东省先进女职工个人	省部级单项	钟梅霞	肇庆海关
		石玮	罗定海关
全国巾帼建功标兵	国家级单项	胡戎	大铲海关
		杨利敏	罗定海关
广东省三八红旗手	省部级单项	石玮	罗定海关
广东省五一劳动奖章	省部级单项	韦华阳	肇庆海关
		赖小兴	云浮海关
2020年第四季度"广东好人"	省部级单项	谭国权	佛山海关驻禅城办事处
		徐广新	荔湾海关
广东省优秀共青团员	省部级单项	叶钰博	佛山海关驻禅城办事处
		张昕	缉私局
		缪语恬	邮局海关
		林瑶	河源海关
广东省优秀共青团干部	省部级单项	黄照	白云机场海关
广东省百佳团支部书记	省部级单项	赖扬帆	河源海关
2020年全国海关信息工作先进个人	省部级单项	宋子秋	南沙海关
		吴文琦	白云机场海关
		陈成安	信息中心
第七批广东省岗位学雷锋标兵	省部级单项	丁元林	佛山海关驻顺德办事处
广东省优秀党务工作者	省部级	钟汉莎	大铲海关
广东省脱贫攻坚先进个人	省部级	张诚	机关党委（政工办）
全省平安建设先进个人	省部级单项	冯洁平	邮局海关
中央驻港联络办"攻坚克难尖兵"	省部级	邹敏	口岸监管处
2021年第二季度敬业奉献类"广东好人"	省部级单项	罗继亮	佛山海关驻禅城办事处
全国海关机要保密工作先进工作者	省部级单项	王川子	办公室
全国海关机要保密工作劳动模范	省部级单项	吴敏姬	佛山海关综合技术中心
广东"最美家庭"	省部级	陈娟家庭	云浮海关
		李慧家庭	缉私局

2021 年广州海关主要数据统计表

项目		2021 年	2020 年	同比（%）
进出口货运量（万吨）	合计	8,970.4	9,685.8	-7.4
	进口	5,109.9	5,625.0	-9.2
	出口	3,860.4	4,060.7	-4.9
进出口贸易总值（万美元）	合计	24,963,629.5	19,334,393.6	29.1
	进口	7,984,875.4	6,560,014.9	21.7
	其中：江、海运输	4,857,152.6	3,990,959.7	21.7
	铁路运输	564.4	287.2	96.5
	汽车运输	1,363,205.3	1,077,659.8	26.5
	航空运输	1,709,005.6	1,415,686.7	20.7
	邮件运输	50,171.9	55,267.6	-9.2
	其他运输	4,775.7	20,153.8	-76.3
	出口	16,978,753.9	12,774,378.7	32.9
	其中：江、海运输	10,830,864.8	9,018,722.1	20.1
	铁路运输	58,393.7	47,334.5	23.4
	汽车运输	1,426,228.8	971,878.2	46.7
	航空运输	3,998,718.2	2,532,972.7	57.9
	邮件运输	62,936.3	51,306.6	22.7
	其他运输	601,612.1	152,164.6	295.4
税收（万元）	两税合计	6,202,453.5	5,743,159.0	8.0
	关税入库	1,199,607.6	1,141,149.0	5.1
	进口环节税入库	5,002,845.9	4,602,010.0	8.7

"中国海关史料丛书" 编委会

主 任 委 员　　胡　伟

副 主 任 委 员　　黄冠胜　杨振庆

编 委 会 委 员　　刘学透　赵燕敏　吴瑞祥　刘书臣　黄秀生
　　　　　　　　　李海勇　王晓刚　田　壮　王　虹　刘先中

执 行 主 编　　谢　放　詹庆华　郭志华

编　　　　辑　　房　季　王　虎　解　飞　范嘉蕾　李　多
　　　　　　　　刘金玲　贺　红